A. E. Johann · Vom Yukon zum Rio Grande

A. E. Johann

Vom Yukon zum Rio Grande

Auf abgelegenen Straßen Nord-Amerikas

C. Bertelsmann Verlag

Karte: Adolf Böhm, München
Fotos: A. E. Johann, wenn nicht anders angegeben

Gesamtherstellung: Mohndruck Graphische Betriebe GmbH, Gütersloh
ISBN 3-570-01938-1 · Printed in Germany

Inhalt

1. Abschied vom Clearwater

Wohl nie wieder also werde ich am Ufer des geliebten Clearwater-Lake, des »klaren Wassers«, sitzen, wie ich dies in vielen vergangenen Jahren so oft getan habe – dort im fernen, stillen Herzen British Columbias, der großen Provinz Kanadas im äußersten Westen, wo der Pazifische Ozean seine silberne Brandung an einsam wilde Felsenufer rollen läßt, unablässig und schon seit Jahrtausenden bis auf den heutigen Tag.

So sehr wir uns auch freuten – und es richtig genossen –, wieder einmal beieinander zu sein und uns über die Erlebnisse und Erfahrungen des vergangenen Jahres auszutauschen, so spürbar waren die vier Tage meines Besuchs auf Hansen's Ranch doch von einer gar nicht besonders geheimgehaltenen Trauer überschattet. Denn mein alter Freund Tex Hansen, der diese große Viehwirtschaft, eben »Hansen's Ranch«, im Westen des Chilcotin-Gebiets in jahrzehntelanger, schwerer – und oft gefährlicher – Arbeit als ein allererster Pionier aufgebaut und ständig erweitert hat – nun sah er sich gezwungen, den geliebten, zwar nicht ererbten, aber umso unbezweifelbarer erworbenen Besitz am und über den Ufern des Clearwater-Sees aufzugeben. Die letzten Rinder, Reste der halbwilden Herden, die den Hansens durch Jahrzehnte ein schwankendes, aber im ganzen doch zuverlässiges Einkommen gesichert hatten, waren schon verkauft. Der Tag war nicht mehr fern, an dem nach amerikanisch/kanadischem Brauch die letzten Maschinen, einiges Gerät, mancherlei an Hausrat und Möbeln öffentlich versteigert werden sollte, kurz alles, was die Hansens nicht auf ihren Alterssitz in Cobble Hill, einem Vorort von Victoria auf der Vancouver-Insel, mitnehmen konnten.

Ich merkte es ihm an, dem alten Rancher Tex, daß ihm insgeheim das Herz blutete bei dem Gedanken, dies alles verlassen zu müssen: die

Wiesen um die Blockhäuser, in denen er mit seiner Frau, den Helfern, Gästen, Kostgängern sein langes Leben verbracht hatte; das Dickicht am See-Ufer, durch das eine breite Bresche zum Bootssteg führt; die hohen, dunklen Fichtenwälder rings um die Rodung, eine locker geordnete Phalanx, die die Lichtung in mächtigem Bogen umgibt, Schutz vor den erbarmungslosen Nordstürmen des Winters; der See mit seinem kristallklaren Wasser, das ständig die Farbe wechselt – und dahinter, fern, nur scheinbar zum Greifen nahe, die Wälle der kanadischen Kaskaden, des Küstengebirges, Zacken, Kuppen, Bastionen, deren höchste Gipfel in ewigem Schnee gleißen.

Und Pferde natürlich, wie es sich für eine Ranch gehört! Sie weideten stets auf den Wiesen nahe am Haus, Pferde, schwere und leichte, je nach ihrer Bestimmung, zahm wie gut gezogene Hunde; sie trabten auf Zuruf herbei, wenn Tex vors Haus trat, fraßen ein Stück Brot oder ein Büschel Hafer aus der Hand ihres Herrn. Nein, ohne Pferde ist keine richtige Ranch denkbar! Sie sind unentbehrliche Helfer bei der Wartung des Viehs, das auf den entlegenen Wildweiden an den Osthängen des Küstengebirges manchen Gefahren ausgesetzt ist. Jeden Morgen im Sattel zu sitzen, zwei- oder dreimal am Tag die Pferde zu wechseln, gehört zum arbeitsreichen Alltag eines Ranchers: Rancher brauchen nicht nur zwei, sondern vier Beine, um ihrer Aufgabe gerecht zu werden, vier Pferdebeine nämlich. Wenn sie nicht mehr reiten können, sind sie als Rancher am Ende.

Und Tex kann nicht mehr reiten . . .

Der Mann, der vor fünf Jahrzehnten in die damals noch fast menschenleeren Gebiete um den Klinaklini-Fluß gezogen war und im Lauf der Zeit der Wildnis nahezu ohne fremde Hilfe ein kleines Königreich abtrotzte, ist alt geworden. Die harten, entbehrungsreichen Jahre, die hinter meinem Freund Tex liegen (ich bin ein wenig stolz darauf, ihn Freund nennen zu dürfen), fordern nun ihren Zoll. Eine schwere, schmerzhafte Arthrose plagt ihn in Hüfte und Knien. Drei kostspielige Operationen in Victoria haben keine Erleichterung gebracht, sondern seinen Zustand eher verschlimmert. Er kann sich nur noch an zwei Stöcken mühsam fortbewegen. Jahrelang hat seine tatkräftige, um ein gutes Dutzend Jahre jüngere Frau versucht, den Betrieb in verkleinertem Umfang aufrecht zu erhalten; sie bewirtete Gäste aus Amerika und Europa, um die sinkenden Einnahmen der Ranch aufzubessern. Aber sie ist auch nicht mehr die Jüngste; hinter dem Vieh herzureiten, liegt ihr nicht, und in den strengen Wintern dieses hochgelegenen Landes, bei wochenlang anhaltender Kälte von minus 30 Grad und darunter, mit einem kranken, kaum mehr arbeitsfähigen Mann, verlor sie allmählich die Lust am unabhängigen Leben einer Ranchersfrau.

Das Ende vom Lied: Das kleine Königreich in den Bergen und Wäldern am Klinaklini, in dem die Hansens geherrscht haben, freier, als es reichsunmittelbare Fürsten im Mittelalter je von sich sagen konnten, mußte verkauft werden. Es erbrachte den hohen Preis, der seinem Wert entsprach – dem papiernen Wert sozusagen. Denn was an menschlicher Leistung, an Arbeit, Mut und Ausdauer, an Gefahren, Sorgen und Entbehrungen investiert werden mußte, ehe das Anwesen seine heutige Gestalt annahm, kann nie mit Geld aufgewogen werden.

Gekauft hat den ehemals Hansenschen Besitz ein reicher, europamüder Schweizer Kaufmann oder Industrieller, der von Viehwirtschaft nichts versteht, aber Geld genug hat, sich einen so kostspieligen Ruhesitz im fernen British Columbia leisten zu können. Er läßt wahrscheinlich das alte, aus mächtigen Fichtenstämmen wie für die Ewigkeit gefügte Wohnhaus abreißen oder verwandelt es in einen Lagerschuppen, baut sich abseits ein modernes Haus mit allem »Komfort der Neuzeit«, ist ganz und gar auf fremde Hilfe angewiesen, kann nicht reiten, wie hier geritten werden muß – und wird vor allen Dingen an den Ufern des Clearwater-Sees jene sattsam bekannten – und verhaßten – Schilder anbringen lassen, auf denen es heißt: *Private Property. No trespassing!* – Privatbesitz! Betreten verboten!

Und dann wird kein gewöhnlicher Sterblicher mehr an den See gelangen, ohne fürchten zu müssen, angeschossen oder mit Hunden verjagt zu werden. Der alte Wegweiser an der British Columbia 20 mit den eingebrannten Worten »Hansen's Ranch« wird verschwunden sein – und mit der Gastlichkeit und freundlichen Anteilnahme, die auf der Ranch einst gewaltet haben, ist es ein für allemal vorbei.

Vierzehn Tage bevor der Lastzug zum Abtransport des Mobiliars und sonstiger mitnehmenswerter Habseligkeiten eintreffen würde, war ich noch einmal bei den Hansens zu Gast. Wir saßen in dem geräumigen Wohn- und Eßzimmer mit den Gewehren, den Elch- und Hirschgeweihen an der Wand, hatten, wie stets, unter Ingeborg Hansens Obhut gut gegessen und getrunken und schauten nun durch die breiten Fenster zu den Bergen jenseits des Clearwater-Sees hinüber, die ganz in der Ferne von dem höchsten Gipfel der Küstenkette, dem schnee- und eisbedeckten Mount Waddington, überragt wurden, einem Viertausender. Beim Kaffeetrinken sprachen wir über den Abschied vom Clearwater-See, und ich spürte deutlich, daß Tex, der alte Recke, Herr der Wälder, Wiesen und Wildbäche, der Grizzly-Bären, Rothirsche und Pferde, damit nicht fertig wurde, wenn er auch vom Verstand her eingesehen hatte, daß er die Ranch nicht mehr führen konnte.

Ich sprach es aus, was ihn bedrückte: »Das Haus, das ihr euch in Cobble Hill gekauft habt, ist sicher sehr hübsch und bequem, der Garten nicht gar so klein, und die Nachbarhäuser sind immerhin einen Steinwurf weit entfernt. Zum nächsten Supermarkt könnt ihr zu Fuß gehen. Alles schön und gut. Aber was machst du ohne Pferde, Tex? Ohne Pferde kannst du dir dein Leben doch gar nicht vorstellen!«

Tex lehnte sich zurück. Auf seinem von Wind und Wetter gegerbten Gesicht lag ein leiser Triumph:

»Ja, A.E., ohne Pferde, das ist nichts! Ich nehme mir eins mit, die vierjährige Rotschimmelstute, das schönste Pferd, das je bei mir geboren wurde. Ich kann es nicht mehr einreiten; aber es ist zahm und folgt mir aufs Wort. Der Garten in Cobble Hill ist groß, eine schöne Weide, wenn ich erst Gras gesät habe. Ihre Blumen kann Ingeborg vor dem Haus pflanzen. Gemüse, Obst, Beeren und Eier kann sie viel bequemer kaufen. Aber sie sagt, daß es Unsinn sei, ein ausgewachsenes Pferd als Schoßtier mitzunehmen; es würde ständig Zufutter brauchen. Stimmt alles. Aber sage selbst, A.E., warum soll ich mir auf meine alten Tage kein Pferd fürs Herz leisten? Ingeborg wird es schon einsehen.«

Ingeborg Hansen, deren schneeweißes Haar zu einem Knoten geschlungen ist, meinte dazu, als wäre jede weitere Debatte überflüssig: »Ich habe es ja eingesehen. Wir nehmen die Stute mit, richten ihr in dem Laster einen Verschlag ein und einer von uns bleibt während der zwei Tage Fahrt ständig bei ihr mit gutem Zureden und gutem Futter. Dann bringen wir sie sicherlich heil nach Cobble Hill. Wenn ihr beide euch gegen mich verschworen habt, was soll ich da ausrichten? Übermorgen werden die letzten elf Pferde abgeholt, die wir noch hier behalten haben. Die Stute wird sich einsam fühlen. Aber Tex wird ihr schon Gesellschaft leisten. Ich verderbe ihm seinen Spaß gewiß nicht. Wir werden uns beide ein bißchen komisch vorkommen zwischen lauter eingezäunten Gärten und Häusern. Und die Eier vom Supermarkt schmecken bestimmt nicht so gut wie unsere Eier hier, wo die Hühner den ganzen Tag Auslauf haben. Ach, A.E., alt und krank zu sein nach einem freien Leben, wie wir es geführt haben, ist wirklich kein Vergnügen. Man kann nur versuchen, *to make the best of it.*«

Wem sagte sie das! Ich wußte Bescheid. Aber ich war froh, daß sich die beiden Eheleute auch in dieser schwierigen Frage wieder einig geworden waren, obgleich ich Ingeborg Recht geben mußte. Denn wer sollte das junge, in Freiheit aufgewachsene Pferd in dem Vorstadt-Garten »bewegen«? Doch das waren spätere Sorgen. Zunächst einmal war der Friede wiederhergestellt.

Ich hütete mich, meine Bedenken zu äußern. Es ist ja bekanntlich genug, daß ein jeder Tag seine eigene Plage habe. Mir lag noch eine andere Frage auf der Seele. Jetzt war vielleicht der passende Augenblick gekommen, sie vorzubringen – zur Ablenkung. Ich nahm also noch ein zweites Stück von dem köstlichen Kronsbeer-Kuchen in Angriff und begann wie beiläufig:

»Ihr beiden entschwindet einfach in die amerikanische Zivilisation, nach Suburbia zu den *Supermarkets* und den *Service Stations,* und laßt mich mit meinen Sorgen sitzen. Wie viele Menschen aus dem alten Europa habe ich nicht zu euch geschickt, die von mir wissen wollten, wo und wie sie das Leben auf einer echten Ranch kennenlernen könnten. Sie sind gern bei euch gewesen, haben auch ihre Dollars dagelassen und sind höchst befriedigt wieder in die europäische Enge zurückgekehrt, allesamt ohne Ausnahme mit dem Wunsch, irgendwann wieder zu euch zu kommen oder sich gar in British Columbia niederzulassen. Wohin aber soll ich die Reiselustigen aus Österreich, Deutschland, der Schweiz oder Holland schicken, wenn ihr weg seid? Wißt ihr vielleicht einen anderen guten Ort? Die drei oder vier Möglichkeiten zwischen Williams Lake und Bella Coola gefallen mir nicht, sind nichts weiter als ziemlich teure Hotels mit Jäger- oder Cowboy-Verbrämung. Noch viel weiter weg müßte es sein als eure Ranch hier. Die war vor zehn Jahren wirklich noch weit weg. Jetzt wird ständig an der 20 gearbeitet. Die Post kommt bereits zweimal die Woche, und es fährt sogar schon so etwas Ähnliches wie ein Bus einmal wöchentlich nach Bella Coola hinunter und am nächsten Tag wieder zurück nach Williams Lake. Ingeborg, du erfährst alles, was sich auf zweihundert oder mehr Kilometer im Umkreis abspielt. Kannst du mir nicht einen Tip geben oder mich vielleicht gar mit jemandem bekannt machen, bei dem die Leute auch heute noch gleiches erleben können, wie ich bei euch vor zehn oder fünfzehn Jahren?«

Ingeborg begriff die Frage sofort. Dazu war sie noch Europäerin genug geblieben:

»Ich habe mir gedacht, daß du früher oder später darauf zu sprechen kommst. Ja, ich glaube, ich kann dir einiges empfehlen. Aber du mußt dann selber hinfahren und dir ein Urteil bilden, so wie du vor vielen Jahren zu uns gekommen bist. Also hör' gut zu. Weit hinter dem Tatlayoko-See, wo es keine ausgebaute Straße mehr gibt . . .« Tex lachte und klopfte mit der flachen Hand auf den Tisch: »Ach, du meinst die Brewsters, die Moore's und Gerry Bracewell? Ja, wirklich, die können sich sehen lassen!« Ingeborg fuhr fort:

»Die Brewsters stammen aus Arkansas, sind Amerikaner und wollen es bleiben. Er war Rechtsanwalt, bekam es aber auf die Dauer satt, im Dreck fremder Leute herumzurühren, die er sonst gar nicht hätte kennenlernen wollen. Seine Frau Jane machte mit. Er hob sein Geld von der Bank ab, verkaufte sein schönes Haus und seine Praxis in Fayetteville und fuhr mit seiner Frau und den zwei Kindern nach Nordwesten. Er hatte das Land am Chilcotin während eines Urlaubs kennengelernt, war auch für ein paar Tage als *paying guest* bei uns gewesen und dabei zu der Überzeugung gelangt, daß dieses Land weit genug von Bürokraten, Advokaten, Polizisten und Präsidenten entfernt liegt. Trotzdem ist man ja hier bei uns noch nicht ganz aus der Welt und kann im Notfall per Radio-Telefon sogar den Hubschrauber anfordern, der einen nach Williams Lake ins Hospital bringt. Jack und Jane waren zwar auf einer

Farm aufgewachsen, aber in einem Land ohne Zäune eine Viehherde zusammenzuhalten, ohne Elektrizität und Supermarkt auszukommen – und der allernächste Nachbar, den man vielleicht um Rat oder Hilfe bitten könnte, wohnt zehn Meilen entfernt, ebenso einsam wie man selbst –, das wollte alles erst gelernt sein. Die Brewsters haben sich also in der Gegend umgesehen und beim Tatlayoko eine bescheidene Ranch gekauft, um sich einzugewöhnen.

Und jetzt, nach fünf Jahren, sind sie dabei, ihren eigentlichen Plan in die Tat umzusetzen, einen ›verrückten‹ Plan! Nordwestlich von Hazelton, mitten im Urwald, eine Tagesreise im Jeep und zu Pferd von der gepflasterten Straße entfernt, haben sie von der Regierung ein Stück Land erworben: Wälder, Berge, Bäche und einen See. Dort wollen sie sich niederlassen, fern der übrigen Welt wie einst Robinson Crusoe, mit einigen Pferden, Kühen, Schafen und Schweinen. Höchstens einmal pro Vierteljahr haben sie vor, nach Hazelton zu reiten oder zu fahren, sobald sie einen Weg gebahnt haben, der mit dem Jeep befahrbar ist. Denn auf Salz, Zucker, Tee und ähnliches, vor allem auf Treibstoff wollen und können sie nicht verzichten.

Ich habe ihnen schon von dir erzählt. Ich komme gern mit, wenn du sie kennenlernen willst. Mehr als anderthalb Stunden dauert die Fahrt nicht, und Tex hat vielleicht auch Lust, mitzufahren, obgleich ihm die Brewsters gewöhnlich die Seele aus dem Leib fragen. Denn er hat ja damals unter noch viel primitiveren Bedingungen angefangen als sie; und mit viel weniger Geld.«

Tex, der dabeisaß, als Ingeborg mir – wortgewandt wie immer – ihren Vorschlag unterbreitete, nickte: »*Sure, I come along!*«

Es war also abgemacht. Ingeborg fuhr nicht gern Auto auf den schlechten Straßen, und ihm fiel es schwer, Gas- und Bremspedal zu bedienen, weil die Knie ihm ständig zu schaffen machten. Aber beide mochten offenbar die Brewsters gern, und so bot ich ihnen an, mit mir zu ihnen zu fahren, in meinem Jeep Cherokee mit Vierrad-Antrieb, der allen ungebahnten Wegen gewachsen ist. Meine beiden Freunde wußten natürlich, daß mich die Frage, ob und wie man der unerfreulichen Welt der Gegenwart mit ihrem Terror, ihrem Lärm und Gezänk entfliehen kann, seit Jahren umtreibt.

Aber Ingeborg war an diesem verplauderten Sonntagnachmittag mit ihren Vorschlägen noch nicht am Ende. Das Stichwort Tatlayoko war nun einmal gefallen. »Wenn wir schon die Brewsters besuchen, dann sollten wir, am besten vorher, noch ein Dutzend Meilen weiter fahren bis zum Nordende des Tatlayoko. Dort befindet sich in einer wild-romantischen Landschaft das schöne Haus der ehemaligen Moore'schen Ranch. Das solltest du nicht versäumen, A.E.! Der alte Moore ist eines Tages verschollen, was in dieser Gegend nicht selten vorkommt, und seine Frau hat die Ranch verkaufen müssen. Sie hat wieder geheiratet und heißt nun Gerry Bracewell. Ein tüchtiger Mann, der Bracewell, Sägemüller und Häuserbauer, aber kein Rancher. Gerry aber, die in diesen Wäldern groß geworden ist, hat sich zu einer bewährten Jagd- und Wildnisführerin entwickelt. Jeden Sommer, bis in den Spätherbst hinein, führt sie zu Pferd Gruppen aus Kanada, den Vereinigten Staaten und Europa – maximal zehn Personen – für eine Woche oder länger ins Gebirge, damit sie je nach Lust und Laune einen Bären oder eine Bergziege schießen oder auch nur fotografieren und die Schönheit der blühenden Almen auf dem Kartoffel-Gebirge – es heißt wirklich so – genießen können. Gerry kennenzulernen, das würde sich lohnen. Aber sie ist jetzt bestimmt unterwegs zum Chilko-See hinüber oder den Homathko abwärts. Die alte Moore'sche Ranch solltest du dir auf alle Fälle ansehen. Auf hundert oder zweihundert Meilen im Umkreis gibt es keinen entlegeneren, keinen schöneren Ort. Schade, daß Gerry ihn aufgeben mußte.«

»Wer sitzt denn jetzt dort?«

»Ein Deutscher. Er kam mit viel Geld hier an. Vom Ranchen verstand er nichts, aber er lernte schnell, kaufte alles an Weiden und Wäldern, was zu haben war, sprach davon, die ganze Gegend überhaupt erst richtig in Schuß zu bringen. Du kennst diesen Typ von Deutschen. Sie sind meist sehr tüchtig und schuften wie die Irren. Aber beliebt machen sie sich dadurch nicht. Vor allem nicht in einer Gegend, wo keiner je daran denkt, dem anderen Vorschriften zu machen; wo jeder faul sein kann oder meinetwegen auch fleißig, soviel er will, wo immer noch eine mündliche Zusage genau so viel oder mehr gilt wie zehn notariell beglaubigte Verträge und keiner sich für etwas Besseres hält oder womöglich Respekt verlangt, weil er hunderttausend Dollar als Taschengeld auf der Bank liegen hat. Mit einem Wort, der Deutsche machte sich nicht beliebt, und manches, wahrscheinlich unabsichtlich, falsch. Die Einheimischen wurden böse – und das ist in diesem menschenarmen Land, wo doch jeder früher oder später auf den guten Willen des Nachbarn angewiesen ist, so ziemlich das Schlimmste, was einem passieren kann. Jeder Zugereiste wird zunächst unbesehen für einen anständigen Kerl und hilfsbereiten Nachbarn angesehen, der seine Zeche bezahlt und zu seinem Wort steht. Aber dieser Vorschuß an gutem Glauben wird schnell zurückgezogen, wenn der Neue nicht in die Landschaft zu passen scheint. Ich fürchte, das ist dem Nachfolger auf der Moore'schen Ranch bereits passiert. Daß die ganze Familie außerordentlich schwer, viel zu schwer nach hiesigen Begriffen, gearbeitet und manches Neue auf die Beine gebracht hat, leugnet niemand. Aber wichtiger und für den Enderfolg entscheidend ist, daß man sich dem Stil und den Vorstellungen der Leute einfügt und keine großspurigen Extratouren reitet. Dann ist man bald unten durch und hat es sehr schwer.«

Ich hatte genau zugehört. Ich konnte mir das Schicksal und den augenblicklichen Zustand dieser übertüchtigen Leute aus dem deutschen Westen nur allzugut vorstellen. Die alte Geschichte von dem »ugly German«, dem »Häßlichen Deutschen« (analog zu dem »ugly American«)! Aber solches zu erkunden war ich nicht in die Quellgebiete des Homathko, des Klinaklini, des Chilko und Chilanko gereist.

Ich überlegte mir die Geschichte ein paar Augenblicke lang und gab dann zur Antwort:

»Auf die Brewsters bin ich gespannt, Ingeborg. Allein schon deshalb, weil ich vielleicht im nächsten Jahr ihren neuen Platz hinter Hazelton im tiefsten Busch aufsuche, um festzustellen, ob sie inzwischen von den Grizzlies oder Cougars, die es dort sicherlich zur Genüge gibt, aufgefressen worden sind, oder ob sie tatsächlich das ersehnte Glück der einsamen Insel im unermeßlichen Meer der ewigen Wälder – schön ausgedrückt, was? – gefunden haben. Und dann muß ich endlich den Tatlayoko zu Gesicht bekommen. Lange genug habe ich mir das gewünscht. Und im Vorbeigehen oder -fahren einen Blick auf das ehemals Moore'sche Anwesen zu werfen, das bleibt uns unbenommen.«

Wir haben dann wahr gemacht, was wir uns vorgenommen hatten. Und hoffentlich schaffe ich es wirklich, die Brewsters in ihrer Einöde mit entsetzlich kalten und schneereichen langen Wintern im Verlauf des Jahres 1982 zu besuchen. Dann erst wird es Zeit sein, ihre aufregende Geschichte zu erzählen. Zur Zeit, so erschien es mir, war über ihren glücklichen oder unglücklichen Ausgang noch nichts auszumachen.

Tieferen Eindruck noch als die Brewsters hat auf mich die in der Tat großartige Landschaft am Tatlayoko-Lake gemacht. Die Straße, soweit sie noch von der Straßenverwaltung notdürftig instand gehalten wird, endet bei dem ehemals Moore'schen Anwesen. Dahinter entartet sie bald zu einem steinigen, tief zerwühlten Autopfad, der den Namen »Straße« kaum noch verdient. Dieser Weg folgt dem flacher ansteigenden Ostufer des etwa dreißig Kilometer langen, aber nur zwei bis drei Kilometer breiten Sees. Auf dem Westufer steigen die Felsenberge wie eine Zyklopenmauer hoch, gipfeln in dem etwa 2.650 Meter hohen Niut. Dort glühte die untergehende Sonne und kränzte die Umrisse der Gebirge mit einem golden schimmernden Saum. In der Tiefe ruhte schwarz-violett der große See, ganz still, vollkommen glatt, ein makellos geschliffener, sehr dunkelfarbiger Amethyst am Ringfinger des Gottes dieser weglosen Gebirge und Einöden.

Ich bin dann einige Wochen später, über die Alaska-Straße vom Yukon kommend, weit von meiner vorgesehenen Route abgebogen und zu dem Örtchen Tatla Lake an der No. 20 in British Columbia gefahren, um mich in dem dortigen kleinen Hotel mit Gerry Bracewell zu treffen.

Ich saß in dem kleinen hellen Schankraum des Hotels nicht nur der bekannten und bewährten Berg- und Wildnis-Führerin Gerry Bracewell gegenüber (Mitglied der »Western Guides and Outfitters of B.C.« mit 35 Jahren Erfahrung in der Wildnis), sondern auch der Frau ihres ältesten Sohnes Martin, genannt Mart, der Iris Moore.

Und es waren bald nicht so sehr die sachlichen Dinge, die mich gefangen nahmen, sondern die hinter ihnen auftauchenden, sehr ungewöhnlichen menschlichen Hintergründe.

Wieder einmal bestätigte sich mir die alte Erfahrung, daß so entlegene und ungewöhnliche Gebiete fast stets auch ungewöhnliche Menschen mit ungewöhnlichen Schicksalen beherbergen.

2. Weit hinter dem Tatlayoko

Mein Cherokee schob sich mit der vorsichtigen Beharrlichkeit, die ihn auszeichnet, wenn alle seine vier Räder angetrieben werden, den mit faustgroßen und größeren Felsbrocken gespickten Karrenweg hoch. Manchmal mußte ich ihn so hart nach rechts an den steil sich aufreckenden Berghang drängen, daß der rechte Außen-Rückspiegel an den Felsen schrapte. Wenn das geschah, dann waren meine linken zwei Räder nur noch eine Handbreit von dem Abbruch des jämmerlichen Weges in die Tiefe entfernt, in die ich nicht hinunterzublicken wagte. Ich wußte ohnehin, daß es dort unten nicht sehr einladend aussah; so schroff stürzte die Felswand ab, kaum verdeckt von schütterem Buschwerk, daß der tief unten zum Homathko rauschende Bach allenfalls zu ahnen war. Meine ganze Aufmerksamkeit mußte ich auf den riskanten Fahrweg konzentrieren und darauf, wie mein schweres, aber williges Fahrzeug auf die Herausforderung dieses Weges im Hochgebirge reagierte.

Außerdem lag mir nicht das geringste daran, mir und meinen beiden Fahrgästen, die sich mir ohne Zögern anvertraut hatten, in einem unzugänglichen Abgrund das Genick zu brechen. Neben mir, auf dem Beifahrersitz, saß Iris Moore, geborene Richter aus Schlesien, dann wohnhaft in Landshut an der Isar, und zwischen uns Oliver, ein feingliedriges, schwarzhaariges Bürschlein, ihr Sohn. Oliver war mit den Tücken und Widrigkeiten der Wildnis bereits gut vertraut und wußte, daß wir nun den gefährlichsten Abschnitt des langen Holperweges zur heimatlichen Hütte im Tal des Nostetuko zu passieren hatten. Während der letzten Schneeschmelze war nämlich der Berghang abgerutscht. Mart Moore, sein Vater, hatte den *wash* zwar notdürftig wieder freigeschaufelt und dann mit dem großen Schieber seines Raupenschleppers nachgeglättet. Aber der nächste schwere Regen hatte prompt für Nachschub gesorgt und Unmengen von Geröll und Sand auf den holprigen, glitschigen Fahrweg herniederprasseln lassen. Stumm saß Oliver da, hielt sich mit beiden Händen am Armaturenbrett vor seinem Mittelsitz fest und blickte starr geradeaus, als könnte er auf diese Weise das Auto über die gefährliche Strecke hinweglotsen.

Die alte Autoregel für unwegsames Gelände bewährte sich auch hier: Wenn es mulmig wird, muß man zügig, aber langsam fahren, mit so viel Kraft in Reserve wie möglich. Wir atmeten alle drei auf, als wir die vermaledeite Stelle hinter uns hatten, und Oliver, wieder munter geworden, meinte: »Jetzt haben wir's geschafft, und wie! Aber zurück fahren wir doch lieber über den Berg, ja?« Der kleine Kerl mochte innerlich ganz schön gezittert haben während der fünf Minuten, in denen wir uns, nur eine Handbreite vom Abgrund getrennt, am Felshang entlang über den *wash* getastet hatten. Wie sich dann später herausstellte, war die total zerwaschene und überaus steinige Straße »über den Berg« selbst für den ersten Gang beinahe zu steil, aber wirklich gefährlich war sie nicht.

Auch Iris lehnte sich wieder zurück und stieß dabei, ohne es zu merken, einen Seufzer der Erleichterung aus. Ich konnte es wagen, einen Blick zur Seite zu werfen. Der schmale, ausdrucksvolle, klar geschnittene Kopf mit dem schönen dunklen Haar, das zu einem Knoten geschlungen war, gefiel mir sehr. Und der weiße Sweater mit dem dicken Kragen um den Hals, die abgewetzten, in halbhohen Reitstiefeln steckenden Jeans an den langen, schlanken Beinen paßten zu dieser Iris in der Wildnis, als wären sie von einem Meister der Haute Couture eigens für sie ausgedacht.

Als ich den Wagen wieder etwas flotter laufen lassen konnte, unterbrach sie die Geschichte, die Oliver gerade erzählte, und sagte entschuldigend zu mir:

»Eigentlich hätte ich es Ihnen nicht zumuten dürfen, auf dieser riskanten Straße zu fahren. Mart will sie in den nächsten Tagen endgültig in Ordnung bringen, wenn er wieder vom Mount Dartmouth zurückkommt, wo er mit einem landeskundigen Indianer vom Butte Inlet den Weg von der Küste zu einer alten Goldmine freilegt, die bei den jetzigen Goldpreisen wieder Gewinn verspricht.

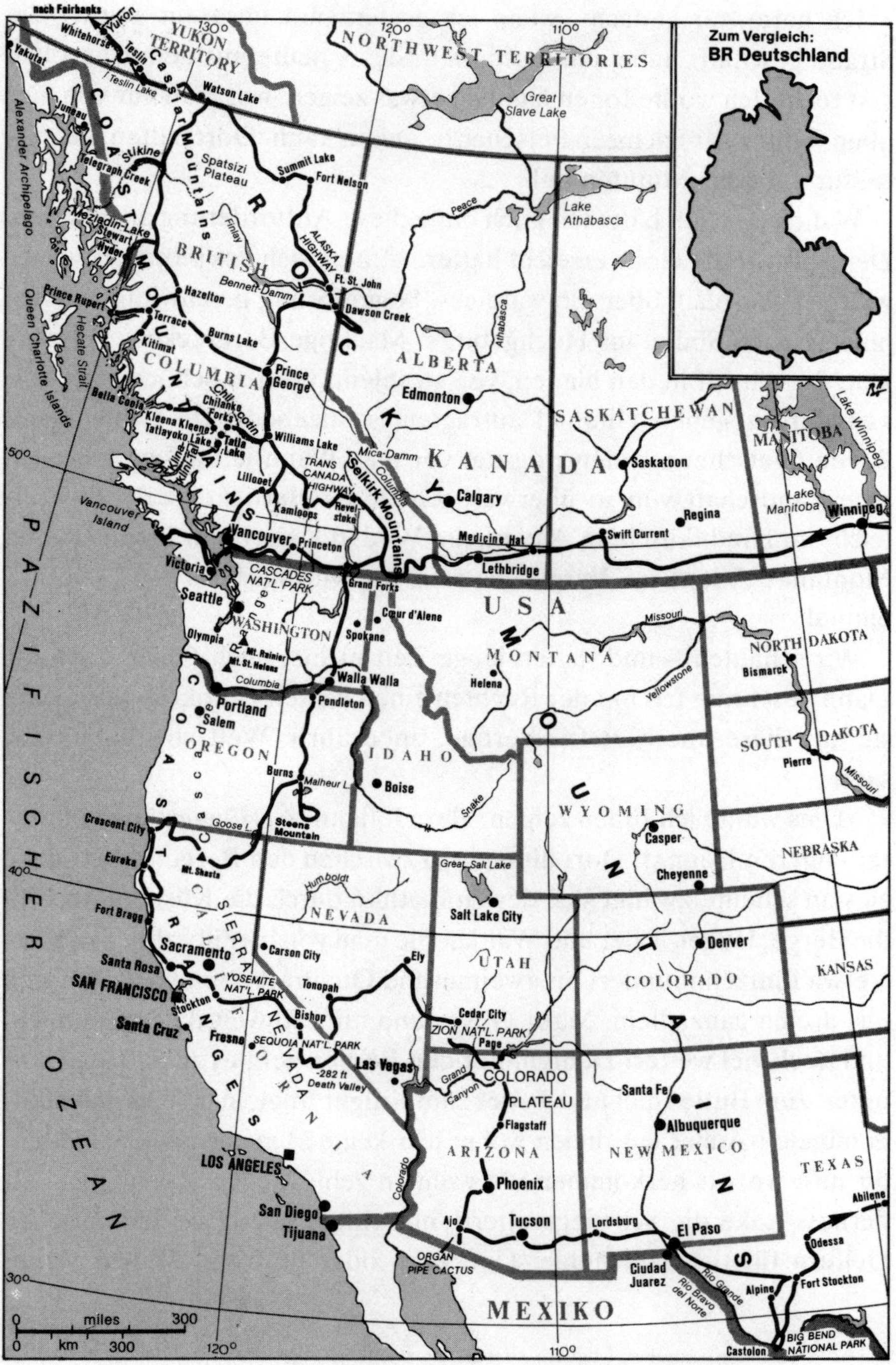
nach Fairbanks
Yukon
Whitehorse
Teslin
Yakutat
YUKON TERRITORY
NORTHWEST TERRITORIES
Zum Vergleich:
BR Deutschland
Teslin Lake
Watson Lake
Cassiar Mountains
COAST MOUNTAINS
Juneau
Alexander Archipelago
Stikine
Telegraph Creek
Spatsizi Plateau
Summit Lake
Fort Nelson
Great Slave Lake
Meziadin Lake
Stewart
Hyder
Finlay
ALASKA HIGHWAY
Peace
Lake Athabasca
ROCKY MOUNTAINS
BRITISH COLUMBIA
Bennett-Damm
Ft. St. John
Dawson Creek
Hazelton
Prince Rupert
Terrace
Kitimat
Burns Lake
Queen Charlotte Islands
Hecate Strait
Prince George
Athabasca
ALBERTA
Edmonton
Bella Coola
Chilanko Forks
Kleena Kleene
Tatlayoko Lake
Tatla Lake
Chilcotin
Williams Lake
SASKATCHEWAN
MANITOBA
Lake Winnipeg
Mica-Damm
KANADA
Saskatoon
TRANS CANADA HIGHWAY
Columbia
Selkirk Mountains
Lillooet
Calgary
Lake Manitoba
Winnipeg
Vancouver Island
Kamloops
Revelstoke
Regina
Vancouver
Princeton
Medicine Hat
Swift Current
Victoria
CASCADES NAT'L. PARK
Lethbridge
Grand Forks
Seattle
USA
Cœur d'Alene
Spokane
WASHINGTON
Olympia
Mt. Rainier
Mt. St. Helens
Missouri
MONTANA
NORTH DAKOTA
Bismarck
Helena
Walla Walla
Columbia
Pendleton
Yellowstone
Portland
Salem
OREGON
IDAHO
SOUTH DAKOTA
Pierre
Burns
Malheur L.
Boise
Snake
WYOMING
Goose L.
Steens Mountain
Crescent City
Casper
NEBRASKA
Eureka
Mt. Shasta
Great Salt Lake
Cheyenne
Humboldt
NEVADA
Salt Lake City
Fort Bragg
SIERRA NEVADA
Carson City
Denver
Sacramento
Ely
UTAH
Santa Rosa
YOSEMITE NAT'L. PARK
Tonopah
COLORADO
KANSAS
SAN FRANCISCO
Stockton
Bishop
Cedar City
Santa Cruz
Fresno
SEQUOIA NAT'L. PARK
ZION NAT'L. PARK
Page
Las Vegas
-282 ft Death Valley
Grand Canyon
COLORADO PLATEAU
Santa Fe
Flagstaff
Albuquerque
ARIZONA
NEW MEXICO
TEXAS
LOS ANGELES
Colorado
Phoenix
San Diego
Tijuana
Abilene
Ajo
Tucson
Lordsburg
El Paso
Odessa
ORGAN PIPE CACTUS
Ciudad Juarez
Rio Bravo del Norte
Rio Grande
Alpine
Fort Stockton
MEXIKO
BIG BEND NATIONAL PARK
Castolon
PAZIFISCHER OZEAN
miles
km
300
0
130°
120°
110°
50°
40°
30°

Ich hatte mir gedacht, wenn ich gestern mit unserem Truck* die Straße geschafft habe, dann schaffen Sie es heute mit dem Cherokee erst recht. Ich wollte Ihnen nämlich etwas zeigen, was man nur von hier oben, hinter der nächsten Felsenecke, sehen kann. Dort halten Sie, bitte, für ein paar Minuten an!«

Wahrscheinlich hätte ich auch ohne diese Aufforderung angehalten. Denn als wir die Höhe erreicht hatten, öffnete sich uns plötzlich ein gewaltiger Ausblick über ein waldiges, bogenförmig geschwungenes Tal hinweg nach Süden ins Hochgebirge. Mächtige Bergrücken, Felszakken, die schroff in den blauen, von strahlend weißen Schönwetterwolken durchzogenen Himmel aufragten, schneebedeckte Gipfel, gleißende Gletscher standen ringsum vor uns. Wann je und wo hatte ich eine Landschaft von so überwältigender Großartigkeit erlebt? Vielleicht im Hindukusch, in Assam, am Wilden Kaiser, am Logan-Paß in Montana? Alle diese Vergleiche sind fragwürdig. Dies gab es so nur einmal.

Wir schauten – und sagten lange Zeit nichts; auch Oliver schwieg. Dann beschrieb Iris mit der Rechten einen weiten Halbkreis, als wollte sie mir diese unerhört friedfertige, unberührte Welt vorstellen, und sagte:

»Dies wollte ich Ihnen zeigen, Herr Johann. Als Ouvertüre zu unserer engeren Heimat: Dort hinten, wo zwischen den Bergen eine Lücke zu sein scheint, zwängt sich der Homathko durch die Küstenkette. All die Berge, Hügel, Täler und Wälder, die man von hier überblicken kann – etwa fünfzehnhundert bis zweitausend Quadratkilometer –, gehören uns dreien ganz allein, Mart, Oliver und mir. So weit das Auge reicht und noch viel weiter! Denn hinter den Bergen geht es zum Ozean hinunter, zum Butte Inlet und weiter zum Knight Inlet, in den der Klinaklini mündet: Außer uns dreien wohnt hier keine Menschenseele. Und hinter uns, wo wir herkommen, da wohnen zehn Meilen abseits am Wilderness Lake die Schwiegereltern, mit einem oder zwei indianischen Helfern für die Sägemühle. Und zehn oder fünfzehn Meilen weiter

* Truck: im amerikanischen Englisch kleines, meist offenes Lastauto, das übliche Gefährt für Farm und Ranch.

nordwärts am oberen Ende des Tatlako – so nennen wir den Tatlayoko-See – leben die neuen Deutschen, etwa vier oder fünf Personen. Sonst niemand weit und breit! Elektrisches Licht, Telefon, Wohnwagen mit amerikanischen Touristen oder etwa der Schulbus werden uns kaum erreichen. Das erleben Mart und ich nicht mehr. Selbst Oliver nicht, falls er hier bleiben will, wenn er darüber entscheiden kann.«

Noch einmal stellte sie mir mit weiter Handbewegung ihr Königreich vor:

»Mit keinem Fürsten und Millionär will ich tauschen – so bescheiden es bei uns auch zugehen mag! Diese zweitausend Quadratkilometer Wildnis mit Bären und Hirschen, Lachsen und Forellen, Wiesen, Bächen und Wasserfällen, sie macht uns niemand streitig. Ich habe noch keinen Augenblick lang zu bereuen brauchen, daß ich den Komfort in Europa mit dem reichlich harten Leben in der Einöde vertauscht habe. Ja, ich bin dankbar, daß ich meinen Jugendtraum verwirklichen konnte, mit einem geliebten Mann und einem Kind in unberührter Wildnis zu leben. Aber fahren wir weiter! Ich habe Ihnen unsere Heimat vorgestellt!«

Wir hatten einen Bachlauf mit glasklarem Wasser durchquert und kletterten den Gegenhang hinauf. Im Wald ringsum ragten gewaltige Bäume, Zedern und Fichten, die kein noch so großer Mann mit seinen Armen hätte umspannen können, zu großer Höhe auf. Die Luft wehte wie Balsam ins offene Autofenster, duftete nach frischem Harz und eiskalt über große Steine rieselndem Gletscherwasser – und auch nach moosigem, feuchtem Waldboden. Der grobe Weg schlängelte sich zwischen den prachtvollen Stämmen eine Höhe hinauf, senkte sich wieder und plötzlich waren wir da: auf Moore's Platz »am Ende der Welt«, weit hinter dem Tatlayoko.*

Im Schatten der hohen Bäume stand gegen den Hang gelehnt das Blockhaus. Es hatte nur einen einzigen Raum unter offenem Dachstuhl; etwas über mannshohe Bretterwände unterteilten ihn in Schlafzimmer für die Eheleute und das Kind, in das Wohnzimmer und die

* Der Tatlayoko-Inn liegt etwa 25 Kilometer südlich der kleinen Siedlung Tatla-Lake an der leidlich befahrbaren Kiesstraße 20 von Williams-Lake im Herzen der kanadischen Westprovinz British Columbia nach Bella Coola am Salzwasser des Pazifischen Ozeans.

Wohnküche. Das Schlafzimmerfenster an der Rückseite des Hauses lag nur anderthalb Meter über dem Erdboden; zu der geräumigen Veranda auf der Vorderseite mußte man über eine steile Treppe hinaufsteigen. Ein Bergbach, dessen Wasser durch eine Röhre floß, plätscherte neben dem Haus, eine Wasserleitung, die man nicht »abzustellen« brauchte. Das Wasser war kostenlos.

Zwei solide, aus Fichtenstämmen gefügte Schuppen waren dazu bestimmt, Proviant, Geräte, Treibstoff, den Schlepper aufzunehmen, alles, was man zum Überleben im Urwald braucht. Etwas tiefer im Wald, unterhalb des Wohnhauses, ruhte behäbig und altersgrau ein aus schweren Stämmen errichtetes Blockhaus mit weit überhängendem Dach, das den offenen Vorraum vor Regen, Schnee und allzu heißer Sonne schützte. Ein längst verschollener Prospektor hatte es vor Jahrzehnten nach allen Regeln der Kunst aus kerngesunden Stämmen gebaut. Und dieses alte, aber unversehrte Blockhaus hatte die Moores veranlaßt, sich gerade hier niederzulassen.

»Wir fangen ja erst an, Mart und ich«, erklärte mir Iris später am Abend. »Und wir können nicht darauf aus sein, Gerry Konkurrenz zu machen. Aber es gibt genug Leute, die nicht jagen, ja nicht einmal fotografieren wollen, sondern nur danach verlangen, unberührte Natur zu erleben. Die kämen bei uns voll auf ihre Rechnung, mehr noch als bei den Hansens am Clearwater-See, die ihre Ranch jetzt aufgeben müssen. Unser Blockhaus ist so geräumig und gemütlich eingerichtet, daß jeder wiederkehren will, der einmal dort gewohnt hat. Mart will noch ein zweites bauen, in Sicht-, aber nicht in Hörweite der andern Häuser. Und nächstes Jahr werden wir auch Pferde haben, damit man zum Homathko oder zum Tatlayoko hinüberreiten kann. Zu Pferd ist man im Wald viel sicherer als zu Fuß. Nun, vor den Fremden habe ich keine Angst. Die üblichen amerikanischen Touristen kommen überhaupt nicht hierher. Die drehen sofort um, wenn die gepflasterte Straße aufhört – und das geschieht schon vor Alexis Creek, mehr als hundertfünfzig Kilometer von hier. Wer sich wirklich bis zu uns durchschlägt, der ist bestimmt mit uns seelenverwandt. Er wird sich hier wohlfühlen, obwohl wir kein Fernsehen und keine Bar zu bieten haben und als Badezimmer nur den dachlosen Verschlag, in dem man sich abbrausen kann. Was will man mehr! Sauber wird man da auch. Das Essen ist gut; dafür sorge ich schon. Das Blockhaus ist warm, wenn es draußen kalt ist – und umgekehrt gilt's auch. Die Nächte sind angenehm still und kühl. Baden kann man in einem kleinen See, nicht weit von hier. Es scheint fast immer die Sonne, und ab und zu regnet es, damit die Welt frisch bleibt. Nein, Mart sagt immer, die Leute, die hierher zu uns kommen, die passen auch zu uns. Mit denen werden wir immer gut auskommen.«*

Dies alles leuchtete mir ein. Es hatte Hand und Fuß.

Inzwischen habe ich Gerry am Wilderness-Lake unter dem Potato-Mountains zweimal ausführlich besucht und habe danach für eine weitere Woche im Blockhaus der Moore's die Stille der königlichen Einöde, den Frieden der Gefilde jenseits des Tatlayoko in mein europamüdes Herz gesaugt. Ich habe es nicht bereut.

---

* Für mögliche Interessenten seien hier die Anschriften genannt:

Martin und Iris Moore
Copper Creek Ranch
Tatlayoko Lake Post Office
British Columbia/Canada Vol 1 Wo

Mrs. Gerry Bracewell
Alpine Hide-Out
Tatlayoko Lake Post Office
British Columbia/Canada Vol 1 Wo

Die Post erreicht Tatlayoko Lake nur einmal in der Woche. Sie muß auf dem winzigen Hilfspostamt von den Empfängern gelegentlich abgeholt werden. Gerrys Hochgebirgstouren sind nur von Anfang Juli bis Ende August möglich, die Mooresche Ranch kann von Mitte Juni bis Ende September besucht werden. Mindestens ein Vierteljahr im voraus muß man sich anmelden. Mrs. Bracewell versteht nur englisch, an Mrs. Iris Moore kann man auch auf deutsch schreiben. Natürlich gibt Iris auf deutsch geäußerte Wünsche gern an ihre Schwiegermutter weiter. Je früher man einen Besuch verabredet desto besser.

3. Wälder, Steppen und Wüsten

Es ist noch kaum in das geographische Bewußtsein von uns Europäern eingedrungen, daß etwa ein gutes Viertel der Vereinigten Staaten aus Strauch- und Grassteppen, Halbwüsten und veritablen Wüsten besteht. Spricht man bei uns von der Oregon-Wüste, der Großen-Salzsee-, der Mojave-, der Colorado- oder gar zusammenfassend von der Großen Amerikanischen Wüste, wird man meist verständnislos angesehen. Und doch stellen die kaum erschlossenen, unabsehbaren Wüstengebiete im amerikanischen Westen, die sich etwa tausend Kilometer breit von Norden nach Süden erstrecken, eine Region dar, die es an Fremdartigkeit, grandioser Schönheit, Unberührtheit und Weite mit den meisten, viel bekannteren Gegenden Nordamerikas nicht nur aufzunehmen vermag, sondern sie weit übertrifft. Weltweit bekannt ist eigentlich nur der Grand Canyon des Colorado im Norden des Staates Arizona. Ansonsten macht die Große Amerikanische Wüste nur deshalb von sich reden, weil in ihrem Südwesten die uramerikanischen Amüsierstädte Las Vegas und Reno angesiedelt sind, wo alles erlaubt ist, was im übrigen Amerika verboten ist.

Auf mich haben die großen, abflußlosen und weithin wüstenhaften Becken in den Staaten Oregon, Idaho, Nevada, Utah, Arizona sowie im südöstlichen Kalifornien von jeher eine geradezu magische Anziehungskraft ausgeübt. Ich bin weit von den üblichen Straßen abgebogen, um mich in der Einsamkeit des Harney- und des Großen Beckens, des Snake-River- oder des Colorado-Plateaus zu verlieren. Im Lauf der Jahre enthüllten sich mir das Wesen und der spröde Zauber der sommers sonnendurchglühten, winters von eisiger Kälte heimgesuchten Gebiete in dem gewaltigen Trog zwischen den mächtigen Gebirgsketten.

Ein ungeheurer Trog in der Tat, eine von der Natur karg bedachte, unendlich leere Senke, im Osten durch die Rocky Mountains begrenzt, ohne daß sich jenseits dieses Gebirges nun sofort freundlichere, fruchtbarere Landschaften anböten. Erst ganz allmählich, fünf- oder sechshundert Kilometer weiter ostwärts, gehen die langsam abfallenden Steppen in Savannen und schließlich, zum Missouri und Mississippi hin, in Prärien über, die Kornkammern der westlichen – und neuerdings auch der östlichen – Welt.

In der Schule haben wir gelernt, daß im Westen Nordamerikas das Felsengebirge den Abschluß des Kontinents gegen den Pazifik bildet, wenn man der untergehenden Sonne folgt. Doch diese Vorstellung ist ungenau, ja falsch. Denn die Rockies verlaufen zwar einigermaßen parallel zur Pazifik-Küste, jedoch weit im Inland, tausend und mehr Kilometer von ihr entfernt. Ehe der westwärts Reisende, von den Kämmen des Gebirges herniedersteigend, den Ozean erreicht und dessen ewig wechselnde Gezeiten erlebt, muß er scheinbar grenzenlose, trokkene Hochebenen durchqueren und sieht sich nach Hunderten von Kilometern abermals hohen, schneebedeckten Bergen gegenüber, von beinahe noch wilderer Schroffheit als die der Rockies. Über weite Strecken verwehren ihm gleich zwei solcher Gebirgsketten, durch schmale, langgestreckte Täler voneinander getrennt, den Abstieg zum Ozean. Es sind also in Wahrheit zwei scharf voneinander zu unterscheidende Gebirgssysteme und nicht nur die Rocky Mountains, die dem Westen Nordamerikas das Gepräge geben.

Die Küstengebirge sind wahrscheinlich deshalb nicht als Gebirgszug in unser geographisches Bewußtsein eingegangen, weil sie keinen gemeinsamen Namen besitzen. Während die unmittelbar über der Küste sich erhebenden, relativ niederen Berge einfach Coast Range, Küstenkette, genannt werden, haben die weiter landeinwärts liegenden viel schönere Namen erhalten, obgleich es sich bei ihnen wie bei den Rokkies um einen einzigen Gebirgszug handelt. Im Süden heißen sie Sierra Nevada, Schneegebirge; nach Norden, zur kanadischen Grenze hin, tragen sie die poetische Bezeichnung Kaskaden; die Kanadier sind dann prosaischer und sprechen nur noch vom Küstengebirge. Und weiter nach Alaska hinauf, der gegen Asien bis auf Sichtweite vorgeschobenen Bastion Nordamerikas, vereinen sich die von Südosten heranziehenden Rockies mit den Küstengebirgen zu ungeheuren Felsbarrieren und erreichen schließlich in Zentralalaska mit dem Mount McKinley (6.200 Meter) ihre höchste Erhebung.

Das Innere des nordamerikanischen Kontinents wird also gegen den Pazifik durch die Felsenwälle der Küstengebirge abgeschirmt. Die vom Ozean her wehenden, feuchtigkeitsgeladenen Westwinde finden daher, wenn sie die Küste erreichen, den Weg ins Land hinein versperrt. Die regenschweren Wolken werden in die Höhe gedrängt, kühlen sich ab und entladen sich. An den Westhängen der amerikanischen Küstengebirge regnet es viel und häufig. So konnten sich hier Wälder von beinahe tropischer Üppigkeit entwickeln. Wir finden dort drei-, viertausendjährige Riesenzedern und weiter im Norden unzählige ebenso gewaltige Douglasfichten.

Ostwärts der Küstengebirge regnet es nur noch sehr selten. Erst viel weiter im Osten, wenn die feuchten, in große Höhe gehobenen Winde abermals auf hohe Gebirge stoßen, diesmal die Ketten der Rocky Mountains, kommt es zu neuen Niederschlägen, so daß an den Westflanken der Rockies wiederum prachtvolle Wälder gedeihen können.

Die ausgedehnten Hochebenen zwischen den Rocky Mountains und den Gebirgen längs der Küste dagegen leiden unter chronischem Wassermangel. Es bildeten sich Steppen mit schütterem Grasbewuchs, ja regelrechte Wüstenregionen, hin und wieder unterbrochen durch unvermittelt aufgesetzte Gebirgsstöcke oder einzelne Bergkegel.

In dieser ungeheuren Senke ist, je weiter man nach Süden vordringt, nur extensive Viehzucht möglich, schließlich auch sie nicht mehr. Im Norden jedoch kann Getreide, Weizen vor allem, angebaut werden. Überall dort, wo die Ströme aus den Hochgebirgen große Wassermengen heranführen, entfalten sich unter künstlicher Bewässerung aus dem toten Land wahre Paradiese an Fruchtbarkeit, so etwa im kanadischen Okanagan-Tal, am Columbia-Strom um Yakima und in Kalifornien im Imperial-Tal. Die zwischen den Küstengebirgen langhin sich streckenden Täler des Willamette im westlichen Oregon, des Sacramento und des San Joaquin in Kalifornien sind schon seit Mitte des vorigen Jahrhunderts das Ziel landhungriger Siedler.

Wie bereits erwähnt, streben nach Norden hin, über kanadisches Gebiet hinweg, die Küstengebirge und die Rockies immer mehr aufeinander zu, bis sie schließlich in der Mitte Alaskas aufeinander treffen und miteinander verschmelzen. Eine ähnliche, wenn auch nicht ganz so deutliche Bündelung vollzieht sich im Süden, in Richtung Mexiko. Hier setzen sich die nordamerikanischen Gebirge in der Sierra Madre Occidental und der Sierra Madre Oriental fort. Die höchsten Gipfel liegen wie im hohen Norden auch hier am äußersten Ende der nun miteinander verzahnten Gebirgsketten, auf der Meseta Neovolcánica mit dem Citlaltépetl (5.700 Meter) und, westlich davon, dem Popocatépetl (5.452 Meter).

Die riesigen Hochebenen ähneln also einem im Mittelteil stark aufgetriebenen, an den Enden aber zusammengebundenen Schlauch, der im Norden fast bis ins Yukon-Gebiet, im Süden bis zur Landenge von Tehuantepec hinunterreicht. Teile dieser Region hatte ich in vergangenen Jahren mehr oder weniger gründlich kennengelernt. Und nun wollte ich, wie bereits angedeutet, das ganze Gebiet – es läßt sich in mehrere Becken unterteilen, die aber nicht alle abflußlos sind – der Länge nach von Norden nach Süden, vom oberen Yukon in Nordwest-Kanada bis zum mittleren Rio Grande durchfahren und erfahren.

Das habe ich getan. Allerdings ließ ich mich auch zur Pazifik-Küste über die Coast Range und die Kaskaden hinweg verlocken und mußte dann über die Sierra Nevada ostwärts reisen, um wieder meine geliebten Salbei- und Kakteen-Wüsten und die Grasländer zu erreichen. Ich versäumte viel Zeit mit diesen – im übrigen hinreißend großartigen – Umwegen und geriet dadurch in der Sierra Nevada, auf dem Hochland im nördlichen Arizona und schließlich auf der Rückreise nach Toronto in Nebraska und Kansas in derart schwere, unerwartete Schneestürme, daß ich mich auf die Alaskastraße zurückversetzt glaubte, zweiundeinhalbtausend Kilometer weiter im Norden, wo ich bereits sechs Wochen zuvor, noch vor der Tag- und Nachtgleiche, um ein Haar in Schnee und Morast steckengeblieben wäre.

Von den Höhepunkten dieser Reise im Herbst und Spätherbst des Jahres 1980 soll nun auf den folgenden Seiten die Rede sein.

4. Ödnis des Nordens, herrlich und gefährlich

Nach meiner Gewohnheit war ich schon in aller Frühe, lange vor Morgengrauen, von Terrace in British Columbia abgefahren. Terrace liegt noch im Bereich der einigermaßen erschlossenen Gebiete des kanadischen Westens, das heißt, es wird von der wichtigen Straße Nr. 16 berührt, dazu von der Eisenbahnlinie der *Canadian National Railway.* Von Terrace ist es nicht mehr weit – nur etwa achtzig Kilometer – bis nach Kitimat, der aufstrebenden Hafenstadt am Pazifischen Ozean mit einer der bedeutendsten Aluminium-Schmelzen der Welt.

Das Wetter ließ sich an diesem Morgen nicht sehr vielversprechend an. Ein kalter Regen, der sich offenbar auf Dauer eingerichtet hatte, perlte von der Windschutzscheibe meines wackeren Cherokee.

Eigentlich begann die große Reise, die ich vorhatte, erst hier am anderen Ende Nordamerikas – nachdem ich bereits viereinhalbtausend Kilometer von Toronto zurückgelegt hatte! Von nun an war es durchaus empfehlenswert, ein Auto mit Vierradantrieb zu fahren. Denn es würde mir kaum erspart bleiben, mich durch Schnee, Morast, Sand und über steile Ab- und Anstiege quälen zu müssen, war doch mein erstes Reiseziel Stewart, am Ende des Portland-Kanals, einer der schmalen, langen, von hohen Bergen eingesäumten Fjorde, die der Stille Ozean tief ins Innere des amerikanischen Nordwestens vortreibt. Von Stewart aus sollte die Fahrt dann weiter nach Norden gehen, durch unabsehbare Einöden hinauf zum Yukon, zur Alaskastraße und nach Whitehorse.

Neben der Straße rauschte – wie ich wußte – der Skeena dem nicht mehr allzu weit entfernten Ozean zu. Ich sah ihn nicht; er war nicht einmal zu ahnen. Ich würde seinem Lauf folgen, flußaufwärts, bis zu dem Indianerdorf Kitwanga. Dort hatte ich den Strom nordwärts zu überqueren, mußte mich also von der gut befahrbaren 16 lösen und mich der abenteuerlich einsamen, pflasterlosen und unzuverlässigen Provinzstraße 37 ausliefern, die mich schnurstracks achthundertundfünfzig gottverlassene Kilometer weit über die Grenze des Yukon-Gebietes bis zur Alaskastraße führen sollte. Dort trennten mich dann nur noch etwa vierhundert Kilometer – nicht minder einsam! – von Whitehorse am Yukon, der in mächtigem Bogen Alaska westwärts durchzieht, um schließlich ins eisige Bering-Meer zu münden.

Von Terrace aus hätte ich auf einer Nebenstraße sofort Kurs nach Norden nehmen können, am Kitsumkalum-See vorbei zum Nass River hinüber, dem ich später ohnehin auch auf der 37 bis zur Abzweigung nach Stewart würde folgen müssen. Aber davon hatten mir die guten Freunde Ortrud und Hermann B. dringend abgeraten, die mit den Tükken, Gefahren und Glückseligkeiten des Landes, seiner Straßen, Ströme, Wälder und Berge, seit vielen Jahren aufs innigste vertraut sind: »Wenn du über Kitwanga fährst, dann hast du noch hundert Kilometer festes Pflaster unter den Rädern und kommst schnell vorwärts. Auf der direkten Straße zum Nass River, na ja! Du würdest es wohl selbst bei diesem Dreckswetter schaffen, aber es wird auf alle Fälle eine arge Schlammfahrt. Und wenn du stecken bleibst, kannst du nicht mit schneller Hilfe rechnen.«

Ich wollte auf keinen Fall unvernünftig sein, denn damit ist in der Wildnis schon mancher gescheitert, wie ich aus Erfahrung weiß.

Zunächst also hundert Kilometer auf der zuverlässigen 16 den Skeena aufwärts! In gleichmütigem Takt pendelten die Scheibenwischer und hielten mir die Sicht klar. Die Scheinwerfer bohrten ihren Lichtstrahl durch die Regennacht, erfaßten hier und da einen Baum, eine Böschung mit wasserschwerem Gras und Gebüsch oder die Geländer der vielen Brücken, auf denen die Straße Nebenflüsse oder Bäche kreuzt, die dem Skeena zuschäumen.

Aber wo war er überhaupt, der Skeena, den Landeskenner für den schönsten Strom des Nordens halten, ein Urteil, dem ich mich gern anschließe? Die Straße war mir vertraut, und ich hatte die unzähligen, immer aufs neue überraschenden Ausblicke auf den brausenden oder glatt dahingleitenden Strom unvergeßlich in der Erinnerung. Jetzt aber: nichts davon! Ich fuhr gleichsam durch eine gleißend erhellte, vom Regen unablässig durchstrichelte Röhre, die von gestaltloser schwarzer Watte umhüllt war.

Ich weiß nicht, ob es andern auch so geht wie mir zuweilen in solchen Umständen: Man wird plötzlich von einer Art Urangst befallen. Als wäre man aus der greifbaren und begreifbaren Welt irgendwohin ins Ungewisse geschleudert worden! Rechts und links der Straße drohen bodenlose Abgründe. Es ist, als würde man jeden Augenblick über die Böschung hinausschießen und mitsamt seinem Gefährt in einem unendlich tiefen, von tintigem, stillem Wasser erfüllten Becken versinken.

Wenn man mutterseelenallein stundenlang durch eine tote regnerische Nacht dahinfährt und unablässig auf den weißen Strich in der Mitte der Straße starrt, jenen dünnen Faden, der den Reisenden auf der Fahrt ins schwarze Nichts allein noch mit der Wirklichkeit verbindet, während sich hinter ihm die Finsternis sofort wieder erstickend zusammenpreßt – dann können sich solche Vorstellungen zu einem würgenden Alpdruck steigern. In einer solchen Situation gibt es, soweit meine Erfahrung reicht, nur ein Mittel, der angstvollen Ungewißheit Herr zu werden; anzuhalten und sich der Nacht sozusagen von Angesicht zu Angesicht zu stellen.

Ich hielt also nach einem Platz Ausschau, wo ich sicher von der Straße abzweigen und aussteigen konnte. Bald bot sich am Straßenrand eine flache Buchtung an, an welcher Schotter gelagert war. Ich bog von der Fahrbahn, stellte den Motor ab und löschte die Scheinwerfer. So schwarz hatte ich mir die Finsternis nicht vorgestellt, erst recht nicht so lautlos diese Regennacht.

Es kostete mich einige Überwindung, nach dem Türriegel zu fassen, zu öffnen und auszusteigen: Vielleicht stolperte ich neben dem Auto sofort in einen gähnenden Abgrund! Doch enttäuschte mich die feste Erde nicht, bot mir Grund unter den Füßen. Dummes Zeug, Urangst – sei nicht kindisch, alter Kerl! Ich ließ die Fensterfassung los, an der ich mich anfangs festgehalten hatte, und schritt nach links hinüber, wo die Straße liegen mußte. Bald spürte ich den Asphalt unter meinen Sohlen. Nach wenigen Minuten hatten sich meine Augen der Finsternis, meine Ohren der tiefen nächtlichen Stille angepaßt.

Erst jetzt merkte ich, daß die Stille durchaus nicht absolut war. Ein zartes Rauschen war zur Linken der Straße in der Tiefe hörbar geworden: der Strom, der große Skeena! Er strömte dem Meer zu wie seit Jahrtausenden – er hatte mich nicht aus seinem Bannkreis entlassen. Ich konnte der Straße sicher sein. Das gleichförmige Gemurmel der Wasser, die sich um Felsen und Riffe drängten, flößte mir neuen Mut ein.

Die Augen, an das grelle Weiß der Scheinwerfer gewöhnt, brauchten eine längere Zeit als die Ohren, die Nacht zu durchdringen.

Und wieder erlebte ich, wie schon so oft, daß selbst eine regenverhangene Nacht mit tief treibenden dunklen Wolken nicht völlig lichtlos ist. Nach fünf oder zehn Minuten erkannte ich die fein gezogene Grenze, an der Erde und Himmel im Osten aufeinandertreffen. Die Welt, meine menschliche Welt, rückte wieder in Ordnung.

Mehr als das! Ich stand und blickte unverwandt zum Horizont im Osten, ohne darauf zu achten, daß mir das Wasser aus meinen dürftigen Haaren in den Hemdkragen rann. Nein, ich täuschte mich nicht! In den zehn Minuten, die ich nun schon im Freien stand, war der Himmel ganz blaß noch, aber doch unverkennbar heller geworden. Ein merkwürdiges Wohlgefühl durchrieselte mich: Der Morgen kündigte sich an, auch nach dieser regenschweren, finsteren Nacht. Der Morgen würde sich auch an diesem Tag durchsetzen, trotz Regen und Dunkelheit, trotz Wolken und triefender Nässe. Es hatte sich wieder einmal gelohnt, früh aufgebrochen zu sein und der aufgehenden Sonne entgegenzufahren. Es ist kaum auszudenken, was die Leute alles versäumen, die morgens nicht aus den Federn kommen! Mit dieser höchst eitlen und selbstgerechten Meinung – wie sie bei der allgemeinen Sündhaftigkeit des Menschen zuweilen schwer zu vermeiden ist – stieg ich wieder ins Auto, wischte mir mit dem Taschentuch die Regentropfen von der Glatze und aus dem Gesicht, ließ – wieder völlig einig mit mir und selbst dem schlechten Wetter – den Motor anspringen und rollte in die nun aufs zarteste sich erhellende Dunkelheit hinein. Und auch das Wetter schien sich eines Besseren besinnen zu wollen: Der Regen wurde allmählich schwächer.

Als ich dann die Abzweigung der 37 von der 16 erreichte, war es längst hell genug, den großen Wegweiser zu fotografieren. Der Regen hatte mittlerweile so gut wie aufgehört; die ostwärts ziehenden Wolken hatten Form und Farbe angenommen und in den Wasserlachen am Straßenrand spiegelte sich das Frühlicht. Auf dem Wegweiser stand in weißer, tief eingegrabener Schrift:

North to Alaska

Stewart	237 km
Hyder/Ak	240 km
Bear Glac.	201 km

Nordwärts nach Alaska!

Nach Stewart waren es noch 237 Kilometer, ins US-amerikanische Hyder in Alaska (abgekürzt Ak) nur drei Kilometer weiter, der Bären-Gletscher lag ganze 201 Kilometer entfernt. Doch auf dem Wegweiser wird schamhaft verschwiegen, daß man von dieser Abzweigung bei Kitwanga noch gut tausendfünfhundert Kilometer zu fahren hat, wenn man nicht nur den weit nach Süden reichenden »Pfannenstiel«, sondern das Kerngebiet von Alaska erreichen will.

Immerhin: Wenn ich mir auch diesmal das Land am mittleren und unteren Yukon, am Tanana, Koyukuk und Kuskokwim nicht zum Ziel gesetzt hatte, sondern nur den nördlichsten Zipfel jener gewaltigen, bis nach Mexiko hinunterreichenden Senke, um mich von dort aus wieder südwärts zu wenden – die tief ins Zedernholz eingeschnitzten Worte *North to Alaska* ließen mir doch das Herz höher schlagen.

Endlich konnte ich das tun, wonach mir schon lange der Sinn stand: mich in die grenzenlose Wildnis des Nordens stürzen. Ich zweifelte nicht daran, daß mir, wie schon oft genug erlebt, manche böse Überraschung bevorstand. Welcher Art sie sein würde, ließ sich allerdings nicht ahnen, selbst wenn ich meine ganze Phantasie aufbot. Aber ich war gut ausgerüstet. Mein Cherokee befand sich, auf Herz und Nieren geprüft, in vorzüglicher Verfassung. Reserve-Benzin für tausend Kilometer schwapperten in einigen Kanistern, dazu mehrere Liter Motor- und Getriebe-Öl. Schlafsäcke und wollene Decken sollten mich nachts warm halten, wenn ich irgendwo unterwegs liegen blieb und übernach-

Am Tatlayoko-See, British Columbia.

Moore's Cabin, hinter dem Tatlayoko-See.

Im Bella-Coola-Tal.

Der Bären-Gletscher an der Straße nach Stewart *(B.C. Foto)*.

Der Stikine bei Telegraph Creek.

Verbrannter Wald an der Alaskastraße.

Erster Schnee auf der Alaskastraße.

ten mußte. Im Laderaum gab es reichlich Platz, sich auszustrecken. Selbst zu zweit schlief man dort bequem, lag warm, trocken und sicher. Aus einer Kiste mit haltbarem Proviant – Ölsardinen, Thunfisch, Schwarzbrot, Äpfel, Apfelsinen – konnte ich mir notfalls eine Woche lang die erforderlichen Kalorien und Vitamine zuführen. Zwei funkelnagelneue Reifen führte ich ebenfalls als Reserve mit, auf neue Felgen montiert, und eine kleine elektrische Luftpumpe, mit wenigen Handgriffen an die Autobatterie anschließbar, hatte ich ebenfalls im Gepäck; denn auf schlechten Straßen – und erst recht im Gelände – ist der richtige Reifendruck noch wichtiger als auf Asphalt oder Zement. Und natürlich hatte ich auch einen Kanister mit Trinkwasser und ein paar Frostschutz-Büchsen nicht vergessen. Ich fuhr ja weit nach Norden, dem Herbst und Winter entgegen – und der Winter pflegt manchmal lange vor seiner eigentlichen Zeit in kurzen, aber bösartigen Attacken nach Süden vorzupreschen.

Alles in allem konnte ich mich ruhigen Gewissens auf den Weg in die Weite der nordischen Wälder begeben. Ich war nach bestem Ermessen gewappnet. Wobei man aber immer damit rechnen muß, daß in der Wildnis häufiger, als einem lieb ist, auch »das beste Ermessen« nicht genügt. Doch wer nach hundertprozentiger Sicherheit strebt, dem geht es wie dem Tausendfüßler. Als der nämlich darüber nachzudenken begann, wie er es ganz sicher machen könnte, daß sich seine Beine beim Losmarschieren nicht verhaspelten, brachte er keines mehr auf die Erde.

Ich bog also nach Norden auf die British Columbia 37, überquerte den Skeena und stieg sachte aus der Stromniederung in die Berge. Das noch in tiefem Schlaf liegende Indianerdorf Kitwanga blieb zu meiner Rechten zurück, und vor mir tauchte ein Gewirr von Hügeln, Bergen und Wäldern auf, in das ich langsam hineinfuhr, dazu Bäche, Flüsse, Seen und Sümpfe, eine Landschaft, die mich nun für etwa zweitausend Kilometer nicht mehr aus ihrer Umarmung entlassen würde. Nach wenigen Kilometern hörte die gepflasterte Straße auf, und die Räder durchfuhren die ersten Wasserlachen. Gelblicher Dreck spritzte auf und verwandelte meinen bis dahin noch annähernd sauberen Cherokee in ein lehmtriefendes Gespenst.

Es regnete nur noch gelegentlich, Nebelschwaden trieben über das Land. Die schmierige Oberfläche der Straße, die immer schmaler, holpriger und kurvenreicher wurde, trocknete nicht ab. Was tat's! Der Wagen brummte unverdrossen, wenn auch gemächlicher als auf Asphaltstraßen, vor sich hin. Und von wenigen kurzen Strecken abgesehen, verhinderte ein fester Unterbau aus Steinen, Kies und Sand, daß der Schlamm allzu grundlos wurde. Mit dieser Sorte von Kiesstraßen, die in den USA und in Kanada häufig anzutreffen sind, kannte ich mich aus jahrzehntelanger Erfahrung aus. Mehr als vierzig Kilometer pro Stunde bringt man auf ihnen nicht zustande; aber wenn man sich ihrer zuweilen tückischen Eigenheiten bewußt bleibt und nicht hetzt, kann einem nicht viel passieren.

Doch gleich zu Beginn meiner großen Schleife nach Norden machte ich wieder einmal Bekanntschaft mit dem amerikanischen Straßenbau! Stundenlang war ich auf regennasser Straße dahingefahren, zwischen schwarzen Wälderwänden hindurch, an den Ufern verlassener Seen vorbei, als wäre ich ganz allein auf der Welt, da tauchte plötzlich ein Schild am Straßenrand auf mit der Inschrift: *Slow! Next 10 Kilometers Construction, be prepared to stop!*

Langsam! Straßenbau auf zehn Kilometer! Sei darauf gefaßt, halten zu müssen!

Und das Herz sinkt dem Fahrer, der darüber Bescheid weiß, was ihm da möglicherweise blühen mag, prompt in die Hosen.

Gelegentlich steht – wie Ziethen aus dem Busch – ein Mann in verdrecktem Overall und hohen Gummistiefeln an der Straße und winkt mit einem roten Fähnchen: Anhalten! Der stoppelbärtige Bursche lehnt sich zu dir ins Autofenster, froh, nach Stunden gelangweilten Schweigens endlich einmal reden zu können, und erklärt des langen und breiten, hinter der nächsten Waldecke sei die Straße für fünf Kilometer aufgerissen, weil sie höher gelegt werden soll. Eine einigermaßen passierbare Umgehung hätte wegen des schwierigen Geländes nicht angelegt werden können, man müsse eben zusehen, wie man den Morast überstehe. Bliebe man stecken, gäbe es auf der Arbeitsstelle Raupenschlepper, die den Wagen wieder auf festeren Grund zerrten, falls sie die Karre nicht – fügt er hinzu – auseinanderrissen.

Aber dann hellt sich sein ehrliches Gesicht wieder auf, und er meint anerkennend:

»Aber du hast ja Vierradantrieb, Bruder. Den schalte am besten gleich ein! Dann kommst du auch durch den dicksten Dreck!«

Das ist ein Wort! Also steige ich aus, schalte die Vorderachsen von Freilauf auf Antrieb, setze mich mit lehmverschmierten Händen und Stiefeln wieder hinters Steuer, lasse den Motor langsam an, lege den Four-Wheel-Drive ein und merke sofort, daß der Wagen weicher und zugleich kraftvoller vorankommt. Ich rufe aus dem Fenster zurück:

»Vielen Dank, Bruder!« und verschwinde hinter der nächsten Waldecke.

Ich habe mich oft – leidgeprüft – gefragt, nach welchen Gesichtspunkten amerikanische Straßenbaubehörden sich die Straßenabschnitte heraussuchen, die unter Einsatz ganzer Kohorten von Baggern, Erdbewegern, gigantischen Transportern und Dinosauriern von Lastwagen umgewühlt und schließlich wider Erwarten verbreitert und verbessert werden. Irgendwo im fernsten Busch wird der nichtsahnende Autoreisende plötzlich durch die straßenbehördliche Mangel gedreht, daß ihm Hören und Sehen vergeht. Und er sagt sich trauervoll, daß eben nirgendwo in unserem erleuchteten Zeitalter der Feld-, Wald- und Wiesen-Sterbliche die Weisheit behördlicher Beschlüsse auch nur begreifen darf; denn begriffe er sie, würde ihn der Zorn übermannen und die Welt bräche zusammen.

Daran mußte ich denken, während ich mich durch knöcheltiefen, zähen Morast an lärmenden Baumaschinen vorbeiwühlte. Zum Glück war mein Cherokee nicht aufzuhalten. Aber ein Personenwagen war vom Hauptweg abgekommen, stand mit Schlagseite am Rand der Böschung und drohte jeden Augenblick abzurutschen oder gar zu kippen. Eine ältere Frau mit grauem Haar saß steif am Steuerrad, als wollte sie sich daran festklammern; neben ihr kauerten zwei halbwüchsige Kinder mit angstvollen Blicken. Ein Raupenschlepper rasselte herbei, um den Personenwagen samt Insassen ins Schlepptau zu nehmen und auf befahrbaren Untergrund zu zerren – vorausgesetzt, er riß dabei, wie gesagt, dem Auto nicht das Vorderteil auseinander.

Später dann, in dem kümmerlichen Motel in Meziadin wurde die

Frau mit den Kindern meine Zimmer-Nachbarin, und wir haben zusammen in dem schmuddligen, feuchtkalten Schankraum unser wahrlich nicht für Feinschmecker bestimmtes Abendessen eingenommen, und ich erfuhr ihre Geschichte.

Ich hatte inzwischen die Baustelle hinter mich gebracht, folgte für einige Kilometer einer schmalen, tief zerlöcherten, aber einigermaßen festen »detour«, einer Umgehung, gewann wieder die normale, allerdings sehr schmal und steinig gewordene Straße und passierte schließlich mit einem Seufzer der Erleichterung das Schild »End of Construction«.

Und die Wälder-Einsamkeit, die große Stille und Leere hatten mich wieder.

Gegen Mittag ließ sich sogar schüchtern zwischen den grau und blau und silbern rollenden Wolken die Sonne blicken. Das gründlich gewaschene, ungezähmte Land, die herbstbunten Wälder und die veilchenfarbenen Berge, die aus den Nebeln hervorleuchteten, die Wildbäche, die unter der Straße schäumend und tosend zum manchmal in der Tiefe auftauchenden Nass-River hinuntersprangen, die geduldig dem Winterschlaf entgegenharrenden Kräuter und Büsche des Unterholzes vereinten sich zu einem freundlicheren Bild.

Zwei mächtige Holzabfuhr-Laster kamen mir entgegen, leer; hier wurde der Wald also genutzt. Sicherlich gab es in Stewart eine Sägemühle. Meziadin konnte nicht mehr weit sein. Dort zweigt, 63 Kilometer lang, eine Straße nach Stewart zum Salzwasser ab.

Die Luft wehte wunderbar kühl und rein ins Auto, beladen mit dem Duft nasser Erde und feuchten Gesträuchs. Das Glück der unberührten Wildnis, dieser sanfte Rausch, pulste mir aufs neue durch die Adern.

Aber dann fiel mir ein, was mir in den Tagen und Wochen, die vorausgegangen waren, schwer zu schaffen gemacht hatte: Daß nämlich die Sehnsucht nach dem Glück der Wildnis auch einer gefährlichen Verführung gleichkommen kann, der Unkundige oder Unvorsichtige nur allzu leicht erliegen – um daran zugrunde zu gehen.

Zur Warnung Vorwitziger will ich von den zwei Fällen berichten, die mir damals auf dem Wege nach Norden das Herz beschwerten.

5. Umgekommen und beinahe umgekommen

Schreibt mir da eines Tages eine Mutter aus dem Ruhrgebiet, ihr einziger Sohn habe mehrere Bücher von mir gelesen und wäre seitdem wie verhext von dem Wunsch, den kanadischen Westen kennenzulernen. Er sei Student und habe vor, Geodät zu werden. Bevor er ins Examen und dann »ins Joch« ginge, hätte er inständig darum gebeten, diese große Reise unternehmen zu dürfen. Sie habe Verständnis dafür und fühle sich mitverantwortlich, da sie ihm des öfteren meine Bücher geschenkt hätte, also schuld daran sei, daß er überhaupt auf die Idee einer solchen Reise verfallen wäre. Der junge Mann wäre sehr sportlich und vor allem besonnen; er glaube, es sei am besten, mit dem Fahrrad zu reisen. Zu mehr reiche das Geld nicht. Alle Einzelheiten hätte er genau überlegt: Mit dem Fahrrad käme er dem Land viel näher als im Auto, vielleicht würde er sogar Reisekameraden finden.

Soweit der ausführliche Brief, an dessen Ende natürlich die Frage stand, ob ich noch einen besonderen Rat wüßte und ob sie überhaupt dem Unternehmen ihre Zustimmung geben sollte; denn ohne ihre ausdrückliche Einwilligung wolle sich Hartmut, ihr Sohn, nicht auf die Reise begeben, für die er drei bis vier Monate vorgesehen hätte.

Solche Anfragen flattern mir des öfteren auf den Tisch. Doch ich bin kein Auskunfts- und kein Reisebüro und eigne mich schlecht zum Ratgeber für besorgte Mütter. Und wenn junge Leute *partout per pedes apostolorum* oder, etwas neuzeitlicher, mit dem Fahrrad durch Nordamerika reisen wollen, finde ich das zwar in Anbetracht der enormen Entfernungen, die den Reisenden in Amerika erwarten, reichlich mühsam, aber immerhin auch bewundernswert. Meinem Geschmack entspricht es nicht. In Amerika ist das Auto unentbehrlich. Ginge dem Land das Öl aus – es würde sich ungeheuer verändern müssen!

Der Brief aus dem Ruhrgebiet verriet jedoch soviel menschliche Wärme und echte Besorgnis, daß ich ebenso ernsthaft antwortete, wie ich gefragt worden war: Das Fahrrad schiene mir nicht geeignet, die in Europa kaum vorstellbaren amerikanischen Entfernungen zu bewältigen. Außerdem wäre man mit dem Fahrrad auf zementierte oder asphaltierte Straßen angewiesen. Gut befahrbare Landstraßen oder gar spezielle Fahrradwege gäbe es in Nordamerika kaum, in der Wildnis schon gar nicht. Auf den Kiesstraßen im Westen würden die schmalen Reifen eines Fahrrades zum Schlenkern und Schleudern neigen. Außerdem wären dort die Entfernungen zwischen den menschlichen Siedlungen so groß, daß sie nur in wenigen Fällen an nur einem Tag zurückgelegt werden könnten. Der Radfahrer müsse daher oft in der Wildnis nächtigen, brauche also eine Ausrüstung, die auf dem Fahrrad kaum zu transportieren wäre. Der junge Mann möge lieber warten, bis er genügend Geld verdiene, und dann eine Reise durch Kanada vernünftig vorbereiten.

Abzuraten ist in einem solchen Fall das einzig mögliche. Die Verantwortung, die dem Ratgeber, der ja die handelnden Personen nur aus Briefen oder Telefonaten kennt, zugemutet wird, kann mit gutem Gewissen nicht übernommen werden.

Der junge Mann namens Hartmut – *nomen est omen* – hat indessen nicht gewartet. Dies erfuhr ich aus einem weiteren Brief seiner Mutter, der mich ein halbes Jahr später erreichte. Sie berichtete darin voller Stolz, daß ihr Sohn ihre eigenen und meine Warnungen in den Wind geschlagen und seinen Plan wahrgemacht hätte. Er wäre bereits in den kanadischen Bergen angekommen und hätte mehrmals in der Wildnis übernachtet; sein federleichter Schlafsack hätte ihn gut geschützt, und die Kiesstraßen wären zwar für Radfahrer alles andere als ideal, doch hätte er eine Fahrtechnik entwickelt, mit der ein Radfahrer selbst diesen Straßen noch einige gute Seiten abgewinnen könnte.

Die Mitteilung erfreute mich sehr. In Deutschland gibt es also immer noch kühne, einfallsreiche junge Männer, die bereit sind, das Ungewöhnliche zu wagen, die die Warnungen der Alten in den Wind schlagen und allzu vorsichtige Tanten und Onkel eines Besseren belehren.

Ich legte den Brief zu den Akten; was hätte ich antworten sollen? Ich fuhr für vier Monate in die Vereinigten Staaten und vergaß den jungen Kanadafahrer.

Der Zufall wollte es, daß ich am Tag nach meiner Heimkehr einen Brief in der Post vorfand, der sofort meine Aufmerksamkeit erregte. Die klare, jedoch irgendwie gezierte Handschrift auf dem Umschlag erkannte ich auf den ersten Blick wieder: Da schrieb sie abermals, die Frau aus dem Ruhrgebiet, die Mutter des unternehmungslustigen Studenten der Geodäsie. Was wollte sie noch? Mir von der triumphalen Heimkehr des Sohnes berichten, um mir vor Augen zu führen, wie sehr ich ihren Sprößling unterschätzt hätte? Mütter neigen zuweilen zu solch hochgemuten Äußerungen wie: »Sehen Sie, mein Sohn, der schafft es! Er schafft, was andere nicht schaffen!«

Ich schlitzte den Brief auf und las. Der Inhalt des Briefes erschütterte mich so, daß ich mich setzen mußte:

Sehr geehrter Herr Johann!
Sie haben vielleicht nicht vergessen, daß ich bereits vor Monaten zweimal an Sie wegen meines Hartmut geschrieben habe und wegen seiner Absicht, sein Traumland Kanada, insbesondere den Nordwesten, mit dem Fahrrad zu bereisen. Ich habe Ihnen auch mitgeteilt, daß ihm die Fahrt wunderbare Erlebnisse und Eindrücke beschert hat, über denen er immer wieder alle Strapazen und Ärgernisse vergaß. Er hat mir jeden zweiten oder dritten Tag stets einen Gruß geschickt, manchmal lange Briefe, manchmal nur eine Ansichtskarte, da er wußte, daß ich mich um ihn sorgte, daß ich seine Reise auf einer Karte verfolgen wollte. Dann bekam ich einen großen Schreck, als er mir aus Dawson Creek schrieb, daß er nun am südlichen Endpunkt der Alaskastraße eingetroffen wäre und sich entschlossen hätte, die berühmte Route bis an ihr anderes Ende, nach Fairbanks und möglichst darüber hinaus bis zum Mount McKinley, dem höchsten Berg Nordamerikas, zu befahren und auf dem gleichen Weg wieder zurückzukehren. Von Edmonton in Alberta würde er dann den Rückflug antreten. Er wäre jetzt so durchtrainiert und würde so gut auch mit Kiesstraßen fertig, daß er den Trip nach Alaska in mindestens fünfzig Tagen zu schaffen hoffe. Das gute Wetter würde ihn gerade

im Herbst gewiß nicht im Stich lassen. Ende September würde er sich voraussichtlich in Edmonton von seinem Fahrrad trennen können. Ich sollte nur keine Angst um ihn haben; er würde mir von jedem Ort, an dem er Post abschicken könnte, ein Lebenszeichen geben. Doch sollte ich keine langen Briefe erwarten; er würde alle Zeit und Kraft auf seine Fahrt verwenden müssen.

Er hat dann sein Versprechen gehalten. Den Daten nach hat er mir tatsächlich jeden Tag eine Karte mit kurzem Text in irgendeinen Briefkasten gesteckt. Die Karten kamen aber nicht nach Daten geordnet an, sondern kreuz und quer durcheinander, wohl je nachdem, ob sie von einem Ort mit geregelter oder nur gelegentlicher Postverbindung abgesandt waren. Es machte mir steigende Sorge, daß die Karten immer kürzer und seine Handschrift darauf immer flüchtiger oder fahriger wurde. Anscheinend trieb er sich bis zu äußerster Erschöpfung an. Aber ich kannte ihn ja: Eine beschlossene Sache aufzugeben, das stand nicht in seinem Lexikon. Er ist dann auch ohne wesentliche Zwischenfälle in Fairbanks angekommen und blieb dort einen Tag, »um sich wieder menschlich zu machen«, wie er schrieb. Aber Städte hielten ihn nicht. Sein Sinn stand nach dem Mount-McKinley-Nationalpark. Die »ungeheure Versammlung der höchsten Berge Amerikas« – auch dies sein Ausdruck! – hatte es ihm angetan. Er hat den McKinley gesehen! Er ist ins Park-Gebiet eingefahren, wie das Kontrollbuch in der kleinen Siedlung McKinley Park ausweist. Von dort bis zum Endpunkt der Straße sind es noch achtzig bis hundert Kilometer. Eine Streife der staatlichen Wald- und Wild-Aufseher hat kurz mit ihm gesprochen, als er schon auf der Rückfahrt war – in schnellem Tempo, denn es ging bergab – und dann: Nichts mehr! Die Karte mit der Nachricht, daß er in bester Verfassung die Eingangskontrolle zum Park an der großen »Alaska Nr. 3« von Fairbanks nach Anchorage erreicht hätte, zwei Sätze nur, war seine letzte.

Ich habe dann nach vierzehn Tagen einen Eilbrief an die staatliche Verwaltung in McKinley Park geschrieben. Nach einem Monat erhielt ich zur Antwort, es wäre bald aufgefallen, daß der junge Radfahrer aus Deutschland sich nicht zurückgemeldet hätte. Man hätte

angefangen, nach seinem Verbleib zu fahnden, unter Einsatz aller verfügbaren Männer und technischen Hilfsmittel. Die Suche sei schließlich ohne jedes Ergebnis, ohne daß auch nur eine einzige Spur gefunden worden wäre, abgebrochen worden.
Herr Johann, ich wende mich an Sie mit der Bitte, mir einen Rat zu geben, an wen ich mich noch wenden könnte, um den Verbleib meines Sohnes aufzuklären. Er kann ja nicht einfach vom Erdboden verschwunden sein. Irgendein Zeichen muß sich doch finden lassen. Sie können sich denken, daß ich am Verzweifeln bin.
In der Hoffnung, bald von Ihnen zu hören
bin ich Ihre N.N. . . .

Daß die Frau am Verzweifeln war, das sich vorzustellen, bedurfte keiner besonders lebhaften Phantasie. Ich war sofort davon überzeugt, daß Hartmut N. nicht mehr am Leben war. Die Amerikaner ebenso wie die Kanadier handeln in solchen Fällen mit einer Schnelligkeit, Umsicht und Gründlichkeit, die nicht nur Respekt, sondern höchste Bewunderung verdienen. Und wenn die mit allen Tücken und Gefahren der Einöden Alaskas vertrauten Forstbeamten und Wildniswärter festgestellt haben, daß alles Menschenmögliche versucht worden ist, dem Verschwundenen auf die Spur zu kommen, hat man das als wahr und endgültig hinzunehmen. Mir blieb also nur übrig, in diesem Sinne der Mutter Bescheid zu geben. Ich bat sie aber, mir zu schreiben, falls doch noch eine Spur des jungen Mannes entdeckt werden sollte.

Seither sind fast zwei Jahre vergangen. Ich habe nichts mehr von ihr gehört. Wenn nicht ein blinder Zufall noch nachträglich Klärung bringt, wird es für immer verborgen bleiben, wo und wie Hartmut N. ums Leben gekommen ist.

Vermutlich ist er auf seinem Fahrrad ziemlich weit von der Straße abgekommen, sonst hätte man ihn oder das Rad bei der Suche sicher entdeckt. Vielleicht hat er abseits der Straße ein besonders ansprechendes Fotomotiv gesucht oder in der Ferne ein Rudel Hirsche gesichtet, dem er sich vorsichtig hat nähern wollen, um es zu beobachten . . . Das Fahrrad dürfte er zehn oder zwanzig Schritte abseits der Straße ins Dickicht gelegt haben, damit es von der Straße her nicht gesehen werden konnte – eine typisch europäische Verhaltensweise. Woher sollte er wissen, daß in jenem menschenleeren Gebiet niemand einen andern bestiehlt bzw. einen Schaden zufügt, der für ihn verhängnisvoll werden könnte! Vielleicht hat Hartmut dann plötzlich einem Grizzly gegenübergestanden ... Eine einzige falsche Bewegung mochte genügt haben, den Bären angriffslustig zu machen. Ein einziger furchtbarer Tatzenhieb, und Hartmut sackte mit gebrochenem Genick in sich zusammen ...

Es mag an dieser Stelle erwähnt werden, daß 1980 selbst in unmittelbarer Nähe berühmter Touristenzentren im Felsengebirge Bären harmlose Wanderer angefallen und getötet haben. Nur mit einem großen Aufgebot an Parkwärtern, Wildhütern und Polizisten konnte man der Tiere habhaft werden, sie schließlich töten. Gerade Europäer sollten sich durch die in Amerika übliche Bezeichnung »Park« nicht irreführen lassen. Diese »Parks« stellen keine wohlgepflegten und gestutzten »Grünanlagen« dar wie im alten Europa, sondern sind im Gegenteil Gebiete meist gewaltigen Ausmaßes, in denen gerade die ungezähmte Wildnis mit all ihrem Pflanzen- und Tierreichtum erhalten bleiben soll. Von Besuchern wird unter Androhung von Strafe erwartet, daß sie die wenigen Straßen, die Rast- und Campingplätze nicht verlassen. Amerikanische Nationalparks sind sozusagen Museen für die ursprüngliche Natur des Landes, wie sie vor der Ankunft der Europäer auf dem ganzen Erdteil anzutreffen war. Die indianischen Ureinwohner hatten sich dieser wilden Natur vollkommen eingefügt und angepaßt. Erst die Europäer verwandelten – und zerstörten – das ursprüngliche Amerika fast zur Unkenntlichkeit (genauso wie sie es in Südamerika, Südafrika, Australien, Neuseeland getan haben und heute noch tun).

Wir haben die Welt ohne Rücksicht auf Verluste so gründlich umgestaltet, daß zum Beispiel den Amerikanern gar nichts anderes übrig blieb, als für ihre Bürger *National Parks* anzulegen, damit sich künftige Generationen wenigstens noch annähernd eine Vorstellung davon machen können, wie es vor der Ankunft ihrer Vorfahren im Land ausgesehen hat.

Doch die Lust an der Zivilisation (mit der wir es »so herrlich weit« gebracht haben) ist vielen Menschen in West und Ost bereits vergangen. Man fragt sich, ob der Gewinn an Bequemlichkeit und Luxus, auch an Lebensdauer nicht aufgewogen oder gar verneint wird durch die Verluste und Zerstörungen, die durch ebendiese »Errungenschaften« an anderer Stelle hervorgerufen werden.

Unter jüngeren Menschen, die ihr Leben noch vor sich haben, breiten sich immer mehr Resignation und Angst vor der Zukunft aus, vor den Schrecken, die sie aller Wahrscheinlichkeit nach mit sich bringen wird.

Manch einer folgert aus diesem Zustand, daß man sich der drohenden Katastrophe entziehen und zum »einfachen Leben« zurückkehren soll. Immer wieder begegnet man heute dem manchmal geradezu hysterisch wirkenden Wunsch, das moderne *rat race*, das »Rattenrennen«, wie die Amerikaner es nennen, hinter sich zu lassen und irgendwo in der »unberührten Wildnis« ein unkompliziertes und »natürliches« Leben zu beginnen.

Die Europäer stehen unter härterem psychischem Druck als die Amerikaner oder Kanadier mit ihren ungeheuren Reserven an Land und unverbrauchter Natur. Mir sind Landsleute begegnet, die wie von Panik erfaßt die alte Heimat verlassen haben, um sich ohne allmähliche Eingewöhnung eine neue, nun aber gleich im dicksten Busch gelegene zu erobern, die womöglich nur im Kanu oder zu Pferd zu erreichen war.

Von einem Fall dieser Art erzählten mir meine Freunde Ortrud und Hermann B. in Terrace. Sie hatten auf einer ihrer Fahrten nach Norden am Teslin ein junges deutsches Ehepaar getroffen, das gut drei Tagereisen zu Fuß von einer Nebenstraße entfernt, die nur im Sommer befahrbar ist, einen herrlichen Platz inmitten rauschender Wälder und kristallklarer Seen entdeckt hatte, der ihm wie vom Himmel vorbestimmt zu sein schien. Die beiden jungen Leute – sie mögen hier Lotte und Harald Klingbiel heißen – strömten nur so über von Begeisterung.

Mein Freund Hermann ist ein ruhiger, besonnener Mann, der lieber zuhört als selber redet. Zum erstenmal wurde er stutzig, als sich herausstellte, daß das junge Paar zwar schon einige längere Ausflüge in die Wildnis und ins Hochgebirge unternommen hatte, die aber alle von landeskundigen Führern veranstaltet worden waren. Lotte und Harald hatten dabei, aufgeweckt wie sie waren, sicher viel gelernt, aber keine Verantwortung für sich selbst zu tragen brauchen.

Mehr als stutzig wurden Ortrud und Hermann, als sich am zweiten Tag der Bekanntschaft herausstellte – die vier hatten am Ufer des Teslin für drei Tage gemeinsam ein Lager aufgeschlagen –, daß das junge, europamüde Paar eigentlich den Fluß viel weiter hatte hinunterfahren wollen. Beim Passieren der ersten schwierigen Stromschnellen wäre jedoch das kostbare Kunststoff-Kanu mit einem beträchtlichen Teil des Winter-Proviants verlorengegangen. Sie hatten das Boot durch die Schnellen stromab treideln wollen, um es nicht mitsamt dem Proviant um die unpassierbare Wasserstrecke herumtragen zu müssen. Nur die leichteren Ausrüstungsgegenstände – und ihren Hund, einen Schnauzer – hätten sie ausgeladen. Doch hatten sie die Gewalt und die Wucht des zu Tal drängenden Stromes weit unterschätzt. Die Zugleine wurde ihnen aus den Händen gerissen, um ein Haar wäre Harald in die tosende Flut geschleudert worden. Das führerlose Boot zerschellte an den Felsen des Flußbettes, die Ladung versank. Ein hölzernes Boot wäre vielleicht zu reparieren gewesen, der Kunststoff versagte sich jeder Reparatur. Die beiden hatten sich also gezwungen gesehen, ihr Quartier für den noch drei Monate entfernten Winter nahe der großen Stromschnelle einzurichten, die ihnen ihr Boot geraubt hatte. Und nun waren sie auf dem Weg nach der kleinen Siedlung Teslin am gleichnamigen See, wo sie ihren Pickup abgestellt hatten. Von dort wollten sie nach Whitehorse, der Hauptstadt des Yukon-Gebiets, fahren, hundertachtzig Kilometer westlich von Teslin, um sich erneut für den Winter zu verproviantieren. Doch hatten sie vor, den Ersatz für die verlorengegangene Ausrüstung auf das Notwendigste zu beschränken. Denn von der Stelle aus, bis zu der sie noch zur Not das Auto benutzen konnten, mußten sie jedes Stück an die dreißig Kilometer den Fluß entlang schleppen, wenn sie zu ihrem Blockhaus gelangen wollten. Sie würden eben hauptsächlich vom Land leben müssen, sagten sie; der Wald wäre voller Wild, im Fluß und in dem kleinen See unweit ihres Quartiers wimmele es von Fischen.

Harald und Lotte hegten nicht den geringsten Zweifel, daß sie den Winter genau so überstehen würden, wie einst die Indianer, Waldläufer, Pelzjäger und Goldsucher vor ihnen. Und außerdem besäßen sie – als Fibel und Gebrauchsanweisung – das Buch eines wildniserfahrenen Mannes. Nach diesem Buch wollten sie sich richten. Sie wären also für den normalen Alltag, aber auch für Zwischenfälle jeder Art bestens gerüstet. Und wenn sie erst Proviant und Ausrüstung von Whitehorse zu ihrer Klause am Fluß geschleppt hätten, dann könnte ihnen der Winter überhaupt nichts mehr anhaben.

Ortrud und Hermann versuchten, den beiden das Vorhaben auszureden, warnten sie insbesondere vor der meist zwei bis drei Monate anhaltenden Kälte in diesem Gebiet. Das Thermometer falle auf minus vierzig, ja minus fünfzig Grad, und der menschliche Körper bedürfe dann großer Mengen an Fett und Eiweiß, um sich warm zu halten. Mit den üblichen Nahrungsmitteln, wie man sie im Supermarkt kaufen könne, ginge das kaum. Und das Fischen würde im Winter schwierig. Stundenlang über einem mühsam aufgehackten Eisloch zu hocken, den Angelhaken im Wasser, wäre kein Vergnügen; außerdem zögen sich die Fische ins tiefere Wasser zurück, wie auch das Wild die tiefsten Waldesgründe aufsuche, wo es im Dickicht Schutz und Nahrung finde.

All diese Bedenken kamen jedoch für das junge Paar aus Deutschland – aus einem feudalen Stadtviertel Hamburgs – zu spät. Die beiden hatten sich derart fest in ihren Plan verrannt, daß sie jetzt, unmittelbar vor seiner Erfüllung, nicht mehr umkehren konnten oder wollten.

Um die lange und aufregende Geschichte kurz zu machen: Die beiden haben zwar den Yukon-Winter zu guter Letzt überstanden, hatten dabei aber mehr Glück als Verstand. Als gefährlichstes Versäumnis stellte sich heraus, daß sie keinen Ofen oder Herd in ihr Blockhaus eingebracht hatten. Die Indianer – so hatte es in dem Wildnisführer geheißen, den Harald als wichtigstes Hilfsmittel in den Nordwesten mitgenommen hatte – wären in ihren Winterzelten stets ohne Herd ausgekommen; der Rauch wäre durch eine Klappe in der Zeltspitze entwichen, und die Wärme des in der Zeltmitte entzündeten Feuers wäre im Zelt geblieben. Das mag alles stimmen. Aber das kleine Blockhaus, das die beiden gebaut hatten – nur mit Axt und Säge und so gut wie ohne Nägel oder Krampen – war kein Zelt; die Wärme des offenen Feuers zog durch die Öffnung in der Decke davon, durch die eigentlich der

Rauch hätte abziehen sollen; stattdessen sammelte sich der Rauch im Raum und reizte Augen und Atmungswege unerträglich.

Ich frage mich heute, ob erfahrene, mit Yukon-Wintern vertraute Leute die zehn Wochen tiefer Kälte in der Bergeinsamkeit besser überstanden hätten als jenes junge Paar aus Deutschland. Allein die Vorstellung, man könne sich ernsthaft auf ein in Europa geschriebenes Buch über »Pannenhilfe« in der Wildnis verlassen wie auf eine Gebrauchsanweisung für Wäschetrockner, verrät eine Naivität, die nur mit der Herkunft der beiden aus städtisch-europäischer Zivilisation erklärt werden kann. Wir sind es gewohnt, unsere Informationen und Anweisungen über das gedruckte Wort oder den Bildschirm zu empfangen. Nur Mitteilungen dieser Art werden wirklich ernst genommen. Da in dem Ratgeber zu lesen stand, man brauche keinen Herd, Kamin oder Ofen, sondern könne die Wärme eines offenen Holzfeuers im Raum halten, den Rauch aber durch ein Loch in der Decke entweichen lassen, glaubten sie diesen Unsinn. Wer im Urwald aufgewachsen ist, der befragt keine Bücher um Rat, sondern richtet sich nach Leuten, die die Lebensbedingungen der Wildnis, das völlig Auf-sich-selbst-gestelltsein, am eigenen Leib erlebt haben und auf die Erfahrungen anderer Waldläufer zurückgreifen können. Vor allem aber weiß er, daß es in der ungebändigten Wildnis keine Regeln gibt, daß die Natur sich immer wieder neue gefährliche Überraschungen ausdenkt und daß man gut daran tut, gerade das Unerwartete zu erwarten.

Die fürchterliche Kälte, die unzulängliche Ernährung zehrten an den Kräften der beiden jungen Leute, wie sie es nie für möglich gehalten hatten. In ihrer zugigen Blockhütte hingen dicke Eiszapfen an den Wänden. Zwar bauten sie sich einen Behelfsschornstein aus Holz, den sie mit Aluminiumfolie auskleideten. Er sog den Rauch tatsächlich ab, aber leider auch die Wärme. Fisch morgens, mittags und abends – bis sie keinen Fisch mehr sehen konnten; nicht genügend Fett; vom Frost zersprengte Töpfe, versengte Schlafsäcke, schlecht heilende Kratzer und Wunden, wie sie beim Hantieren mit Axt, Säge und Messer unvermeidbar sind ... Immer hatten sie Hunger, und nie wurde ihnen richtig warm, obwohl die beiden alle warmen Sachen, die sie besaßen, am Leib trugen: drei Paar Wollsocken, zwei Paar wollene Unterwäsche, drei

Hemden, zwei gestrickte Wolljacken, wollene Hosen und eine mit Daunen gefütterte Jacke und Unterhose. Sie konnten sich kaum bewegen in dem dicken Panzer, doch gab ihnen die unzulängliche Ernährung nicht die nötige Wärme von innen her.

Als sie schließlich merkten, daß sie immer schwächer wurden, bauten sie sich in der Hütte aus Decken, Säcken und Planen dicht um das Feuer ein kleines Zelt, das den eisigen Zugwind durch Tür- und Wandritzen ein wenig abhielt und die Wärme einigermaßen speicherte. In diesem dunklen, engen Verlies verbrachten die beiden die Wochen der grimmigsten Kälte. Ganz gewiß hatten sie sich die Nordland-Nächte anders vorgestellt.

Ihrem einzigen Gefährten, dem Schnauzer, erging es noch schlechter als ihnen. Er bekam nicht kräftig genug zu fressen, konnte sich keine wollene Unterwäsche über das struppige Fell streifen und ging schließlich Ende Februar ein, als die Tage bereits merklich länger wurden. Der Tod des Hundes erschien den beiden wie ein Vorzeichen dessen, was auch ihnen bevorstand. Sie redeten davon, ob es nicht besser sei, das Feuer ausgehen zu lassen, sich endlich einmal wieder der Länge nach auszustrecken und dem kalten Tod zu überantworten. Erfrierende sollen ja sanft, traum- und schmerzlos ins Nichts hinübergleiten, ohne Qual und Kampf.

Sie überlegten, ob sie nicht doch die Flucht nach Johnson's Crossing oder Jake's Corner versuchen sollten. Aber dazu war es zu spät. Anfangs hatte sie ein dummer Stolz, die jugendliche Angst, einen Fehlschlag zugeben zu müssen, davon abgehalten, sich in die Häuser der kleinen Siedlung zu retten, zu Menschen, die den harten Wintern gewachsen waren. Doch dann hatten der meterhohe Schnee, die ständig grimmiger werdende Kälte und vor allem die zunehmende körperliche Schwäche den Ausbruch aus der engen Zelthöhle, in der sie die Stunden verdämmerten, unmöglich gemacht. Unterwegs wären sie mit Sicherheit umgekommen.

Bis dann wenige Tage nach dem Tod des Hundes die Sonne die beiden vor die Tür lockte. Sie strahlte vom Himmel herab, der Schnee blendete. Wie auf einen lautlosen Befehl schoben sie die Kapuze vom Kopf, denn wahrhaftig, die Sonne wärmte bereits, schmeichelte der Gesichtshaut. Sie blickten sich aus tiefliegenden Augen an, erkannten, wie mager, grau und schlaff ihre Züge geworden waren. Aber sie versuchten ein Lächeln, denn es ging nun aufwärts. Jeder neue Tag mußte leichter zu ertragen sein als der vergangene. Vielleicht schafften sie es, nein, sie würden es schaffen, bis zum Frühling durchzuhalten, bis zur Tag- und Nachtgleiche, bis zur Schneeschmelze. Auch das Wild würde sich wieder einstellen, man konnte vielleicht einen Hirsch zur Strecke bringen oder ein Elchkalb.

Wichtiger aber war, daß der erste wärmende Sonnentag ihnen die Angst vor einem elenden Ende schlagartig vertrieben hatte. Jeder Tag dauerte nun fünf bis acht Minuten länger als sein Vorgänger. Das war nicht aufzuhalten. Der Schnee reichte zwar immer noch an vielen Orten bis zu den Schultern, sackte aber in der Sonne immer mehr zusammen, wurde fester, so daß die Skier nicht mehr tief einsanken. Fast von heute auf morgen zeigten sich in der Umgebung der Hütte immer zahlreicher die Spuren von Kaninchen. Harald war klug genug, dem Niederwild nicht mit dem Schrotgewehr zu Leibe zu rücken; der Lärm der Schüsse hätte die Tiere vielleicht vertrieben. Er stellte ihnen statt dessen Fallen – und bald gab es jeden Tag Kaninchenbraten. Und dann lief ihnen in der zweiten Märzhälfte ein Junghirsch buchstäblich vor die Tür. Bis Ende April waren sie nun mit frischem Fleisch versorgt.

Und als das Thermometer schließlich innerhalb eines einzigen Tages von minus dreißig auf minus fünf Grad Celsius stieg, kam es ihnen so vor, als wären sie plötzlich nach Sizilien oder nach Florida versetzt.

Mitte April – sehr früh im Jahr! – barst das Eis auf den Flüssen und Seen unter dem Druck der Schmelzwässer. Man konnte wieder fischen, denn auch die Fische stiegen allmählich aus der Tiefe zur Oberfläche hinauf, wo das Wasser ihnen endlich wieder reichlich Sauerstoff bot.

Mit der rasch steigenden Sonne erwachten nicht nur die Lebensgeister; auch die Freude an der Natur kehrte wieder; beinahe hatte das junge Paar die Sehnsucht nach einer unversehrten, ursprünglichen Natur mit dem Leben bezahlen müssen. Doch nun war die Probe bestanden. Jetzt erst, so kam es den beiden vor, hatten sie ein Heimatrecht in diesem harten, aber zugleich großartigen Land erworben. Wie strahlten die Gletscher, die Schneegipfel der Berge, von denen noch längst nicht alle einen Namen hatten! Wie schwollen die Knospen an Birken und Espen, wie dufteten die Fichten! Wie donnerten die Flüsse zu Tal, rollten große Steine vor sich her wie Kindermarbeln! Wie wehten die Winde würzig und rein! Und in der Höhe rüttelten die Falken, kreisten die Fischadler.

Die Not war vorbei! Sie blieben an ihrem Platz bis in den Mai hinein, bis das wunderbare, menschenleere Land ringsum wieder offen lag.

Sie würden wiederkehren, ganz gewiß! Sie wußten nun, was sie versäumt, was sie falsch gemacht hatten. Sie waren auf dem Weg, richtige Kanadier zu werden, so wie sie sich das vorgestellt hatten. Bevor sie ihr Quartier für einige Monate dicht machten, um die endgültige Umsiedlung von Europa nach Kanada in die Wege zu leiten – sie verfügten beide über Vermögen, sonst wäre das Unternehmen, auf das sie sich allzu begeistert eingelassen hatten, gar nicht durchzuführen gewesen –, veranstalteten sie ein Abschiedsfest und entfachten dabei ein Freudenfeuer. Als die Flammen loderten, warfen sie das Buch des »Wildnis-Experten« hinein und sahen mit Genugtuung, wie es in der Glut zu Rauch und Asche wurde.

Meine Freunde aus Terrace, Ortrud und Hermann, versicherten mir, daß das Paar wohl für den Rest seines Lebens geprägt sei. Jung, sehr sympathisch, aber auch besserwisserisch, sogar leicht arrogant, habe es sich in das außerordentliche Abenteuer gestürzt. Bescheiden und gereift wäre es daraus hervorgegangen.

»Die Wildnis ist namenlos herrlich«, meinte Ortrud. »Aber dem Unvorsichtigen dreht sie bei der ersten besten Gelegenheit den Hals um.«

Dem habe ich nichts hinzuzufügen.

6. Salzwasser zwischen den Bergen

Das Städtchen Stewart am innersten Ende des Portland-Kanals lag in einen unbeschreiblich nässenden Nieselregen gehüllt, als ich mich ihm vom Gebirge her nach langer Abfahrt näherte. Straßen, Häuser, Bäume und Berge trieften. Der Blick über den südwärts weisenden Fjord war verhangen. Die Berge an seinen Flanken schimmerten blaß durch die Regenschwaden, wenn der Wind das trostlose Geriesel ein wenig in Wallung brachte. Zu sehen war so gut wie nichts, außer einer doppelten Reihe architektonisch wenig eindrucksvoller Holzhäuser. Zwar verdienen beinahe alle diese kleinen Städte im amerikanischen oder kanadischen Westen dies unfreundliche Urteil, doch ließ das abscheuliche, feuchtkalte Wetter die ohnehin reizlose Stadt noch viel reizloser erscheinen, als sie sich auch bei strahlendem Sonnenschein dargeboten hätte.

Das Panorama, in das Stewart gebettet ist, mußte allerdings großartig sein – wenn man nur mehr davon hätte sehen können! So fuhr ich mit meinem über und über verdreckten Wagen in die Stadt, bog rechts – denn geradeaus ging es nicht weiter – in die schlecht gepflasterte Hauptstraße ein und hatte sie schon nach zwei, drei Minuten hinter mir. Wenn das alles war, dann war es nicht viel. Doch konnte ich mich nicht entschließen umzudrehen. Die Straße hatte sich an die Westseite der nach Süden im Regendunst verschwimmenden Wasserstraße herangeschoben. Die Berge, die auch hier die Bucht einfaßten, rückten dicht auf. Eine weit in den Fjord hinausstelzende hölzerne Landepier, die aber von keinem einzigen Schiff beansprucht wurde, gab sich redlich Mühe, Stewarts Ruf als nördlichster eisfreier Hafen Kanadas wenigstens anzudeuten.

Irgendwo mußte hier Kanada aufhören und US-Amerika in Gestalt des Südzipfels von Alaska beginnen. Ich ließ mein Auto also weiter durch den Regen rollen. Und keine fünf Kilometer nach dem Stadtzentrum von Stewart – soweit man das »King Edward Hotel« überhaupt als solches bezeichnen kann – tauchte die Grenze zwischen Kanada und den Vereinigten Staaten auf. Meinen etwas sentimentalen Wunsch, in dieser entlegenen Gegend den Boden Alaskas zu betreten, konnte ich allerdings nicht erfüllen, denn sowohl der kanadische als auch der amerikanische Zollbeamte hatten bereits ihre Amtsstuben geschlossen und es vorgezogen, sich an diesem verregneten Tag, an dem doch kein vernünftiger Mensch mehr den USA einen Besuch abstatten würde, fünf Minuten nach vier Uhr in ihr Privatleben zurückzuziehen.

Schade, ich hätte das Grenzstädtchen Hyder gern gesehen – es hat zwar nur an die achtzig Einwohner und überhaupt kein Hinterland, während Stewart für nordwest-kanadische Verhältnisse mit etwa vierzehnhundert Einwohnern beinahe schon eine Großstadt darstellt.

Der Portland-Kanal, an dem die beiden »Städte« liegen, ist natürlich kein »Kanal«, sondern ein echter Fjord mit Ebbe und Flut, viel länger, schmäler und tiefer zwischen himmelhohe Felsenwände gezwängt als irgendein norwegischer Fjord. Hundertfünfzig Kilometer sind vom Stewart-Hafen aus zurückzulegen, ehe ein Schiff den Pazifik erreicht. Von den Stürmen, den Wogen und der Brandung des Weltmeeres ist in den beiden Schwesterstädten nichts mehr zu spüren, sie sind hinter schützenden Bergen versteckt.

Stewart und Hyder sind um die Jahrhundertwende entstanden und verdanken ihr Dasein dem Reichtum der Berge ringsum an Gold, Silber, Kupfer, Blei und Zink. Die Minen-Gesellschaften haben die Bodenschätze allerdings nur dort abgebaut, wo dies leicht zu bewerkstelligen war. Sobald sie ihre Gewinne eingeheimst hatten oder wenn sinkende Weltmarktpreise für Rohmetalle den Unternehmen die Rentabilität beschnitten, wurden die Bergwerke ohne viel Federlesens geschlossen und zu Industrieruinen.

Die beiden Städte haben somit in ihrer kurzen Geschichte schon mehrere Male Aufschwung und Verfall erlebt. Zu Beginn des Ersten Weltkriegs zum Beispiel zählte Stewart über zehntausend Einwohner.

Damals sprach man davon, daß es zum westlichen Endpunkt einer transkontinentalen kanadischen Eisenbahnlinie werden sollte. Aber daraus wurde nichts, es blieb bei den zwei schon bestehenden transkontinentalen Linien, deren nördliche in Prince Rupert, die südliche in Vancouver den Pazifischen Ozean erreicht.

Der Erste Weltkrieg ließ die Bevölkerung der beiden Städte zusammenschrumpfen. Einen neuen Boom brachte die Eröffnung einer neuen Mine, der Premier, im Jahr 1919. Sie fiel der Weltwirtschaftskrise von 1929 zum Opfer. 1948 wurde Hyder durch einen großen Brand fast völlig zerstört; 1950 lebten nur noch fünfhundert Menschen in Stewart, kaum ein Dutzend in Hyder. Inzwischen aber war jenseits der Küstenberge im Landesinnern die Alaskastraße fertiggestellt worden, zunächst für militärische Zwecke, damit den Amerikanern eine von der See her unangreifbare Landverbindung nach dem strategisch wichtigen Zentralalaska zur Verfügung stand. Es zeigte sich bald, daß von dieser Straße aus die bis dahin kaum geahnten Reichtümer des Landes an Mineralien verhältnismäßig besser zu erschließen waren als jemals zuvor.

Hatten die beiden Städte eine erste wilde Wirtschaftsblüte während des Goldrausches am Klondike erlebt, so stand ihnen jetzt, wenn auch in gemäßigter Form, Ähnliches bevor. Damals, zu Beginn des Jahrhunderts, als Zehntausende vom Goldfieber gepackte Männer ihr Glück in Alaska suchten, am Yukon und seinen Nebenflüssen bis hinauf an die Bering-See, hatte sich der Portland-Kanal sofort als geschützte Wasserstraße angeboten, die im Boot leicht zu bewältigen war und zudem noch nach Norden führte. An ihrem Ende gelangten die goldsüchtigen Fahrensleute nicht über lebensgefährliche Pässe wie den Chilkat oder White zum Yukon, sondern über einen viel sanfteren Anstieg den Bären-Fluß aufwärts zum Stikine-Plateau und von dort zum Teslin, der in den Yukon mündet. Schon damals wollte man Straßen nach Norden bauen, und natürlich Eisenbahnlinien entlang alter Indianerpfade.

Die verschiedenen Gold- und sonstigen Metall-Räusche waren bereits verflogen, ehe die großen Pläne Gestalt annehmen konnten. Aber dann erzwang, wie schon erwähnt, der Krieg – nach altgriechischer Auffassung bekanntlich »der Vater aller Dinge« – den Bau der Alaskastraße. Hinzu kam der ständig sich ausbreitende Gebrauch des Autos zur Beförderung von Personen und Gütern. Die Eisenbahn wurde sozusagen vom Auto überholt. Für Autos brauchten keine kostspieligen Schienenstränge angelegt zu werden, die außer dem Holz für die Schwellen gewaltige Mengen von Stahl erfordern und nur ganz sanfte Steigungen aufweisen dürfen. Autostraßen konnten in der Regel aus dem an Ort und Stelle vorhandenen Kies, Sand und Gestein gebaut werden. Autos brauchen Treibstoff – der wilde Nordwesten Amerikas erwies sich nicht nur reich an wertvollen Metallen, sondern auch an Erdöl und Erdgas.

Es ist vor allem dem Auto zu verdanken, daß die Menschen wie nie zuvor in der Geschichte beweglich wurden. Ferien und Reisen werden heutzutage ganz selbstverständlich in einem Atemzug genannt. Millionen von Menschen geben sich dem Vergnügen des Reisens hin. Die Amerikaner und Kanadier sind von jeher gern auf Wanderschaft gegangen. Der »Drang nach Westen« und hinauf in den Norden ist geradezu ein Hauptmerkmal der amerikanischen Geschichte. Und wo es Straßen gibt, ganz gleich, wohin sie führen, werden sie nicht nur aus praktischen, etwa strategischen oder wirtschaftlichen Gründen benutzt, sondern auch ganz einfach um des Fahrens willen, um des Sehens und Erlebens noch nicht gesehener und erlebter Landschaften.

Der Tourismus, der die neuen Straßen nach Norden sofort für sich in Beschlag nahm, hat Stewart und Hyder, die bereits drauf und dran waren, »Geisterstädte« zu werden, von neuem belebt, vor allem dank der Cassiar-Straße, der B.C. 37 von Terrace und Kitwanga nach Watson Lake an der Alaskastraße. Für Stewart hat also das alte Schlagwort »Stewart, der Pazifischen Küste Schatzkiste« seine Gültigkeit behalten. Und das amerikanische Hyder ist im Kielwasser Stewarts ebenfalls wieder zum Leben erwacht, hat sich den Beinamen »freundlichste kleine Geisterstadt in Alaska« zugelegt und bietet den Reisenden, die aus dem moralisch gediegenen Stewart einen Abstecher über die Grenze machen wollen, allerlei Vergnügungen. Hyder rühmt sich wahrscheinlich mit Recht der für jedes feuchtfröhliche Gemüt bemerkenswerten Erscheinung, daß nirgendwo sonst in Amerika – gemessen an der Einwohnerzahl – so viele Kneipen nicht nur existieren, sondern auch florieren. Die Taverne im »Gletscher-Gasthaus« ist sogar bis fünf Uhr früh geöffnet, und die starken Getränke werden ausdrücklich in jeder gewünschten Quantität angeboten, vom Miniatur-Fläschchen bis zur Fünfliter-Kanne! Nachtleben in Hyder – und draußen schweigen die Gipfel und Gletscher, die Buchten des Weltmeers . . .

Die Entwicklung dieser beiden Orte ist exemplarisch für die fast aller amerikanischen bzw. kanadischen Städte im Westen des Kontinents. Sie alle sind auf ähnliche Weise entstanden: hochfliegende Hoffnungen zu Beginn, bald darauf herbe Enttäuschungen, ja, beispielloser Verfall. Dennoch entwickelten die meisten von ihnen ein zähes Eigenleben, wurden zum Kristallisationspunkt für das umliegende Land, als der Siedlerstrom anstieg.

Stewart und Hyder erscheinen auch insofern beispielhaft, als sie zeigen, wie amerikanische Ortsnamen entstanden sind und noch entstehen. Sind doch im jungen Amerika die Ortsnamen, überhaupt geographische Bezeichnungen, noch nicht bis zur Unkenntlichkeit abgeschliffen, wie das im alten Europa meist der Fall ist. In Amerika verraten Ortsnamen fast immer etwas über die Gründer oder die Namengeber der Orte und damit über ihre Vorgeschichte. Ortschaften oder Landschaften mit indianischen Namen weisen darauf hin, daß sie im Besitz oder im Einflußbereich indianischer Stämme gelegen haben. Wo Bezeichnungen aus dem europäischen Sprachbereich auftauchen, wurde häufig, wenn es sich um Familiennamen handelt, der Name des Entdekkers oder der seines Heimatortes im alten Europa verewigt, oder der Entdecker wollte den Namen eines Gönners, eines Vorgesetzten, eines Königs, eines bewunderten Vorbilds festgehalten wissen. Oft genug auch ließ der Entdecker seine Phantasie spielen und setzte seinen Wünschen, Träumen oder Hoffnungen ein Denkmal – wobei dann Namen wie Jordan-Tal (Oregon), Sonnenstrahl (Idaho), Freiheit (Indiana) oder Heimstatt (Iowa) herauskamen. Am häufigsten, so scheint mir, wollten die Begründer oder Entdecker sich selbst in den Ortsnamen ein Denkmal setzen. Auch dafür bietet Stewart ein Beispiel.

Zu Anfang des Jahrhunderts ließen sich zwei Brüder dieses Namens aus Schottland am Portland-Kanal nieder. Als dann weitere Siedler hinzukamen und schließlich auch die Postbehörde von der neuen Siedlung Kenntnis zu nehmen hatte, wurde der angesehenste und älteste der ursprünglichen Siedler, Robert M. Stewart, zum Postmeister bestimmt. Der Einfachheit halber setzte er den eigenen Familiennamen als Bezeichnung der neuen Poststation durch und damit der ganzen Siedlung.

Hyder hieß zuerst, was nahe lag, Portland City; aber dann erwarb sich ein Geologe namens F.B. Hyder große Verdienste um die bergbauliche Erschließung der weiteren Umgebung. Als Dank und zur Erinnerung daran erhielt die sich anfangs prächtig entfaltende Siedlung seinen Namen. Noch heute verraten die vielen Pfähle am Strand von Hyder, wie viele Landungsbrücken und Landekais hier einmal existiert haben müssen, welch geschäftiges Leben hier einmal geherrscht hat.

Heute ist in Hyder – wie gesagt – nur noch das »Nachtleben« übrig geblieben. Aber endgültig braucht das nicht zu sein. Hyder wird zweifellos vom touristischen Aufschwung Stewarts ebenfalls profitieren.

Ich fuhr die große Schleife, die Cassiar-Straße, nach Norden hinauf und dann auf der Alaskastraße wieder nach Osten und Süden.

Die Fahrt hat sich gelohnt. Nördlich des herrlich in Wälder gebetteten Meziadin-Sees biegt die Stichstraße nach Stewart von der 37 ab und dringt schnurstracks in die Barrieren der Küstenkette. In den kommenden Jahren wird die Straße noch viel angenehmer sein, als ich sie trotz Nässe und Sturm bereits vorfand, denn an ihr wird laufend gearbeitet.

Unerwartet schwingt die Straße in weiter Kurve in eine Gebirgsmulde hinein. Dort stößt von Süden her ein jadegrüner See zur Straße vor, hinter dem sich breit und hoch eine Eiswand aufrichtet, die Front des Bären-Gletschers, der zwischen zwei dunklen Bergwänden vom unsichtbaren Cambria-Eisfeld her zu Tal drängt. Wo sonst noch kann man mit dem Auto auf normaler Straße an der Zunge eines mächtigen Gletschers entlangfahren? Grün und Blau, geisterhaft gedämpft, glimmt es in den Fugen und Spalten der haushohen Gletscherwand. Wenn man Glück hat, mag es sich ereignen, daß riesige Brocken aus der sich unmerklich vorschiebenden Eiswand herausbrechen, ins Schmelzwasser des Gletschersees stürzen und turmhohe Wasserschwälle aufwerfen. Die Oberfläche des Sees ist dann mit kleinen und großen Eisschollen in allen Stadien des Zerschmelzens bedeckt.

Mit dem aus dem Gletschersee meerwärts über große Felsblöcke hastenden Bären-Fluß zwängt sich auch die Straße durch einen engen Canyon, eine vom Fluß ins Gebirge gegrabene Schlucht. Man hat sie hier und da gewaltsam erweitern müssen, um neben dem rauschenden, eiskalten Gewässer auch noch der Straße Platz zu verschaffen. Der Bear Creek Canyon wird von der Frische des strömenden Wassers, von würziger und reiner Luft wunderbar durchflutet: Es ist eine Lust zu atmen. Man fühlt sich geradezu genötigt, an irgendeiner breiteren Stelle zwischen Felswand und Fluß anzuhalten, auszusteigen und einfach dazustehen, zu schauen und zu atmen. Das allein lohnt die Mühe und den Ärger einer weiten Reise.

An Ärger ist niemals Mangel.

Von Stewart aus war ich wieder ins Gebirge gefahren, um in dem Gasthaus »Meziadin Lake Resort« zu tanken, Öl, Wasser, Batterie und Reifendruck überprüfen zu lassen. Ich wollte dort Abendbrot essen und dann in meinem feuchtkalten Bett frühzeitig schlafen gehen, um am nächsten Tag die rund dreihundertfünfzig Kilometer nach Telegraph Creek und zurück nach Dease Lake (nochmals hundertzwanzig Kilometer) zurückzulegen. Wenn möglich, wollte ich es sogar bis Watson Lake an der Alaskastraße (abermals zweihundertsiebzig Kilometer) schaffen.

Bereits am Tag zuvor, als ich von Terrace und Kitwanga heraufkam, hatte ich an der Tankstelle auf dem völlig verschlammten und verdreckten Vorplatz jener Gaststätte meinen Brennstoffvorrat ergänzen wollen, mich aber dann eines Besseren besonnen. Um nach Stewart hinunter und wieder zurück zu fahren, würde der Inhalt meines Benzintanks noch ausreichen. Es empfahl sich also, erst nach dem Ausflug an den Portland-Kanal in Meziadin für die Weiterreise nach Norden zu tanken.

Als es aber soweit war, erfuhr ich von einem frierenden Knaben, der offenbar in dem »Kurort« als Mädchen für alles fungierte, daß die Tankstelle schon seit Tagen trocken läge: Wann der Tankwagen durchkommen würde, wisse bei diesem Wetter kein Mensch.

Da hatte ich die Bescherung! Meine eigene Reserve durfte ich nur im äußersten Notfall angreifen. Solange noch Benzin an der Straße zu haben ist, muß man sich unbedingt dort mit Kraftstoff eindecken. Das ist eins der ehernen Gesetze solcher Reisen; denn die nächsten Tankstellen an der Route, die man sich vorgenommen hat, haben vielleicht ebenfalls kein Benzin oder sind geschlossen. In Amerika gibt es nämlich kein »Ladenschluß-Gesetz«. Wenn er keine Lust mehr hat, weiter auf Kunden zu warten, hängt der Bäcker, Friseur oder Tankwart einfach ein Schild an die Tür oder die Zapfsäule – *Closed* – und der Kunde mag zusehen, wie und wo er sonst zu seinen Brötchen (die es ohnehin in Amerika nicht gibt), zum Haareschneiden (schlecht und teuer in Amerika) oder zu Benzin (immer noch viel billiger in Amerika als bei uns) kommt.

Ob man's glaubt oder nicht, ich bin noch am gleichen Nachmittag mit dem Rest von Benzin im Tank die sechzig Kilometer nach Stewart zurückgefahren und habe mir meine Behälter bis zum Überlaufen auffüllen lassen. Wenn ich mich am nächsten Morgen auf die weite Fahrt zur Alaskastraße begeben wollte, mußte ich ganz sicher gehen. Es ist schon manch einer hängengeblieben, der sich in dem Glauben wiegte, er werde schon durchkommen.

Die sehr verärgert angetretene zweite Fahrt nach Stewart an jenem Tag brachte mir dann – außer Benzin – auch noch einen kleinen menschlichen Gewinn. An der Tankstelle bediente mich eine Frau in mittlerem Alter, die in sackartigen Cordhosen, Gummistiefeln und in einer riesigen bauschigen Wolljacke steckte. Ihr Akzent verriet mir sofort, daß sie deutscher Herkunft war. Ich war meiner Sache so sicher, daß ich sie gleich auf deutsch ansprach. Ich hatte mich nicht getäuscht. Sie lachte:

»So was! Das kommt nicht oft vor! Ein Deutscher in Stewart! Hat sich verkleidet mit einem Ontario-Nummernschild am Auto! Wo kommen Sie denn her?«

Ein Wort gab das andere. Ich klärte sie auf über mein Woher und Wohin. Als Beruf gibt man in solchen Fällen am besten »Tourist« an. Das leuchtet immer ein und erklärt alles, erweckt bei Einheimischen zumeist Mitleid, Überlegenheit und Sympathie (denn Touristen existieren durch Geldausgeben) – und solche Gefühle kommen einem Ortsfremden gut zustatten. Die Frau, so erfuhr ich dann, hatte in Celle einen

Soldaten der kanadischen Besatzungstruppe geheiratet und war mit ihm in den fernen Westen gezogen.

»Leicht habe ich es nicht gerade«, erzählte sie. »Anfangs war es sogar verdammt schwer. Aber dann wurde Stewart ans Straßennetz angeschlossen, und wir dachten uns, jetzt wird hier was zu machen sein. Zuerst mußten wir uns so durchmogeln. Aber 1978 kamen wir klar, 1979 war gut und dies Jahr war sehr gut. Alle Schulden sind bezahlt. Natürlich sind wir von morgens um halb sieben bis abends um neun auf den Beinen. Mein Mann schmeißt die Werkstatt. Er repariert alles, was kaputt ist, Autos, Waschmaschinen und Radios, einfach alles. Und ich bin für die Tankstelle, die Wirtschaft und die Kinder verantwortlich. Wir haben zwei, das Mädchen ist fünf und der Junge sieben Jahre alt. Manchmal weiß man nicht, wo einem der Kopf steht. Aber es macht Spaß – und zurück nach Deutschland? Nein, würde mir einer noch was zuzahlen, ich bliebe hier! Das Leben ist so frei! Aber grüßen sie Hamburg und Celle, wenn Sie wieder zurück sind!«

Das habe ich getan. Glückliche Menschen trifft man nicht allzuoft unter der Sonne.

7. Edziza, Spatsizi und Stikine

Ich gestehe, daß es neben anderen Gründen auch jene drei merkwürdigen Namen gewesen sind, die mich verlockten, das Hochland im Nordwesten British Columbias zu erkunden. Ein paarmal hatte ich schon dazu angesetzt, war aber auf den wenigen damals befahrbaren Stichstraßen nur bis Germansen- und Takla-Landing im Süden und bis Cassiar, Dease Lake und Muncho Lake auf dem Stikine-Plateau von Norden her vorgedrungen.

Jetzt endlich sollte es sich mir öffnen, jenes gewaltige Hochland, von dem die großen Ströme im Nordwesten British Columbias herabfließen: nach Süden der Finlay, der sich später mit dem Parsnip zum Peace vereinigt, und der Skeena, ein indianisches Wort, das so viel wie »Strom der Nebelschwaden« bedeutet, sowie der Nass River, dessem Lauf ich bereits zwischen Cranberry Junction und Meziadin achtzig Kilometer weit gefolgt war; nach Norden fließen der Dease und der Kechika dem Liard zu; nach Westen aber bahnen sich der Stikine und der Iskut den Weg durch die Küstenkette zum Ozean.

Im Herzen dieser nur von einer einzigen Straße, dem Cassiar Highway, durchschnittenen Wildnis hat die Regierung British Columbias drei weitgespannte Regionen jeglicher Nutzung durch den Menschen entzogen, damit ihre Schönheit auch noch kommenden Generationen erhalten bleibt: das Mount-Edziza-Schutzgebiet, das Spatsizi-Plateau-Schutzgebiet und das gleich südlich daran anschließende Tatlatui-Schutzgebiet.

Der Cassiar Highway – prosaischer: die B.C. 37 – verläuft zwischen dem Edziza- und dem Spatsizi-Park in nordsüdlicher Richtung, doch führt keine regelrechte Straße von der 37 zu den sie flankierenden Parks hinüber.

Wer die erstaunlichen Landschaften des Edziza-Gebietes erleben will, vertraut sich am besten dem alten Telegraph Trail an, der von der kleinen, aber geschichtlich bemerkenswerten Ortschaft Telegraph Creek am Stikine in südöstlicher Richtung nach Hazelton hinunterführt, jenem interessanten Städtchen an der Straße Nr. 16 nach Prince Rupert.

Um Hazelton offenbart sich die indianische Vergangenheit dieser Gebiete in besonders eindrucksvollen Zeugnissen.

Telegraph Creek erhielt seinen Namen nach einer Telegraphenlinie, die hier den »Großen Fluß« – das bedeutet »Stikine« in der Sprache der Tlingits – überqueren sollte. Das heute nur noch etwa dreihundert Einwohner zählende Städtchen dicht unterhalb des Stikine Canyons ist über eine schmale, steinige Seitenstraße des Cassiar Highway von Dease Lake aus zu erreichen.

Schon 1861 entstand hier eine kleine Ortschaft, als am Stikine Gold gefunden wurde. Wie beinahe stets im amerikanischen Westen und Nordwesten bis hoch nach Alaska hinauf, beuteten die Erstankömmlinge die wenigen wirklich ergiebigen Gold-Fundstätten im Flußbett oder an den Uferböschungen aus und zogen wieder ab, noch ehe der große Ansturm weiterer Abenteurer einsetzte, der im Süden und Osten des Kontinents von dem Gerücht neuer Goldfunde entfesselt wurde. Neuigkeiten verbreiteten sich damals schneckenlangsam, verglichen mit dem Tempo der heutigen Nachrichten-Übermittlung.

Der Goldrausch am Stikine war schon zu Ende, noch ehe er richtig begonnen hatte. Den vielen Nachzüglern blieb das Nachsehen.

Bereits 1866 kämpfte sich zum erstenmal ein amerikanisches Schiff den Stikine vom Meer her aufwärts, der Schaufelrad-Dampfer »Mumford«. Diese Schiffe waren besonders geeignet, die meist sehr flachen Wildströme Amerikas zu befahren, da sie mit geringem Tiefgang auskamen. Die »Mumford« hatte sich den Stikine bis zum Austritt des Flusses aus dem etwa hundert Kilometer langen Canyon hinaufgeschaufelt, um in der schon wieder sterbenden Goldgräberstadt Telegraphendraht auszuladen, denn dort sollte, wie bereits erwähnt, über den Stikine eine Telegraphenlinie führen. Die endlose Schneise durch die Wälder, über Berg und Tal, war schon geschlagen; von Pfahl zu Pfahl spannte sich der Draht aus den amerikanischen und kanadischen Siedlungen im Süden und Osten des Landes. Die Linie sollte zum Yukon-Gebiet weitergeführt werden, Alaska durchqueren, die Bering-Straße überwinden und durch Sibirien hindurch den Anschluß an das europäische Telegraphennetz gewinnen – ein unerhört kühnes, wahrhaft erdumspannendes Unternehmen!

Weiter als bis zum Stikine ist die Linie zunächst nicht vorgedrungen. Denn im gleichen Jahr, in dem die »Mumford« als erstes Dampfschiff den Strom hinauffuhr, gelang es, ein Kabel im Atlantik zu verlegen und Amerika auf diesem ursprünglich für unmöglich gehaltenen Weg mit Europa zu verbinden. Der Draht über Land durch Alaska und Sibirien war überflüssig geworden. Von heute auf morgen wurde die bis dahin fieberhaft vorangetriebene Arbeit an der Schneise am Stikine abgebrochen.

Dennoch sollte sich die steckengebliebene Telegraphenlinie bald als nützlich erweisen. Die »Mumford« hatte nämlich bewiesen, daß der Stikine bis nach Telegraph Creek schiffbar war, man konnte also auf recht bequeme Weise durch das Küstengebirge rund zweihundert Kilometer weit ins Landesinnere vorstoßen.

Von 1873 bis 1876 brachte der Cassiar-Goldrausch erneut Tausende von Glücksrittern und Prospektoren ins Land, die alle mit Schiffen den Stikine aufwärts bis Telegraph Creek fuhren, das diesen Namen nun nicht mehr los wurde. Von dort aus führte ein alter Indianerpfad zum Südende des Dease Lake, an dessen Ufer und dann dem Dease River entlang man bis in die Gegend von Cassiar gelangen konnte. Die heutige Straße, die Telegraph Creek mit Dease Lake verbindet und sich in der 37 nach Cassiar und Watson Lake fortsetzt, folgt im wesentlichen jenem alten Indianerpfad.

In den achtziger Jahren und in der ersten Hälfte der neunziger Jahre schien Telegraph Creek wieder sterben zu wollen, um dann jedoch, als der Klondike-Goldrausch (von 1897 bis in unser Jahrhundert hinein) hohe Wellen schlug und Tausende von Goldsuchern aus aller Herren Länder ins Land brachte, erneut zu hektischem Leben zu erwachen. Eine ganze Flotte von Schiffen fuhr von Wrangell aus den Stikine aufwärts und setzte die Abenteurer in Telegraph Creek (oder etwas stromab in dem heute so gut wie verschwundenen Glenora) an Land. Von hier aus folgten sie der schmalen Schneise, die für die Telegraphenlinie ein gehöriges Stück weit geschlagen worden war, bis zum Atlin-See oder auch hinauf zum Teslin-See. Und per Boot oder Floß ging es dann weiter zum Yukon.

Als am oberen und mittleren Yukon und seinen Nebenflüssen, dem Klondike vor allem, menschenreiche Städte entstanden, darunter Dawson City, heute eine nostalgisch gepflegte Ruinenstadt, wurde der Telegraphendraht tatsächlich bis zum Yukon hinauf gespannt, von Telegraph Creek nach Dawson City, etwa tausend Kilometer weit – eine bewundernswerte Leistung, auch wenn die neue Linie nicht die ursprünglich geplante Verbindung mit Moskau, Berlin und London herstellte.

Als dann der Goldrausch am Yukon kurz vor Ausbruch des Ersten Weltkrieges endgültig abklang, verfiel auch Telegraph Creek wieder in seinen gewohnten Dornröschenschlaf; doch blieben die beiden Ursachen, die zu seiner Entstehung geführt hatten, nach wie vor wirksam: Hier endete die Flußschiffahrt von See her, und hier war der Fluß unterhalb des unüberbrückbaren Canyons zum erstenmal wieder zu queren.

1941/42 wurde weiter im Osten mit dem Bau der Alaskastraße begonnen, und Telegraph Creek belebte sich von neuem. Der Trail vom Stikine zum Dease Lake war zu einer auch für Lastwagen passierbaren Straße ausgebaut worden, über die das Baumaterial für die Alaskastraße und einen Flugplatz bei Watson Lake herangeschafft wurde. In Telegraph Creek lud man das Material vom Flußdampfer auf Lastwagen um (die ihrerseits ebenfalls per Schiff herangebracht worden waren).

Die Straße von Telegraph Creek zum Dease Lake ist also wesentlich älter als der heutige Highway von Stewart nach Cassiar. Doch erschien mir jener, verglichen mit der viel älteren Straße, recht vernachlässigt; schmal, übersät mit Steinen und Felsbrocken, engen, gefährlichen Kurven an den Berghängen.

Telegraph Creek liegt immer noch im schönen Tal des »Großen

Stroms«, zählt aber nur noch ungefähr dreihundert Einwohner. Die meisten von ihnen sind Indianer, vom Stamm der Tahltan, der von jeher das Land am Stikine als seine allein ihm gehörigen Fisch- und Jagdgründe betrachtet hat. Von seinen Nachbarn, den Cascas im Nordwesten und Osten und den Tlingits im Westen und Süden, wurde dies nie bestritten.

Man kann sich nicht einmal darauf verlassen, daß es in Telegraph Creek Benzin zu kaufen gibt. Von amerikanischer Geschäftigkeit ist nichts zu spüren; das Tempo ist indianisch, das heißt sehr gemächlich, mit langen Pausen fürs süße Nichtstun. Sonntags sieht man die längst getauften Tahltans beim Gottesdienst in der hübschen alten Kirche anglikanischer Observanz. Dort singen sie kräftig, und es stört sie durchaus nicht, daß ihre Kirche den Namen eines irisch-schottischen Heiligen, Sankt Aidans, trägt, was weder zu den Tahltans noch zum Stikine und auch nicht zu Telegraph Creek zu passen scheint. Doch letzten Endes ist mehr oder weniger alles im heutigen Nordamerika vom alten Europa ausgeborgt worden.

Unterkunft für die Nacht findet man in dem heutigen Tahltan-Dorf Telegraph Creek ebenfalls nicht mehr. Das aus stolzer Vergangenheit stammende »Hudson's Bay Hotel« ist vor einigen Jahren abgebrannt, und es hat sich nicht mehr gelohnt, ein neues dafür zu bauen. Der einzige Allerweltsladen im Dorf, zugleich der einzige Platz, wo ein Fremder, wenn er Glück hat, etwas zu essen bekommt – sonntags und montags ohnehin geschlossen –, hört immer noch auf den anspruchsvollen und ein wenig nach Goldrausch klingenden Namen »River Song and Dance Cafe«. Soweit meine, freilich nur geringen Erfahrungen reichen, wird dort aber weder gesungen noch getanzt. Und den allermeisten Häusern im Ort würde es gut bekommen, wenn sie gelegentlich wieder ausgebessert und gestrichen würden.

Was geblieben ist und auch künftig bleiben wird, ist die unveränderbare Tatsache, daß Telegraph Creek am »Großen Strom«, dem Stikine, liegt. Er strömt an der Flanke des Ortes dahin, bildet die Mitte im Leben seiner Anwohner. Die Tahltans haben – neben der Jagd – seit alters vom Fischfang im Fluß gelebt. Die Lachse, die im Herbst in Scharen Rücken an Rücken vom Meer her den Fluß hinaufwandern, um zu laichen, stauen sich vor den Schnellen und Wasserfällen des Stikine Canyon. Wo sie nicht weiter stromauf ziehen können, unterhalb von Telegraph Creek, sind sie besonders leicht zu fangen. Deshalb sind die Tahltans gern nach Telegraph Creek gezogen, als die Goldsucher die Stadt verließen.

Vielleicht wird in den nächsten Jahren der »Große Strom« dafür sorgen, daß Telegraph Creek abermals zu einer reichen Stadt wird. Denn die *British Columbia Hydro and Power Authority* plant schon seit längerer Zeit, im Stikine Canyon eine Talsperre zu errichten. Das Turbinenhaus, in dem der elektrische Strom erzeugt werden soll, würde etwa dreißig Kilometer oberhalb von Telegraph Creek gebaut werden, der Stausee zu einer Länge von achtzig Kilometern auflaufen. Die seit den fünfziger Jahren so gut wie eingeschlafene Schiffahrt auf dem Stikine dürfte sich dann wieder beleben. Neue Straßen werden gebaut, warten doch südlich von Telegraph Creek, nur fünfzig Kilometer das eine, hundert das andere entfernt, bedeutende Kupfer-Vorkommen auf die Erschließung. Die *British Columbia Hydro* geht davon aus, daß sie 1981 von der Provinzregierung die Baugenehmigung für das Wasserkraftwerk erhält.

Wer also das Land am Stikine noch in seiner Ursprünglichkeit erleben will, muß sich etwas beeilen. Man kann den Fluß – vom Canyon abgesehen – im Kanu, Kayak oder im Schlauchboot befahren, am besten stromab, worauf man sich von Wrangell an der Mündung des Stikine oder von Vancouver, B.C., auch von Dease Lake aus vorbereiten kann. Von Terrace oder Prince Rupert aus werden Ausflüge mit kleinen Propellermaschinen in das Canyon-Gebiet veranstaltet.

Wie heutzutage üblich, erheben die Umweltschützer Einspruch gegen den Bau der Talsperre, die einen erheblichen Eingriff in die Natur darstellen würde. So lebt zum Beispiel an den Steilwänden des Canyon eine seltene Art von Bergziegen, die sich dort auf zuweilen nur fußbreiten Felsbändern, auf kaum erreichbaren Wiesen-, Busch- und Waldflecken vor ihren Feinden, den Menschen und Wölfen, sicher fühlt. Wohin sollen sie ausweichen, wenn der Stikine Canyon, wohl eine der großartigsten Landschaften im amerikanischen Nordwesten, unter Wasser gesetzt wird? Auch würden die beiden einzigen Brücken, die

Herbst an der Alaskastraße.

Die US-395 im Norden des Staates Washington.

Die Wälder gehen in die Steppe über.

Asche am Straßenrand im östlichen Washington vom Ausbruch des Mount St. Helens.

Rauchschwaden am Columbia; brennender Wald.

Der Columbia oberhalb von Revelstoke, British Columbia.

über den Stikine führen, überschwemmt und müßten mitsamt den Straßen mindestens fünfzig Kilometer weiter nach Osten verlegt werden. Es handelt sich dabei um die Stewart-Cassiar-Straße und außerdem um die Trasse der *British Columbia Railway,* deren weiterer Ausbau bis Dease Lake übrigens 1977 plötzlich eingestellt wurde. Da jedoch die Trasse bis zum Schnittpunkt mit der Stewart-Cassiar-Straße bereits ausgebaut war – nur Schienen und Schwellen sind noch nicht verlegt – ist eine höchst brauchbare, zwar nur einspurige, aber vorzüglich befestigte Fahrstraße mit ungewöhnlich sanften Kurven und Steigungen entstanden; selbst die Eisenbahnbrücke – ohne Eisenbahn – über den Stikine ist gerade noch rechtzeitig fertig geworden.

Auf dieser zur Autostraße entwürdigten Eisenbahntrasse kann man an der Westgrenze des *Spatsizi Plateau Wilderness Provincial Park* entlangfahren, neben dem *Tatlatui Provincial Park* das zweitgrößte wirtschaftlicher Nutzung entzogene Wildnisgebiet British Columbias. (Das größte ist der *Tweedsmuir Provincial Park*, der in seinem südlichen Teil von der British Columbia 20 durchquert wird.) Das Spatsizi-Plateau, von dem nach allen Himmelsrichtungen ein halbes Dutzend großer Flüsse abrinnt, wird von keiner Autostraße durchschnitten. Aber über die unvollendete Trasse der *British Columbia Railway* kommt man dem Plateau ganz nahe, gleitet auf kaum befahrener, fester Straße den Klappan, einen Nebenfluß des Stikine, und dann den Kleinen Klappan entlang, im Osten die grandiose Kette der Adlernest-Berge, im Westen die Wälle und Zinnen des Skeena-Gebirges, auf dem dicht beieinander der Skeena und der Nass River entspringen.

Welch ein Land, diese Stikine-Hochebene! Einsam, menschenleer, mit Gewässern so klar, daß man, über den Bootsrand gelehnt, noch in zehn Metern Tiefe die Steine auf dem Grund erkennen kann und auch die Forellen, die nur darauf zu warten scheinen, an die Angel zu gehen. Und das Wild streift in so großen Herden umher, daß sich der seltene Besucher, der sich in diese Weiten verirrt, in ein Paradies des Nordens versetzt fühlt: mit Bergziegen, Scharen von Wildgänsen, Elchen, Rudeln von Maultier-Hirschen und nach Tausenden zählenden Osborn-Caribous, die sich durch besonders weit ausladende, mächtige Geweihe auszeichnen.

Ein weiträumiges Land! Der aus ihm herausgeschnittene Spatsizi-Park umfaßt allein schon an die 7.800 Quadratkilometer. Fast die gesamte Region war einst das Stammesgebiet der Tahltans aus der Familie der Nahanni-Athabasken, die niemals viel mehr als tausend Köpfe gezählt haben mögen. Von Anfang an wußten die Indianer, daß die Weißen, die von allen Seiten herandrängten, sie aus ihrer Heimat vertreiben wollten. Die Eindringlinge bauten, ohne sie zu fragen, Straßen, legten Eisenbahntrassen durch das Land; Prospektoren durchstöberten die Berge und Flüsse nach Gold und Kupfer, Blei und Asbest; die Ströme des Landes, die von den Indianern wie Gottheiten verehrt wurden, sollen verbaut werden. Um die Interessen der vordem im Lande Ansässigen kümmerte sich niemand.

Die Tahltans haben schon zu Beginn dieses Jahrhunderts versucht, gegen den wie selbstverständlich erhobenen Anspruch der Europäer auf ihr Land zu protestieren, auf eine maßvolle Weise, die sich von dem gedankenlos habgierigen und rücksichtslosen Vorgehen der Eroberer eindrucksvoll abhebt:

»Wir, die unterzeichneten Glieder des Tahltan-Stammes – indem wir für uns selber sprechen und unseren ganzen Stamm – bringen hierdurch für jedermann, den es betreffen mag, zur Kenntnis, daß auch wir davon gehört haben, daß die Stämme an der Küste ihre indianischen Rechte zur Geltung gebracht haben, ebenso wie die Stämme im Süden British Columbias. Wir haben auch die Erklärung gelesen, welche die Häuptlinge in Spences Bridge am 16. Juli vergangenen Jahres abgegeben haben. Hierdurch verkünden wir unsere Absicht, mit ihnen gemeinsam für unsere Rechte zu streiten. Wir werden in dieser Hinsicht alles veranlassen, was getan werden kann, bis diese für uns so wichtige Angelegenheit endgültig in Ordnung gebracht ist. Darüber hinaus erklären wir folgendes:
Erstens: Wir beanspruchen die alleinige Verfügung über alles Land unseres Stammes – dies Land gehört uns, und wir haben es gegen alle Übergriffe anderer Stämme seit alters behauptet und haben unser Blut dafür hingegeben. Wir haben dies getan, weil unser Leben von diesem Land abhing. Hätten wir es verloren, so wären die Grundla-

gen unseres Daseins und damit unser Leben vernichtet worden. Von jeher hängen wir mit unserem Lebensunterhalt von unserem Land ab. Wir haben nicht die Absicht, den Anspruch auch nur auf einen Teil davon ohne Gegenleistung abzutreten. Wir bestreiten der Regierung von British Columbia das Recht, einen Anspruch auf unser Land oder gar das Eigentum daran zu erheben. Wir haben mit der Regierung keinen Vertrag geschlossen, haben nie einen Anspruch anerkannt. (Daß die Regierung solche Ansprüche geltend macht und daß sie die indianischen Gebiete als ihr Besitztum betrachtet, haben wir überhaupt erst vor kurzem erfahren.)
Zweitens: Wir verlangen, daß ein Teil unseres Landes, bestehend aus einem oder mehreren großen Gebieten, die von uns ausgewählt sein müssen, für unsere alleinige Benutzung bereit gestellt wird, wobei diese Ländereien mit allem, was dort zu finden ist, durch die Regierung als unser ausschließlicher Besitz bestätigt werden müssen. Den Rest unserer Stammesgebiete wollen wir der Regierung gegen eine angemessene Entschädigung überlassen.
Drittens: Wir bringen zur Kenntnis, daß ein kleiner Teil unseres Landes an der Mündung des Tahltan-Flusses vor einigen Jahren von einem Mr. Vowell zur Indianer-Reservation erklärt worden ist. Diese wenigen Morgen bilden die bisher einzige Reservation für unseren Stamm. Wir stellen fest, daß wir niemals darum gebeten haben, uns dieses Stück Land zu reservieren – wir hatten auch keine Kenntnis, daß und warum die Regierung es für uns abgetrennt hat, haben sie auch jetzt noch nicht.
Viertens: Wir verlangen, daß alle Fragen, die unser Land, die Jagd, die Fischerei usw. wie überhaupt unsere Wohlfahrt betreffen, durch einen ordentlichen Vertrag zwischen uns und der Provinzregierung geregelt werden.
Fünftens: Wir sind der Meinung, daß es sich für alle Beteiligten empfiehlt, diese Fragen baldmöglichst zu klären, damit alle Reibereien und Mißverständnisse zwischen den Weißen und uns vermieden werden. Denn seit einiger Zeit wird viel davon geredet, daß auf unserem Gebiet weiße Leute siedeln wollen, daß in naher Zukunft Eisenbahnen gebaut werden sollen und anderes mehr.

Gezeichnet zu Telegraph Creek, B.C., am 18. Oktober 1910
Naock, Häuptling der Tahltans,
Nastulta (alias Kleiner Jackson),
George Assadza, Kenetl (alias Großer Jackson)
und achtzig andere Stammesmitglieder

Geschehen ist auf diese Erklärung hin damals nichts. Die kleine Reservation an der Tahltan-Mündung wurde nicht besetzt. Die Reste des Stammes haben sich in und um Telegraph Creek und Dease Lake angesiedelt oder hausen weit verstreut im großen leeren Land, das sie Jahrhunderte hindurch als ihren ureigenen Jagdgrund, als ihre Heimat betrachtet haben. Von ihrer angestammten Kultur und Lebensweise ist kaum noch etwas erhalten. Es blieb ihnen gar nichts anderes übrig, als sich in ihren Gewohnheiten den Eindringlingen anzupassen, ja, auf dem Umweg über die Unterhaltszahlungen der Regierung deren Kostgänger zu werden. Die Erschließung des Stammesgebietes ist wesentlich langsamer vonstatten gegangen, als die Häuptlinge im Jahr 1910 glaubten voraussehen zu müssen. Noch immer ist das Stromgebiet des Stikine eines der entlegensten und unberührtesten des ganzen kanadischen Westens – und all die großartigen Pläne und Ausbeutungsvorhaben, die als Träume aus den Gehirnen des weißen Mannes über das königlich großartige Bergland hinflatterten, erwiesen sich bis auf weiteres als Schäume – genau so wie die Befürchtungen der Tahltan-, Casca- und Tlingit-Häuptlinge aus dem Jahre 1910.

Ein alter Mann begegnete mir während einer Rast – es regnete gerade einmal nicht mehr – am Ufer des Dease Lake. Er hatte Ärger mit dem Vergaser seines alten Chevy-Trucks, mit dem er von Watson Lake, man wird es nicht glauben, einen allermodernsten Außenbordmotor für sein Fischerboot auf dem Eddontenajon-See abgeholt hatte, an dem ich tags zuvor der Länge nach entlang gerollt war, der braven, dreckigen 37 folgend. Besagter alter Mann also hatte gleich mir, nachdem er seinen Vergaser gereinigt und wiedereingebaut hatte, ein Stück allzu weißes, pappiges Brot, wie es in Amerika unverständlicherweise immer noch üblich ist, und ein Stück Käse zu sich genommen, was uns beide amüsiert und ins Gespräch gebracht hatte. Bis zum heutigen Tage kann ich mir nicht darüber klar werden, ob das tief zerfurchte, von vielen grimmigen Wintern und heißen Sommern gegerbte Gesicht mit den dunklen Augen, den betonten Backenknochen und dem schmallippigen, wie in Holz geschnitzten, harten Mund eigentlich einem Indianer oder einem sogenannten weißen Mann gehört hat; vielleicht war er von der Mutter her Indianer, vom Vater her Weißer.

Wie wir darauf gekommen waren, weiß ich nicht mehr: Ich hatte bekannt, daß ich noch nie begriffen hätte, wie der Name des Sees, an dem er zu Hause war, Eddontenajon, korrekt auszusprechen wäre und daß ich mich geniert hätte, die netten Besitzer der Tenajon-Lodge, des »Gasthauses Tenajon«, danach zu fragen. Diese, Betty und Ken Burris, hätten da wirklich mitten in der unabsehbaren Wildnis eine angenehme Oase der neuerdings allzu voreilig verrufenen westlichen Zivilisation auf die Beine gebracht, mit freundlichen Zimmern, einem Glas Bier oder Whisky-Soda zum ganz leidlichen Essen, mit Benzin rund um die Uhr, Propan-Gas und gut versehenem Laden für alles und jedes, und sogar Eis könnte man haben und sich im Sommer ein behendes Flugmaschinchen bestellen, denn Radio-Telefon nach Fort Nelson an der Alaska-Straße gäbe es auch – und was man sonst so schwatzt, wenn man mitten in der Wildnis einen Menschen trifft, der genau so darauf aus ist, festzustellen, wen er vor sich hat, wie man selber – und ebenso gewillt, dem grenzenlosen Schweigen der Einöde ein formlos neugieriges Geplauder entgegenzusetzen – jener alte Waldläufer also vom Eddontenajon-See verstieg sich am Ende unserer lässigen, aber sehr freundschaftlichen Unterhaltung zu einem Ausspruch, der mir deutlich haften geblieben ist.

Ich hatte bedauert, daß die Eisenbahn zum Dease Lake und weiter zum Yukon und schließlich nach Alaska im Unterholz der großen Wälder steckengeblieben wäre. Er stopfte sich seine schon arg mitgenommene Pfeife mit all der Umständlichkeit des überzeugten Pfeifenrauchers gerade von neuem, räusperte sich und krächzte:

»Ja, ja, so ist das schon: Auch die Bäume der klugen Leute aus Vancouver mit dem vielen Geld wachsen nicht in den Himmel!«

Während ich weiter durch den vermaledeiten Regen nach Norden rollte – noch begleitete mich auf meiner Linken der silbergraue Spiegel des Dease Lake –, stellte ich mir, wie schon oft, wieder einmal die Frage, ob die Indianer wirklich ein »Recht« haben, riesige, nahezu menschenleere Gebiete wie dieses als ihr Eigentum zu betrachten. Denn sie haben den Anspruch, den sie in ihrer »Erklärung« von 1910 erhoben haben, bis zum heutigen Tag nicht aufgegeben, erheben ihn sogar wieder mit Nachdruck.

Ich weiß auf diese Frage keine Antwort.

Kann man sich überhaupt vorstellen, daß Länder wie Kanada, die Vereinigten Staaten oder Australien den Ureinwohnern »zurückgegeben« werden? Und ist es nicht so, daß Menschen nur dann Anspruch auf ein Stück Erde erheben dürfen, wenn sie es zu kultivieren verstehen? Es gibt kein sozusagen gottgewolltes Anrecht auf irgendeinen Teil der belebten oder unbelebten Natur. Immerhin haben sich die Amerikaner europäischer Herkunft den ganzen Kontinent untertan gemacht – wenn auch nicht immer im Sinne der Natur: Sie haben Prärien in Getreidefelder verwandelt, in Louisiana und Texas Sümpfe entwässert und in fruchtbare Reisfluren verwandelt . . .

Als ich jedoch das »Land der roten Bergziegen« (dies ist die Bedeutung des Wortes »Spatsizi« in der Athabaskensprache) aus der Nähe kennenlernte, wallten in mir Zorn und Trauer darüber auf, daß es auch diesem freien, jungfräulichen Land bestimmt ist, in die Wirtschaft unserer westlichen Zivilisation in absehbarer Zukunft einbezogen zu werden. Die Straße Nr. 37 ist nun in ihrer ganzen Länge fertiggestellt, ebenso der »Sporn« nach Stewart. Damit aber ist eine Magistrale geschaffen, die, wie schon die Alaskastraße im Osten, als Ausgangsbasis für die weitere Erschließung des Landes dienen wird. Längs der – vorerst – unvollendet gebliebenen Eisenbahnlinie nach Dease Lake soll das Wild bereits merkbar an Zahl zurückgegangen sein. Bald dürfte der Name »Land der roten Bergziegen« nur noch daran erinnern, daß sich einst die von Natur aus weißen Bergziegen in der roten Erde des Spatsizi-Berges wälzten, dann als rote Ziegen über die Hänge kletterten und in ihrer rötlichen Schutzfarbe für den Jäger schwer auszumachen waren.

Ist die Wildnis östlich der Straße Nr. 37 am Oberlauf des Stikine mit den vielen Bächen und Seen, den dunklen Wäldern und Bergketten – der höchste Berg des Parks, der Mount Will, ist 2.515 Meter hoch – sozusagen von klassischer Schönheit, so ist der Edziza-Park im Westen der 37 an ausgefallener Besonderheit kaum zu übertreffen. Edziza heißt im Indianischen nichts weiter als »Asche«. Und in der Tat, das ganze weite Gebiet – überragt von dem 2.787 Meter hohen Mount Edziza, von dem mächtige Gletscher herabströmen – liegt unter Schichten von Asche und erstarrter Lava, die erst in jüngster geologischer Vergangenheit aus der Tiefe der Erdkruste ausgespien wurde. Vulkankegel und Krater von wunderbar gleichmäßiger Form, noch bar jeden Pflanzenwuchses, beweisen, daß die Erde hier fürchterlich revoltiert hat. Als das Klastline-Plateau entstand, in dessen Mitte sich der Mount Edziza erhebt, wurde der Lauf mehrerer Flüsse in die Gegenrichtung umgeleitet und die Berge in der weiteren Umgebung unter einer Decke von Asche begraben.

Zur Zeit ist diese sonderbar tote und kahle Landschaft nur vom Flugzeug aus in ihrer ganzen Merkwürdigkeit zu erleben. Man kann den Edziza-Park aber auch erwandern. Der alte Telegraph Trail durchquert den Süden des vulkanischen Gebiets. Ein anderer, allerdings kaum noch erkennbarer Pfad führt durch den Norden am Klastline-Fluß entlang von Telegraph Creek nach Iskut. Auf beiden Wegen, jeder sechzig bis siebzig Kilometer lang, gibt es keine menschliche Ansiedlung oder auch nur ein Haus, wo der Wanderer Unterkunft oder notfalls Hilfe finden könnte.

Aber vielleicht begegnet er unterwegs den seltenen Steinschafen mit ihren starken Hörnern; in der Abgeschiedenheit dieser Landschaft kann man, wenn man umsichtig zu Werke geht, diese Tiere beobachten. Wenn der Himbeer-Paß überquert ist und der Pfad sich wieder senkt – zum Iskut River und der 37 –, versöhnt den Wanderer der Ausblick auf das grandiose Spectrum-Gebirge mit all den Strapazen und Mühen der Wanderschaft.

Mit erheblicher Verspätung war ich nach Watson Lake und zur Alaskastraße gelangt. Das Wetter hatte sich nur wenig gebessert. Manchmal brach die Sonne durch die tief von Westen heranquellenden Wolken, für kurze Zeit hellte sich der Himmel auf und gab die Sicht auf Berge frei, die Cassiar Mountains zu beiden Seiten der Straße und dann weiter westwärts die Big-Salmon-Kette, das Große-Lachs-Gebirge.

Wie unter einem Zwang war ich nach links eingebogen, als die 37 in die Alaskastraße einmündete und damit ihr Ende fand. Es hatte auf meinem Programm gestanden, der Hauptstadt des Yukon-Gebietes, Whitehorse, einen kurzen Besuch abzustatten, und ich gehöre zu den dummen Leuten, die in einmal gefaßte Pläne so hoffnungslos verbissen sind wie ein Hund in ein Stück Fleisch. Dabei zweifelte ich nicht daran, daß die Warnungen, mit denen mich einige erfahrene Nordleute in Iskut und Dease Lake bedacht hatten, begründet waren: Der Winter machte Anstalten, in diesem Herbst vier bis sechs Wochen früher als gewöhnlich über das große Land im kanadischen Nordwesten herzufallen. Und man brauchte mir nicht lange zu erklären, daß nicht die Monate des Hochwinters von Dezember bis März die eigentlich gefährlichen sind, sondern die Wochen und Monate des Übergangs.

Wenn man sich im Winter gegen die tiefen Temperaturen zu schützen weiß und auch genügend zu essen hat, wobei es besonders auf Fett und Fleisch ankommt, dann kann nicht allzuviel passieren; denn die Kälte ist – abgesehen von wenigen Schneestürmen meist zu Beginn und gegen Ende des Winters – trocken, klar und still und läßt sich, wenn man sich in guter körperlicher Verfassung befindet und richtig ausgerüstet ist, viel besser ertragen als große Hitze, die für mich, vor allem wenn es obendrein schwül ist, eine Vorübung aufs Fegefeuer darstellt.

Der Regen, der nach kurzen Sonnenblitzen stets von neuem herniederprasselte, mischte sich, je weiter ich nach Nordwesten vorrückte, mit nassem Schnee. So hielt mich nichts in Whitehorse auf; ich machte mich sofort auf die Rückfahrt nach Watson Lake, das ich schließlich bei scheußlich naß-kaltem Wetter in meinem über und über mit gelbem Schlamm bedeckten Auto ohne Zwischenfall erreichte.

Der Wetterbericht, den ich gerade noch im Autoradio gehört hatte, versprach für die Weiterfahrt nach Süden nichts Gutes. Und ich hatte zwischen Muncho Lake und Fort Nelson (immerhin eine Strecke von über zweihundertsechzig Kilometern) die Höhe der Rocky Mountains zu überqueren! Die Straße steigt hier auf 1.295 Meter. Wie mochte es dort aussehen?

Da ich nicht riskieren konnte, hier im Norden festzusitzen, nahm ich mir vor, die Strecke von Watson Lake nach Fort St. John, rund tausend Kilometer, in einem Stück zurückzulegen. In Fort St. John würde ich wieder gepflasterte Straßen erreicht haben, und vor allem würde dort das Wetter besser sein als hier im Norden. Schnee, Matsch und Eis würden mich von da ab nicht mehr einholen. Dann ginge die Fahrt immer weiter nach Süden hinunter, bis zur mexikanischen Grenze.

Ich habe es dann auch, wie vorgenommen, geschafft – und träume noch manchmal von den zahlreichen Autos, die vor und hinter dem Summit Lake auf der Paßhöhe der Rockies im Schneematsch steckengeblieben oder hilflos in den Graben gerutscht waren.

Die Alaskastraße hat es in sich – und das schon, wie ich auf meiner Reise erlebte, um die Zeit der Tag- und Nacht-Gleiche. Sie wird fortfahren, mit Überraschungen aufzuwarten, solange sie nicht in ihrer ganzen Länge befestigt ist.

8. Nach Süden!

Die Alaskastraße hatte mich beim Summit Lake über die Paßhöhe der Rocky Mountains auf die Ostflanke des Gebirges geführt. Sobald ich jedoch Fort St. John erreicht hatte, bog ich wieder nach Westen ab. Auf dem bequemen, nur auf 869 Meter ansteigenden Pine Pass überwand ich die Rockies wiederum westwärts.

Trotz herrlichen Herbstwetters – der Indianersommer schien mich mit seiner Pracht dafür entschädigen zu wollen, daß mir der Himmel bis zum sechzigsten Breitengrad hinauf so viel Kummer bereitet hatte – wollte in mir keine rechte Freude an der Fahrt nach Süden aufkommen, durch die grünen Gefilde der »Wilden Cariboo« am Lac la Hache vorbei, durch enge, von Wildbächen durchrauschte Täler auf schmaler, wie verwunschener Nebenstraße zur großen 5 hinüber, einer vorbildlich beschilderten Hauptstraße, die ich nach dreißig Kilometern schon wieder verließ. Über hohe Berge fuhr ich zum Adam's Lake hinüber. In kühnen Serpentinen senkt sich die Straße langsam abwärts und gewährt unvergeßlich schöne Ausblicke auf den aus der Tiefe heraufblauenden See.

Ich beschloß, auf der Fahrt nach Süden, einen alten, schon seit vielen Jahren gehegten Plan zu verwirklichen, da ich ohnehin den Transcanada Highway für etwa hundertvierzig Kilometer ostwärts bis Revelstoke benutzen mußte. In Revelstoke nämlich kam ich in das Tal des gewaltigsten Stroms im amerikanischen Nordwesten, des Columbia, der von dem Highway auf hoher Brücke überquert wird.

Der Columbia entströmt etwa zweihundert Kilometer südöstlich von Revelstoke dem Columbia-See, der zwischen dem Purcell-Gebirge im Westen und den eigentlichen Rockies im Osten liegt, umrahmt von so gewaltigen Bergen wie dem Mount Assiniboine (3.618 Meter), dem

Mount Queen Mary (3.231 Meter), und dem Mount King George (3.422 Meter). Zunächst fließt der schon von Beginn an machtvolle Strom nach Norden zum erstenmal unter der Transcanada-Straße hindurch, biegt aber, sobald er das Nordende des Selkirk-Gebirges erreicht hat, in weitem Bogen nach Westen und gleich darauf nach Süden in tief eingesenktem Tal. Bei Revelstoke unterläuft er zum zweitenmal den Transcanada Highway, nun aber südwärts.

Früher folgte eine schmale, schlechte Straße dem Strom auf seiner weit nach Norden ausholenden Schleife, von Kreuzung zu Kreuzung mit dem Transcanada Highway. Jetzt gibt es diese Straße nur noch in ihrer Westhälfte. Die Osthälfte ist im aufgestauten Wasser des Columbia ertrunken, da die energiehungrigen Kanadier etwas unterhalb seiner Wende nach Westen und Süden den Mica-Damm errichtet haben. Ein zweihundert Kilometer langer Stausee hat die Täler des Columbia und des Canoe River unter sich begraben.

Als ich jedoch vor Revelstoke zur Columbia-Brücke hinunterrollte, verrieten mir zu meinem Schrecken große Schilder an der Straße und zur Linken in der Ferne sichtbar werdende Erdbewegungen, Bauplätze und Werkstraßen, daß offenbar der Columbia dicht oberhalb von Revelstoke abermals verbaut werden soll, durch eine zweite Staustufe, den Revelstoke-Damm, etwa hundertfünfunddreißig Kilometer unterhalb des Mica-Damms. Und ich entsann mich plötzlich, schon etwas darüber gelesen zu haben.

9. Gedemütigte Natur

Wie oft hatte ich nicht in früheren Jahren auf der Brücke bei Revelstoke hoch über dem Columbia gestanden und in den grünen Schlund hinuntergeschaut, der von den dicht über den Ufern hängenden Wäldern und Dickichten gebildet wurde. Als ein jadegrünes Schlangenwesen wälzte sich der rastlose, eilige Strom aus der feuchten, sonnendurchfunkelten Höhlung des Laubwerkes hervor, drängte sich unter der Brücke zwischen den verengten Böschungen unwillig zusammen und suchte dann wie erlöst südwärts das Weite.

Ich wußte gewiß schon damals, daß ihm die Freiheit seines Laufs nicht allzuweit gewährt sein würde. Denn auf dem Weg nach Süden, bei den lang gedehnten Pfeil-Seen, wurde der Columbia in Fesseln gelegt: Der High-Keenlyside-Damm sollte die Spiegel der beiden Seen so stark erhöhen, daß sie sich über den ursprünglich vom Columbia durchbrochenen Landrücken hinweg zu einem einzigen See verbanden. Die den alten Ufern folgenden schmalen Straßen würden überflutet und sollten durch bessere, touristenfreundliche ersetzt werden; sie hatten wesentlich höher als zuvor in die Hänge zu klettern. Und tatsächlich sind in diesem noch wenig bekannten, hinreißend schönen Gebiet neue, gute Straßen gebaut worden (nicht alle übrigens, die denkbar und wünschenswert wären, falls man überhaupt derart ursprüngliche Landschaften stadtmüden Touristen überantworten will – mitsamt ihren Plastiktüten, Bierdosen, Pappkartons, Tankstellen und Campingplätzen).

Jetzt aber, im Jahr des vielfältigen Unheils 1980, wallte der Columbia bei Revelstoke nicht mehr aus grünem, kühlem Dämmerdunkel heran und tief unter meinen Füßen fort nach Süden, sondern bot sein Bett ungeschützt und kahl den Blicken dar, schamlos beinahe, des Waldes und der schirmenden Uferdickichte gänzlich beraubt. Und wenn ich den

Blick weiter stromauf schweifen ließ,schien mir die Erde zu einer einzigen klaffenden, schwärenden Wunde geworden zu sein. Überall war sie aufgerissen, durchfurcht von vielen verschlammten Wegen für die donnernden Riesenlaster und Erdbeweger, die zur Baustelle des Revelstoke-Dammes das Material heranschleppten. In der Ferne begann die neue Staumauer bereits hochzuwachsen. Über das Tal gespannte Seile führten Kübel für Kübel Beton heran und ließen ihn aus der Höhe in die riesige Damm-Gußform klatschen. Maschinenlärm und Motorengetöse, gelber Schlamm und kahler Erdboden, wohin ich blickte – und Menschen allerorts dazwischen, klein und wimmelnd wie Ameisen.

Hier wurde die einst traumhaft üppige, prächtige Natur zutiefst gedemütigt. Ich erfuhr eine geradezu beleidigend krasse Bestätigung jenes Unbehagens, das ich während meiner ganzen bisherigen Reise nicht recht losgeworden war.

Mein Freund Earl Roberge, Fotograf und Schriftsteller seines Zeichens, hatte, bevor der Columbia durch den Mica-Damm aufgestaut wurde, mit einem jüngeren Gefährten im Kanu den damals noch ungebändigten Strom von Donald Station bis Revelstoke »abgefahren«, eine Strecke von etwa zweihundertsechzig Kilometern. Allerdings – nach allem, was Earl mir von dieser waghalsigen Tour berichtete – ist das Wort »abgefahren« ein typisch englisches Understatement, obgleich sich Earl keineswegs englischer, sondern französischer Abstammung rühmt. Denn der Columbia machte damals noch den beiden Kanufahrern trotz all ihrer langjährigen Erfahrung auf vielen Wildflüssen Amerikas schwer zu schaffen mit seinen tosenden, hoch sich aufbäumenden Schnellen, seinen Wirbeln und den aus der Tiefe aufquellenden, unberechenbaren Strömungen. Earl ließ es sich nicht entgehen, mir die Herrlichkeit des wilden Stroms, der Wälder an seinen Ufern, der schneebedeckten Berge zu beiden Seiten, der stillen, von klaren Bächen durchrauschten Seitentäler zu schildern. Hier und da, weit voneinander entfernt, wo zwischen Strom und Hängen flacheres Land sich ausbreitete, mochte sich ein erster Siedler niedergelassen haben; ein erstes Blockhaus war entstanden, der Einsamkeit zu trotzen. Nur zweimal auf der ganzen langen Strecke hatte ihnen ein Mensch vom Ufer her zugewinkt. Sie erschreckten Elche, die in den flachen Buchten des Stroms weideten. Und in der Höhe kreisten Adler. »Die Welt war da so unbeschreiblich frisch und schön, als ob sie gerade erst geschaffen wäre«, meinte Earl voller Begeisterung.

Einige Jahre später besuchte ich den gleichen Earl, der im Südosten des US-Staates Washington zu Hause ist, und berichtete ihm, daß bis hinauf zum Mica-Damm von der Pracht und Herrlichkeit des Columbia nicht mehr viel übrig sei. Oberhalb des Dammes sei ein riesiger See entstanden, der sogenannte McNaughton Lake, und all die donnernden Stromschnellen, von denen er mir erzählt habe, seien darin ertrunken. Auf jenem See könnten selbst Kinder ohne Gefahr dahinpaddeln. Er antwortete mir:

»Ja, ich weiß! Deswegen fahre ich auch nie wieder dorthin. Und der Revelstoke-Damm wird dem Strom endgültig den Rest geben. Von Strom kann dann keine Rede mehr sein; er ist in eine Folge von Staustufen verwandelt.«

Als ich nun den Columbia bis zum Mica-Damm hinauffuhr, um aus unmittelbarer Anschauung einen Eindruck davon zu gewinnen, was ein solcher Dammbau in Wirklichkeit bedeutet, ließ sich bereits erkennen, wie hoch das Wasser, wenn der Stausee einmal voll gelaufen wäre, im Tal steigen würde: Die Wälder wurden bis zur Höhe der künftigen Uferlinie abgeholzt, die Hänge wurden kahlgeschlagen. Von der Straße aus konnte ich auf der gegenüberliegenden Uferseite den Verlauf des späteren Seeufers ohne Schwierigkeit ausmachen. Noch wand sich der Columbia in der Tiefe in seinem alten Bett dahin. Es würde später ebenso verschwinden wie die Straße, auf der ich fuhr; denn auch sie würde in dem Stausee ertrinken. Eine neue Straße, die sich, hoch über der alten, an den Hängen entlangschwingen würde, war bereits im Bau.

Dort oben in den Hängen wird es sich herrlich fahren lassen, wenn die Straße erst einmal fertig ist, am Ufer des Stausees entlang, der sich über Strom und alter Straße, über den wenigen Siedlungen, über den abgeholzten Wäldern bilden wird. Wo ich noch fuhr an jenem strahlenden Herbsttag unter tief blauem Himmel, würden dann Fische schwimmen.

Ich gab mir Mühe, den Holzlastern auszuweichen, die die besten

Stämme abfuhren, Bauholz, Holz für Möbel und Papier. Über weite Strecken hin war das Tal, soweit es später den Stausee in sich aufnehmen sollte, von angenehm nach Kien duftenden Rauchschwaden erfüllt; denn alles Holz, das die Abfuhr nicht lohnte, wurde in haushohen Stößen verbrannt. Das Holz war noch feucht von den Regenschauern der letzten Tage, deshalb schwelten die großen Feuer nur und ließen dichte Rauchwolken über das weite Land wehen – Fahnen der Trauer über den Untergang eines Stromtals.

Als ich die Krone des Mica-Dammes auf lang ansteigender Straße erklommen hatte, fuhr ich noch ein Stück auf einer Kiesstraße weiter, die wegen ihres schlechten Zustands nur »auf eigene Gefahr« benutzt werden konnte, den künstlichen See entlang, den bereits erwähnten McNaughton Lake. Kein Mensch weit und breit, kein Zeichen menschlicher Behausung, soweit das Auge reichte. Der Tag leuchtete. Der gewaltige See, dem man nicht ansah, daß er vor einigen Jahren noch gar nicht existiert hatte, dehnte sich neben mir weit in die Ferne, von Hügeln und Bergen eingefaßt, von sanftem Wind gefächelt. Hätte ich nicht gewußt, daß hier ein herrliches Stromtal in der Tiefe des Sees begraben lag, ich hätte die Landschaft, die sich mir bot, überaus schön und anschauenswert gefunden.

Ich sagte mir, daß die schweren Wunden, die man jetzt oberhalb Revelstoke dem Columbia-Tal zufügte, eines Tages auch unter solch einem See verschwunden sein würden und daß man sich dann an einer neuen, anderen, vielleicht nicht einmal geringeren Schönheit der Landschaft würde erfreuen können, als sie das unberührte Columbia-Tal durch Jahrhunderte und Jahrtausende dargeboten hat.

Und wie die Verhältnisse heute nun einmal liegen: Der Zuwachs an elektrischer Energie, den das neue Kraftwerk bald liefern wird, ist wahrscheinlich nicht zu verachten. Denn die westliche Welt kann auf dem einmal beschrittenen Weg der Industrialisierung und Technisierung nicht mehr umkehren, nicht einmal innehalten, wenn sie nicht zu Grunde gehen will. Es gilt nur, mit Sorgfalt darauf zu achten, daß dabei der Natur kein unnötiger und nicht wiedergutzumachender Schaden zugefügt wird.

10. Hinaus aus dem Gefängnis der Wälder

Alles schien sich gegen mich verschworen zu haben. Die äußeren und inneren Umstände dieser Reise hatten sich – so bildete ich mir ein – zu einer feindlichen Schlachtordnung gegen mich zusammengeballt. Die Zerstörung, die völlige Mißachtung der gewachsenen Natur hatten mich viel stärker noch erschüttert, als ich mir eingestehen wollte. Hinzu kam eine Reihe weiterer Enttäuschungen, die ich auf meiner Fahrt ins Yukon-Gebiet hinauf erlebt hatte. War ich früher blind gewesen oder hatte sich das Bild des amerikanischen Nordwestens tatsächlich so grundlegend geändert, wie ich nun glaubte, annehmen zu müssen?

Wie es so geht: Das Motel, in das ich in Revelstoke geraten war, erwies sich als miserabel. Die Fenster ließen sich nicht öffnen, ich mußte des Nachts also auf frische Luft verzichten, die Fliegengaze war rostig und durchlöchert. Auf der Überdecke des Bettes verrieten einige Flekken, daß Bier oder andere Flüssigkeiten darauf verschüttet worden waren. Von den fünf geschmacklosen Lampen im Zimmer brannten nur zwei, und im Duschbecken zeichneten sich rundum graue Ränder ab, angetrockneter Seifenschaum oder Schmutz. Wie immer in amerikanischen Motels hatte ich den Zimmerpreis im voraus entrichten müssen, konnte also nicht mehr umziehen; denn um die Rückzahlung der dreiundzwanzig Dollar hätte es sicherlich einen erregten Streit mit der farbenprächtig geschminkten Dame im Empfang gegeben. Dazu aber fehlte mir nach meiner langen, an Kummer und Enttäuschungen überreichen Fahrt ganz einfach die Courage. Obendrein hatte man mir für das Abendessen in einem Restaurant unverschämt viel Geld abgenommen, obgleich das mit viel Worten empfohlene Sirloin-Steak so zäh war, daß man sich damit die Stiefel hätte besohlen können.

So saß ich verärgert in dem knarrenden Rohrstuhl meines Zimmers, fühlte mich zu müde und abgespannt, um ins Bett zu gehen, und auch gar nicht verlockt, in die seit Tagen oder Wochen nicht mehr ausgescheuerte Duschwanne zu steigen.

Es hatte damit angefangen, daß meine alten Freunde, Tex und Ingeborg Hansen, den langen Kampf um ihr Besitztum aufgegeben hatten. Sie saßen nun schon auf ihrem Ruhesitz in »Pensionopolis«, in Victoria nämlich, langweilten sich mangels vernünftiger Arbeit zu Tode und sehnten sich zurück nach ihrer königlich einsamen Ranch am Clearwater-See im Hochland am Klinaklini. Nie wieder würden sie mich dort unter der Begleitmusik von Hundegebell, Pferdegetrappel und Truthahn-Gegluckse wie in früheren Jahren willkommen heißen. Die Tatsache, daß der unter unsäglicher Mühe der Wildnis abgetrotzte Besitz nun von einem zahlungskräftigen Schweizer »zwecks Geldanlage« und aus »Angst vor den Russen« (wie er sagte) gekauft worden war, hatte in mir einen tiefen Widerwillen erweckt.

Auch dem großen, freien Land des kanadischen Westens ist es vorherbestimmt, so hatten mich die Eindrücke und Erlebnisse meiner bisherigen Fahrt belehrt, von der Industrialisierung mit all ihren negativen Begleiterscheinungen erfaßt zu werden. Das Streben nach Ausbeutung der natürlichen Reichtümer kennt keine Grenzen. Bald wird es auch in Kanada keine Oasen wirklich unberührter Natur mehr geben.

Ich begriff an diesem von Müdigkeit und Trauer überschatteten Abend so deutlich wie nie zuvor, daß die westliche Zivilisation wie ein Schimmelpilz die ganze Erde befallen hat und nicht mehr aufzuhalten ist, es sei denn, durch irgendeine grausige Katastrophe, die wahrhaftig niemand wünschen kann. Auch die Grünen, die Naturschützer und Kernkraft-Gegner werden nichts weiter erreichen, als daß einige Landschaften dieser Erde gleichsam als Museen einer unwiederbringlich verlorenen, »natürlichen« Vergangenheit aus der früher oder später unvermeidlich werdenden wirtschaftlichen Nutzung ausgespart werden. Längst ist es ja nicht nur die westliche Menschheit, die die gründliche Verwandlung und Ausbeutung der Natur auf ihre Fahnen geschrieben hat. Der europäisch-amerikanische Geist breitet sich in allen Ländern der Erde aus. Der Sowjetismus rechnet auch dazu.

Nein, auch über die nur scheinbar unermeßlichen Weiten des mir so vertrauten und ans Herz gewachsenen kanadischen Nordwestens hat die kühl rechnende Moderne längst ihr Netz ausgeworfen und zieht es von Jahr zu Jahr immer enger zusammen. Ich hinkte mit meiner seit Jahrzehnten gepflegten Begeisterung für die »unberührte Wildnis« lediglich der Zeit – und der Wahrheit! – hinterher. Im hellen Licht der Vernunft betrachtet, gibt es die Wildnis nicht mehr. Und selbst in der Tundra des Nordens oder in den wegelosen Weiten des Yukon – und mehr noch des Nordwest-Territoriums, wo noch kein Mensch gesichtet worden ist, selbst dort ist das Land Planquadrat für Planquadrat längst überflogen und mit ungemein intelligent ausgedachten Meßinstrumenten abgetastet worden – nach Erdöl, Erdgas, Kupfer, Eisen . . . Nirgendwo, auch in Kanada nicht, hat die Erde ihre Geheimnisse behalten dürfen. Man hat sie ihr überall entrissen.

In dem trostlosen Motelzimmer, in dem es noch nach den Zigaretten des Vorgängers roch und im Duschraum nach seinem Rasierwasser, wurde mir bewußt, daß selbst am alleräußersten Rande der Zivilisation, hinter dem Tatlayoko-See, am eintönig und gleichmütig zu Tal rauschenden Nestetuko, Mart Moore, ein Waldläufer und guter Mann, damit beschäftigt gewesen war, die Zufahrt zu einer alten Goldmine und die Mine selbst wieder freizulegen: Der gestiegene Goldpreis würde den erneuten Abbau abermals rentabel machen. Mit der Abgeschiedenheit der Moores, auf die Iris so stolz war, würde es bald vorbei sein. Eine Straße zum Butte Inlet würde gebaut werden, mit Anschluß an die bereits existierenden Straßen zum Tatlayoko-See. Und die Touristen würden nicht ausbleiben – und die »Sportjäger und Fischer«.

Und ich selbst – was tat ich denn anderes, als wenigstens mit Vierrad-Antrieb befahrbare Autostraßen zu fordern, sie auszuprobieren, um damit andere Menschen, die gleich mir in sentimentaler oder romantischer Verdrehtheit nach Einöde und Stille verlangen, in ebensolche Landschaften zu locken? Mit der Einsamkeit war es dann mehr oder weniger endgültig vorbei; die Stille wird durch die Geräusche des technischen Zeitalters zerstört!

Wie ich mich auch drehen und wenden mochte, ich kam aus den Widersprüchen nicht heraus. Ich beklagte bitter das Dahinschwinden aller ursprünglichen Landschaften Kanadas und der ganzen Welt, wollte aber andererseits weder auf das Auto noch auf elektrischen Strom, Telefon, auf Bank- und Scheckverkehr und schnelle Verbindung per Bahn oder Flugzeug auch nur im Traum verzichten. Wir können es auch gar nicht mehr, es sei denn, wir würden aus unserer Zivilisation aussteigen, sie selbst zerstören.

Plötzlich erfaßte mich eine geradezu verrückte Sehnsucht danach, die »ewigen Wälder«, die »unermeßlichen«, hinter mir zu lassen, aus denen nun doch Stamm für Stamm das beste Holz herausgeschlagen und von furchterregenden Riesenlastern in die Säge- oder Papiermühlen transportiert wird. Ist es nicht grotesk, wenn die großen Holzverwertungs-Gesellschaften, wie etwa Weyerhäuser, sich rühmen, für jede gefällte Riesenzeder oder tausendjährige Douglasfichte zwei neue gepflanzt zu haben? Die neuen werden nie zwei- oder dreitausend Jahre alt werden! Wenn sie mit achtzig oder hundert Jahren »schlagreif« geworden sind, werden die gleichaltrigen Bestände abgeholzt. Die Urwälder, die uns heute noch entzücken, die Hunderttausende jährlich aus Europa und dem amerikanischen Osten in den fernen Westen locken – ach, die »ewigen Wälder«, von denen wir Macher und Opfer der westlichen Zivilisation alle träumen und fabeln, sie werden dann ein für alle Mal vernichtet sein. Sie wurden zu Dachbalken, Furnieren, Zeitungen oder Pappkartons verarbeitet.

Hatte ich nicht die wüstenhafte Senke zwischen den beiden Gebirgszügen im amerikanischen Westen auf meine recht unwissenschaftliche Weise erkunden wollen? Immer noch steckte ich in den schon allzu oft von mir berufenen »unermeßlichen Wäldern«, die unter dieser Bezeichnung bereits den allerfrühesten Chronisten unter den europäischen Einwanderern Alpdrücken bereitet haben. Ich hätte nicht über den Adam's Lake und über Revelstoke nach Süden fahren, sondern mich schon beim Shuswap Lake südwärts wenden müssen, durchs Tal des Okanagan, wo die westamerikanische Trockenzone mit einer langgestreckten Zunge weit nach Norden ins Kanadische vorstößt. Es durfte keine weiteren Umwege mehr geben.

Hinaus aus dem Gefängnis der Wälder! Ich wollte endlich wieder weit sehen können, mir den Wind der Ebenen durch mein – leider! – spärliches Haupthaar wehen lassen.

11. Malheur, Donner und Blitzen, Steens Mountain

Wer von Kanada aus in die Vereinigten Staaten einreisen will, sollte unbedingt einen der kleinen, nur auf genauen Autokarten verzeichneten Grenzübergänge benutzen und nicht die üblichen großen, wo täglich Tausende von Autofahrern die Grenze in beiden Richtungen passieren. Das Land, das man gerade verläßt, kümmert sich um den Ausreisenden überhaupt nicht. Um so genauer wird man dann nach dem Passieren des Schlagbaums als Einreisender unter die Lupe genommen. Bona-fide-Touristen, wie man sagt, haben kaum Schwierigkeiten, dürfen sich drei Monate, auf Antrag auch mehr, ohne Visum in Kanada aufhalten. Die USA zeigen sich zurückhaltender, verlangen auch von Bona-fide-Touristen ein Visum, stellen es jedoch wesentlich großzügiger als die Kanadier für einen längeren Zeitraum aus, wenn man den entsprechenden Wunsch einigermaßen plausibel machen kann.

Als ich in dem winzigen Dorf Danville über die Grenze ging, um auf die wenig befahrene, abgelegene Washington-Staatsstraße Nr. 21 zu gelangen, die mich auf geradem Weg aus den Wäldern hinausbringen sollte, empfing mich am US-amerikanischen Zollhaus ein Schild mit der Aufschrift: »Weiterfahrt ohne Abfertigung nicht gestattet und strafbar. Der zuständige Beamte hat auch die Zollabfertigung der Güterzüge auf dem Grenzbahnhof zu erledigen. Falls er nicht anwesend ist, bitte Klingelknopf drücken und warten!«

Das war einleuchtend. Gut amerikanisch, dachte ich. Dem Bürger wird wenigstens klar gemacht, warum er warten muß.

Das gefiel mir. Ich wartete also, setzte mich, nachdem ich mein Auto unter dem Vordach des Zollgebäudes geparkt hatte, auf eine Bank nebenbei und ließ mich von der warmen Herbstsonne bestrahlen. Bienen und Hummeln summten in den sich bereits golden färbenden Büschen, der Wind raschelte im Laub hoher, alter Bäume, im Gezweig dunkler Fichten. Ein Hund trottete gemächlich über die Straße, hielt erstaunt inne, als er mich auf der Bank sitzen sah, wedelte mit dem Schwanz und suchte offenbar Anschluß. Ich gab ein paar einladende Laute von mir. Das struppige Tier trabte herbei, legte mir nichts, dir nichts den Kopf auf mein Knie und blickte mich aus schönen, dunkelbraunen Hundeaugen verständnisvoll an, was mich natürlich bewog, ihm Schädel und Nacken freundlich zu kraulen, ihm gut zuzusprechen und seine weichen, langen Ohren durch meine Finger gleiten zu lassen. Das Hündchen schien solche Zuneigung sehr zu genießen und beharrte darauf, den Kopf auf meinem Knie ruhen zu lassen. Dagegen hatte ich nicht nur nichts einzuwenden, sondern fühlte mich in den mächtigen USA auf angenehmste Weise willkommen geheißen.

Doch außer dem Spaniel kümmerte sich beträchtliche Zeit niemand um meine Anwesenheit. Das Dorf schlief, weit und breit ließ sich kein Mensch blicken. Aus unbestimmter Ferne drang lediglich von Zeit zu Zeit – gedämpft zwar nur, aber unverkennbar – ein stählernes Klinken und Stoßen durch die grüne Kulisse der Gärten ringsum zu mir herüber, das Geräusch schwerfällig rangierender Waggons. Dort mochte der Herr Grenzbeamte, auf den ich wartete, beschäftigt sein, wenn das Schild an seiner Office-Tür nichts Falsches kundgab. Ich war also nicht aus Übermut oder gar Schikane zum Warten verurteilt.

Merkwürdig, wie es mir da erging. Kanada hatte mich diesmal irgendwie enttäuscht, hatte mir Kummer bereitet, und ich war am Schluß beinahe wie gehetzt über Nakusp, Castlegar und Grand Forks zur Grenze gefahren. Hier nun, auf US-amerikanischem Boden, fühlte ich mich wie zu Hause. Jenes sonderbare Unbehagen, das mich in all den vergangenen Wochen bedrückt hatte, war wie mit einem Zauberschlag von mir gewichen. Die heitere Gelassenheit, die zum Reisen gehört, wenn es wirklich Freude bereiten und vor allem Einsichten und Erkenntnisse bringen soll (und darauf läuft ja mein Handwerk hinaus), diese wohlgelaunte Offenheit für alles, was einem von rechts und links über den Weg läuft, war mit einem Mal wieder in mir lebendig geworden, als hätte sie sich niemals verschüchtert in die Ecke drängen lassen.

So wurde ich auch überhaupt nicht ungeduldig, sondern ließ mich gute fünfzig Schritt auf der richtigen, der amerikanischen Seite der imaginären Grenzlinie von der Sonne wärmen, gönnte mir und meinem Cherokee die unvorhergesehene Atempause.

Da ich zu den unerfreulichen Leuten gehöre, die sich selbst ständig beobachten und in Frage stellen, interessierte es mich, warum ich in diesem Jahr 1980 das seit mehr als einem halben Jahrhundert von mir verehrte Kanada wie eine geheime Bedrückung empfunden hatte und mir die Vereinigten Staaten nun wie ein Hort des Friedens und der Freundlichkeit vorkamen, was sie, wie alle Staaten des Westens, heutzutage in Wahrheit gar nicht sind, falls sie es überhaupt je waren.

Vielleicht hatte ich in Kanada allzu stark empfunden, daß das große Land mit dem Ahornblatt im Wappen sich selbst in die Gefahr hineinmanövriert hat, in mehrere Teile auseinanderzubrechen. Nicht bei den offiziellen Vertretern – die halten sich zumeist (noch) vorsichtig zurück –, wohl aber bei den »Normalbürgern« im Westen, am stärksten in Alberta und British Columbia, waren Bitterkeit, ja Haß gegenüber der Bundesregierung in Ottawa deutlich zu spüren. Andererseits war mir die Unnachgiebigkeit, mit der vor allem Alberta auf der alleinigen Nutzung seiner erst unlängst entdeckten Bodenschätze besteht, unangenehm aufgefallen. Die Menschen in Alberta oder British Columbia, aber auch in den Provinzen Saskatchewan und Manitoba schienen die einstmals so begeisternde Idee eines Kanada »von Meer zu Meer« um des Geldes willen in den Wind zu schlagen, wollten den Gesamtstaat nicht an ihrem neuen Reichtum teilhaben lassen.

Sicher hätte sich der Zorn im kanadischen Westen über den Osten nicht derart ins Extrem gesteigert, wenn nicht zuvor die Frankokanadier in Québec den Austritt aus dem kanadischen Bund oder zumindest weitgehende Autonomie zu ihrem obersten politischen Ziel erklärt hätten. Die Frankokanadier Québecs legten es offenbar darauf an, die vielen unter ihnen lebenden Kanadier englischer Muttersprache und die von diesen gegründeten und geleiteten Firmen aus der Provinz hinauszugraulen – was ihnen ja auch weitgehend gelungen ist. Das überwiegend frankokanadische Montréal verliert seine englischsprachigen Einwohner, und das ausschließlich anglokanadische Toronto nimmt an

Einwohnerzahl ständig zu. Ottawa hat nach Meinung des kanadischen Westens den intransigenten Frankokanadiern in Québec bereits viel zu große Zugeständnisse gemacht.

»Wir sollen alle Französisch lernen«, sagte mir ein erboster höherer Staatsbeamter im Westen. »Aber die da in Québec verbieten das Englische, wo sie nur können. Sie verlangen ›Souveränität‹, ohne klar zu sagen, was damit gemeint ist. Sie wollen den vor den Toren Québecs verlorenen Siebenjährigen Krieg nicht nur ungeschehen machen, sondern noch nachträglich gewinnen. Gesamt-Kanada, das doch ein englisches Land ist und die Krone von England auch als seine Krone betrachtet, ist den Frankokanadiern gleichgültig. Sie sagen es endlich ganz offen und wollen sich absetzen. Damit wäre Kanada erledigt – und man braucht sich nicht zu wundern, wenn man sich im Westen, der nun die ganze Rechnung bezahlen soll, allmählich auch zu der Erkenntnis durchringt, daß ein *Canada a mari usque ad mare* leider nicht zu verwirklichen ist.«

Besonders verhängnisvoll erscheint mir, daß sich der tiefe Gegensatz zwischen dem Osten und Westen Kanadas nun auch mit einer Schärfe sondergleichen in der Parteienstruktur des Landes niedergeschlagen hat. Die vier großen, an Bodenschätzen reichen Westprovinzen haben überwiegend konservativ gewählt, die sechs östlichen Provinzen, die – von dem geschäftigen, industrialisierten Ontario abgesehen – nicht übermäßig mit Glücksgütern gesegnet und auch dichter besiedelt sind, haben sich mit starker Mehrheit für die liberale Partei entschieden, die unter Premierminister Trudeau, der englisch und französisch gleich gut spricht, einen Ausgleich mit den Frankokanadiern der Provinz Québec anstrebt.

Die Gegensätze zwischen dem kanadischen Westen und dem Osten sind so grundsätzlicher Natur und derart mit Emotionen belastet, daß ein Ausgleich schwer vorzustellen ist. Man kann nur noch hoffen, daß im Westen wie im Osten die Vernunft siegen wird. Wie in vielen westlichen Demokratien unserer gefährdeten Gegenwart scheint auch in Kanada die Bereitschaft zum Kompromiß, zum verständigen Ausgleich immer mehr abhanden zu geraten. Intelligenz, Reichtum, Fleiß und Glück nutzen auf die Dauer nicht viel im Leben der einzelnen wie auch der Staaten, wenn sie nicht durch die Rücksicht auf den andern, die wechselseitige Anerkennung der jeweiligen Interessenlage der anderen Gruppe ergänzt werden.

Ein Tourist braucht sich natürlich wegen der Probleme des heutigen Kanada nicht weiter aufzuregen. Ich meine allerdings, daß eine so weite, kostspielige und auch strapaziöse Reise wie die in den amerikanischen Westen und Nordwesten gar nicht lohnt, wenn man lediglich eine Sammlung von Erinnerungen an grandiose Landschaften und farbenprächtige Indianersommer mit nach Hause bringt. In Kanada wohnen Menschen – viele davon deutscher Herkunft und nach drei oder vier Generationen immer noch unverkennbar deutsch geprägt –, die mit dem, was sie tun oder lassen, auch unser Schicksal mitbestimmen. Deshalb kann uns die Zukunft ihres Landes nicht gleichgültig sein.

So saß ich nun in Danville auf der Bank am US-amerikanischen Zollhaus, fühlte mich erleichtert, die kanadischen Querelen vorerst hinter mir zu haben, und wartete geduldig in der warmen Herbstsonne auf den amerikanischen Zollbeamten, der da kommen sollte.

Doch lange kam gar nichts. Amerika schien in einen wohligen Schlaf versunken zu sein. Immerhin wollte ich an diesem zauberhaften Tag auf der 21 noch ein gehöriges Stück nach Süden vorankommen, möglichst bis Republic oder sogar über Keller hinaus, und mit der Fähre den Columbia überqueren, dem ich da unten am Südrand der Colville-Reservation wieder begegnen würde.

Ich überlegte bereits, ob ich mich nicht lieber auf die Suche nach dem Herrn Paß- und Zollinspektor begeben sollte. Vielleicht konnte er sich gar nicht vorstellen, daß auf seiner entlegenen Grenzstation ein Fremder in die USA einreisen wollte. Ich brauchte wohl nur dem dumpfen Geräusch der beim Rangieren aneinanderstoßenden Güterwaggons nachzugehen, um meinen Mann aufzutreiben. In der Tat, nichts und niemand hätten mich daran gehindert, samt Auto und allem Gepäck in die Vereinigten Staaten einzureisen. War ich erst einmal auf der 21 nach Süden unterwegs, würde mich niemand mehr nach dem Woher und Wohin fragen, wenn ich den Anschein eines normalen, gottesfürchtigen US-Amerikaners wahrte, was mir nicht schwer fällt. Nur hätte ich dann in den Vereinigten Staaten bleiben müssen, *for good,* wie man sagt, für immer und ewig. Vorläufig aber stand mir danach noch nicht der Sinn. Ich wollte auch wieder hinaus. Dann muß man beim kanadischen Grenzer den Schein abliefern – manchmal! –, den man bei der Einreise in die Staaten vom amerikanischen Kollegen erhalten hat. Und daß der kanadische Grenzer auch gerade Kaffee trinken gegangen ist oder Güterwaggons verplombt, darauf kann man sich nicht verlassen. Außerdem gebe ich mir gern den Anschein, ein gesetzestreuer Bürger zu sein – wozu man als Gast in einem fremden Land auch allen Grund hat.

Doch dann geschah das kaum noch Erwartete. In der Ferne bog als erstes Zeichen menschlicher Präsenz in Danville ein Ford-Truck auf die Straße ein und näherte sich in einem Tempo, das ganz sicherlich die erlaubte Höchstgeschwindigkeit weit übertraf. Das konnte eigentlich nur der sehnlichst von mir herbeigewünschte Grenzbeamte sein. Er war es, sprang von seinem Sitz herunter, nachdem er den schweren Wagen kreischend neben dem Zollgebäude zum Stehen gebracht hatte, und kam mit großen Schritten zu mir herüber:

»*Well, well, well,* Nummernschild aus Ontario! Fern der Heimat! Kommen Sie herein! Das werden wir bald haben. Und haben Sie Verständnis dafür, daß es so lange gedauert hat. Um diese Zeit muß ich immer den Güterzug kontrollieren, der zweimal am Tag hier die Grenze passiert. Sonst hätte ich Sie gleich abgefertigt, das heißt, wenn ich nicht gerade mangels anderer Beschäftigung vor meinem Haus wieder einmal den Rasen gemäht hätte. Ich kann die Meldeglocke zu mir umstellen. Meine Frau nimmt es immer sehr genau mit dem verdammten Rasen!«

Unter derlei Geplauder schloß er seine schmucke Grenzerklause auf, vor der mein Cherokee immer noch geduldig wartete, begab sich hinter seinen Schalter, während ich mich als Bittsteller davor aufbaute – mit gezücktem Reisepaß, den Autopapieren und so weiter.

»Heiliges Kanonenrohr! Sie sind ja gar nicht aus Ontario, sondern aus Europa. Das ist mir hier noch nicht vorgekommen. Sie müssen unbedingt eine Tasse Kaffee mit mir trinken. Und Sie haben so lange warten müssen! Wenn ich das geahnt hätte, dann hätte ich den Güterzug warten lassen. Paß in Ordnung, zu verzollen haben Sie natürlich nichts.

Thoughts are free of duty any way! Hoffentlich schmeckt Ihnen mein Kaffee. Zucker ist auch vorhanden. Nehmen Sie Milch?«

Weiß der Himmel, der junge Mann gefiel mir. Älter als dreißig war er kaum. Er besaß jene frische, unbekümmerte Aufgeschlossenheit, die man beinahe herzlich nennen kann und die viele junge Amerikaner auszeichnet. Die Freiheit der Staaten ist da unmittelbar zu spüren, und auch die Gleichheit, so wie sie im besten Amerika von jeher bestand.

Ich bekam richtig Lust, in die Vereinigten Staaten zu fahren – und dort nach noch wahrhaft unberührten Landschaften zu suchen.

Zum Abschied sagte ich zu dem jungen Mann, als er die notwendigen Formulare schnell und sicher ausgefüllt und mir die Paßbegleitkarte in meine Papiere geheftet hatte:

»Dank für alles, *Officer,* für Papier, Kaffee und freundliche Behandlung! Es ist eine Wohltat, so angenehm und korrekt in einem fremden Land willkommen geheißen zu werden. Das passiert einem nicht überall!«

Er kratzte sich am Hinterkopf und lachte:

»Nun, ich tat mein Bestes. Manchmal ist das Beste nicht gut genug. Aber in diesem Fall habe ich's offenbar geschafft. Also ich wünsche Ihnen eine gute Reise und eine glückliche Rückkehr nach Deutschland. Und, bitte, vergessen Sie nicht, die zulässige Höchstgeschwindigkeit von fünfundfünfzig Meilen in der Stunde auf allen Wegen und Straßen zu beachten!«

Er trat noch vor die Tür des Zollhauses, während ich mich schon in meinen Sitz hinter dem Steuerrad hinaufschwang. Wir winkten uns lachend zu, waren offensichtlich beide mit der eben geschlossenen und beendeten Bekanntschaft zufrieden.

In gehobener Stimmung und voller Erwartung rollte ich südwärts davon, auf der schnell in herbstbunte Wälder tauchenden schmalen und gewundenen, aber völlig verkehrslosen US-21.

Die Vereinigten Staaten hatten mich auf denkbar freundliche Weise empfangen. Ich mochte bleiben, solange ich wollte, fahren wohin ich wollte. Was wollte ich mehr!

Wie ging mir das Herz auf, als ich endlich auf der Fahrt nach Süden die endlosen Wälder, die engen, kühl durchwehten Bachtäler, die kurvenreichen Bergstraßen hinter mir gelassen hatte! Mir saß immer noch der Widerwillen in den Knochen, den vierzehn Tagen zuvor eisiger Schnee und alle Farben erstickendes Schneegestöber in mir erregt hatten, dort oben auf der Fahrt von Terrace nach Watson Lake und Whitehorse, und tausend Kilometer hinunter nach Fort St. John.

Endlich vermochte der Blick ungehindert zu schweifen – von Regen oder Schnee war keine Rede mehr. Der Wüstensalbei stand am Straßenrand, blühte hier und da verschwenderisch in blaßgoldenem Blütenschaum. Salbei bedeckte, so weit das Auge reichte, in locker stehenden, mit Grasbüscheln durchsetzten olivgrünen Stauden den kiesigen Boden, der überall in großen Flecken zum Vorschein kam, gelb, trocken, hart.

Einöde gewiß, aber welch ein Zauber ging von ihr aus! Sie wollte ich wiedersehen, nachdem ich mich auf vergangenen Fahrten langsam an das Wesen der Großen Amerikanischen Wüste herangetastet hatte – und ihr schließlich verfallen war wie einem sanften Rausch.

Eine Einöde – und doch finden hier Schaf- und Rinderherden Nahrung, ja, um den Malheur- und den Harney-See unterhalb des kahlen Steens-Gebirges existiert sogar eines der tierreichsten Schutzgebiete in den Vereinigten Staaten, das *Malheur National Wildlife Refuge*. Es liegt vierzig bis sechzig Kilometer südöstlich von Burns, dem einzigen Städtchen in dieser einsamen, menschenleeren Gegend. Burns hat etwa dreitausenddreihundert Einwohner, ist also eine wahre Großstadt in der Oregon-Wüste, einem Gebiet von dreihundertfünfzig mal dreihundertfünfzig Kilometern Ausdehnung, grob gerechnet.

Nur zwei Straßen erschließen in Nord-Süd-Richtung das Harney-Becken, die Bundesstraße 395 (abgekürzt: US-395) und die Staatsstraße 78 (abgekürzt: Oregon-78), die schließlich in die US-95 einmündet; nur eine Straße durchquert das Gebiet von Osten nach Westen, die US-20. Das gewaltige Becken ist in drei *counties* unterteilt, Landkreise, die so groß sind wie kleine europäische Staaten, im Westen Lake County, in der Mitte Harney County und im Osten Malheur County. Harney County ist mit einer Fläche von über 26.000 Quadratkilometern größer als acht Staaten des US-amerikanischen Ostens, beherbergt aber nur 7.800 Menschen, von denen die Hälfte allein in Burns lebt. Im übrigen Harney County stehen also im Durchschnitt jedem einzelnen Bewohner über sieben Quadratkilometer zur Verfügung.

Felsen, Sand und Salbei sind die landschaftlichen Charakteristika des Harney-Beckens. Viel mehr gibt's nicht zu sehen, und dennoch kann von Monotonie keine Rede sein. Langgestreckte, hundert Meter und höher aufragende Riffe mit scharfen Kanten und jähen Abbrüchen stehen rechts und links der Straße von Burns zum Steens Mountain – oder legen sich quer. Dann muß die Oregon-205 im rechten Winkel abbiegen und auf waghalsiger Trasse den Grat der Bodenstufe erklimmen, um dann auf der anderen Seite wieder in die Ebene zurückzukehren. Pfeilgerade geht es dort weiter, die Fernsicht ist überwältigend. Auf der etwa zweistündigen Fahrt von Burns nach French Glen, wo die grobe Straße zum Steens-Gebirge abzweigt, ist mir nur ein einziges Auto begegnet.

Die Luft über der Salbei-Wüste leuchtet unwahrscheinlich hell und klar. Keine Wolke trübt den Himmel, dessen tiefes, sattes Azurblau den Augen wohltut. Es gibt keine Verschwommenheiten. Man kann unendlich weit sehen. Da, zur Linken, muß er auftauchen, der Steens Mountain, denke ich; in einer halben Stunde bin ich oben, wenn ich ein wenig aufs Gaspedal trete. Statt dessen dauerte es drei Stunden. Die Entfernungen schrumpfen täuschend zusammen; denn selbst noch am äußersten Rand des Horizonts erscheinen alle landschaftlichen Einzelheiten wie mit härtestem Griffel umrissen, winzig, aber in vollendeter Schärfe.

Immer wandern am Straßenrand die silbrig fahlgrünen Salbeibüsche vorüber, zu Tausenden, ja zu Millionen. Und wenn ich anhalte, aussteige und mich für eine Weile auf die Straßenböschung setze oder einen Felsblock erklimme, der vor Jahrtausenden von der hohen Kante des gewaltigen Riffs gebrochen und weit ins Vorland gerollt ist, dann umweht mich der zarte und herbe Duft der Wüstensalbei.

Der Steens Mountain war in Sicht gekommen, südöstlich und dann östlich meiner Route. Ein langgestreckter runder Rücken schob sich allmählich über der Kimm immer höher hinauf. Schroffe, spitze Gipfel oder Grate ließ er vollkommen vermissen, sah eigentlich nur aus wie ein etwas größerer Hügel, lagerte wie ein riesiges, träge ruhendes Tier über der grenzenlosen Ebene. Doch wußte ich, daß sich diese mächtige Erdplatte, von vulkanischen Gewalten vor geologisch nicht allzu ferner Zeit gebildet, zu einer Höhe von über dreitausend Metern aufreckt – höher als die Zugspitze! Die Erdkruste barst und heraus quoll aus der Tiefe zähflüssige Lava, die zum heutigen Steens Mountain erstarrte. Die Verwitterung tat dem Lava-Gebirge nicht viel an. Zwar laden die Regenwolken vom Pazifik her ihre Last an dem Gebirgsstock ab, während die etwa tausend Meter hoch gelegenen Ebenen des Harney-Beckens meist leer ausgehen. Das Wasser sammelt sich in den Sümpfen am Fuß des Gebirges oder fließt mit dem Malheur und Owyhee nach Osten, zum Snake. Das meiste jedoch verdunstet, versickert in der abflußlosen Wüste. So wurde der verhältnismäßig junge Steens Mountain von der Erosion nur wenig verändert. Lediglich die Eiszeiten haben ihm mit ihren Gletschern die Flanken zu tiefen, U-förmigen Tälern ausgehöhlt.

Nähert man sich dem Steens Mountain von Westen, hat man von der Ebene bis zum Kamm etwa sechsunddreißig Kilometer zurückzulegen – in der Luftlinie oder, wie die Amerikaner sagen, wie die Krähe fliegt.

Nach Osten beträgt der Abstand von der Oberkante des Rückens bis zur Hochebene nur fünf Kilometer. Man erkennt daraus, daß hier eine gewaltige Platte hochgekantet worden ist. Man findet diese im Englischen *fault* genannten Verwerfungen vulkanischen Ursprungs im gesamten Harney-Becken. Sie geben der Landschaft ein bewegtes, vielgestaltiges Antlitz; sie gleichen Stufen einer gigantischen Treppe, die zerschlagen wurde; die Stufen liegen nun verstreut umher, manche nur noch fünf Meter hoch, manche fünfzig oder fünfhundert – und weitaus die größte von allen ist der Steens Mountain. Alle diese Stufen ragen mit ihren Bruchseiten ohne Übergang oft senkrecht aus der Ebene auf.

Nach Nordosten steigt die Ebene – mit dem Steens Mountain in ihrer Mitte – langsam an zu den Vorbergen der Blue Mountains, jenem Gebirge, das um die Mitte des vorigen Jahrhunderts, als die Planwagen der Pioniere nach Nordwesten rollten, den Wagenkolonnen grausame Schwierigkeiten bereitete, wie sie die landhungrigen Siedler auf dem ganzen weiten Weg vom Mississippi und Missouri her nicht erlebt hatten.

Genaue Beobachtungen haben ergeben, daß jeder Anstieg um hundert Fuß aus der Tiefe des großen Beckens eine durchschnittliche Zunahme des zu erwartenden Niederschlags um einen halben Zoll, d. h. etwa 1,17 Zentimeter, bedeutet. Mit anderen Worten: Je höher das Land sich erhebt, desto mehr regnet es. Dies wiederum bewirkt, daß man allmählich aus einer steppenartigen Landschaft in eine Region mit Baumbestand kommt. Sobald mit ansteigendem Gelände vierzehn Zoll Niederschlag im Jahr (gleich 35,5 Zentimeter) erreicht sind, erscheint zunächst in vereinzelt stehenden Exemplaren jene Kiefernart, die dem ganzen amerikanischen Westen und Südwesten in den höheren Lagen das Gepräge gibt: die *Ponderosa Pine*. Auf einer Höhe von tausendfünfhundert Metern über dem Meeresspiegel entwickelt sich geschlossener Wald. Man braucht also in diesen Landschaften des amerikanischen Südwestens nicht nach dem Höhenbarometer zu schauen, um zu erfahren, wie hoch die Straße, über die man fährt, sich über dem Meeresspiegel erhebt. Wird sie von geschlossenen Beständen der rotrindigen Ponderosa-Kiefer begleitet, so hat man fünfzehnhundert Meter über Normalnull bereits überschritten.

Es gibt jedoch eine Ausnahme von dieser weithin gültigen Regel: den Steens Mountain. Er bleibt kahl, auch auf seiner höchsten Höhe von über dreitausend Metern. Es würde in diesem Rahmen zu weit führen, die geographischen und meteorologischen Ursachen für diese erstaunliche Erscheinung zu erörtern.

Auf eines jedoch sollte der Reisende, der mit offenen Augen unterwegs sein will, hingewiesen werden: Weil der Steens Mountain nicht von Wald bedeckt ist wie sonst alle vergleichbaren Gebirge im amerikanischen Westen, kann man nach allen Himmelsrichtungen unbehindert Ausschau halten. Je höher man steigt, desto weiter reicht der Blick in die Ferne und Tiefe. Und wer wie ich darauf angewiesen ist, das Auto zu benutzen, wenn er auf einen Berg gelangen will, kann auf den Steens Mountain hinauffahren. Er gehört zu den wenigen Bergen in Nordamerika, bei denen dies trotz ihrer Höhe möglich ist; vielleicht ist er sogar der höchste Berg dieser Art.

Allerdings, die Autofahrt auf den Steens Mountain ist nicht gerade ein Kinderspiel oder ein Sonntagsausflug. Der Fahrweg ist nur mit lokkerem, grobem Kies ausgelegt, an gefährlichen Stellen oft nur einspurig, über weite Strecken tief zerwaschen und steinig, bei Trockenheit überaus staubig. Man sollte schon ein Auto mit Vierradantrieb benutzen.

Die große Schleife zur Höhe des Steens Mountain beansprucht – selbst wenn man sich nirgendwo lange aufhält, um Ausschau zu halten – mehr als einen halben Tag, gerechnet von der Abzweigung der Oregon-205 bei French Glen und über den südlichen Teil der Schleife wieder zurück. Wer kein vierradgetriebenes Auto besitzt, sollte den Südabschnitt der Schleife auf alle Fälle meiden und auf dem Nord-Weg wieder nach French Glen zurückkehren; denn der Südteil ist, bei all seiner wilden Schönheit, nur äußerst schwer zu befahren: Schmal und gewunden führt die Straße an gähnenden Abgründen, an senkrechten Hängen entlang und verlockt gerade dort, wo der Fahrer der gefährlichen Straße seine ganze Aufmerksamkeit widmen sollte, zu Blicken über die Ebene, auf die Berge in der Ferne, den Wacholder-Berg, den Radreifen-Berg, den Eisen-Berg, den Enterich-Berg und wie sie alle heißen.

Sobald man bei der Anfahrt den Donner-und-Blitzen-Fluß überquert hat (er heißt wirklich so!), wird man auf einer großen Tafel am Straßenrand vor den besonderen Gefahren gewarnt, die einem möglicherweise am Steens Mountain erwarten: Plötzliche Wetterstürze mit Regengüssen, stürmische Schneeschauer, Gewitter können dem Reisenden oder Wanderer die Weiterfahrt oder auch die Umkehr erschweren oder gar verwehren. Jäh einfallende Winde drohen, ihn in den Abgrund zu reißen. Bremsen und Reifen des Autos sollten sich in musterhaftem Zustand befinden, ehe man sich auf die Fahrt zum Berg in der Oregon-Wüste begibt.

Wüste – ich stocke stets von neuem, wenn ich das Wort niederschreibe. Denn es wächst ja dort Salbei, und weiter oben hartes Gras; in manchen Senken finden sich schüttere Espen- und Erlenhaine. Aber zur Höhe hinauf setzt sich kahles, schwarzes Lava-Gefels und rotgelbe, steinharte Erde immer unduldsamer durch. Der Wind, der ständig das Gebirge umweht, findet keinen Widerstand mehr und fegt alles, was aufrecht steht, in die riesigen, tiefen Tröge hinab, die von den Gletschern der Eiszeit ausgeschliffen wurden. Doch gibt es im Harney-Bekken auch die sterile, absolut tote Wüste, so etwa die Alvord Desert östlich des Steens Mountain. Auf der blaßgelben Sandebene gedeiht kein einziger Halm. Nur der Wind, wenn er Sandwirbel über die Fläche tanzen läßt, täuscht ein wenig Leben vor. Sonst regieren hier unangefochten die mittags glühend heiße Sonne, der blanke Sand, das nächtliche Sterngefunkel.

Kein Zweifel, in der Alvord-Wüste im Osten des Steens, dort ist sie zu finden, Wüste im radikalsten Sinn des Wortes! Südlich von Steens Mountain haben vor etwa einem halben Jahrhundert die beiden Wald- und Wüstenläufer auf der Suche nach Gott weiß was, John Scharff und Glenn Mitchell, in einer längst verlassenen Hütte, an die Wand geheftet, ein langes, erstaunlich mühelos fließendes Gedicht gefunden. Irgendein längst verschollener Pionier, der versucht hatte wie manch ein anderer, im Harney-Becken zu siedeln und der Einsamkeit sein täglich Brot abzuringen, hatte die Verse geschrieben, als er den hoffnungslosen Kampf aufgab und sich zum Abschied rüstete. John Scharff und Glenn Mitchell, die sonst durchaus nicht poetisch veranlagt waren, haben klugerweise das Papier mit dem langen Gedicht gerettet und der Nachwelt überliefert, denn hier war vor ihnen einer vom Zauber der Oregon-Wüste gefesselt worden und hatte diesen Zauber zum Schluß besingen müssen in der Hoffnung darauf, daß ihn der Tod nicht ganz und gar überwinden würde, daß ihm vielmehr eine Fortexistenz nach dem Sterben beschert sein könnte. Die letzten beiden Verse des Gedichts lauten:

»And, if there is a choice of a place to spend
uncountable years to come,
I wish to be left to the desert's peace
and the warmth of the desert's sun.

For I know the soul that I once possessed
turned loose on a sagebrush sea
would hug spooky knees to a spectral chest
in ghostly ecstasy«

Gebändigter Columbia: der Mica-Damm.

Farm am Adam's Lake, British Columbia.

Wegweiser auf dem Steens Mountain.

Blick vom Steens Mountain.

Redwoods in Kalifornien *(Foto David Muench)*.

Ins Deutsche ist das wörtlich kaum zu übertragen; dem Sinn nach könnte man es folgendermaßen wiedergeben, und ich weiß nicht, was man Schöneres über die Wüste sagen könnte:

»Und, falls ich den Ort mir wählen kann,
wo ich zahllose Jahre der Zukunft abspulen muß,
so soll man mich dem Frieden der Wüste anvertraun
und der Wärme der Wüstensonne.

Denn ich weiß, die Seel', die ich einst besaß,
würde sie freigelassen über dem Salbei-Meer,
sie müßte ihre spukigen Knie an die Gespenster-
Brust drücken in geisterhafter Verzückung!

Als ich das erste Mal auf den Steens Mountain zu fahren versuchte – es ist schon einige Jahre her –, geriet ich auf halber Höhe in zähen, gelben Morast, der mir die Lust am Weiterfahren verdarb. Beim zweiten Mal kam ich trotz dichten Schneegestöbers bis auf eine Höhe von dreitausend Metern, hatte aber, wie auf einem schiefen Wegweiser zu lesen stand, bis zum höchsten Punkt der Bruchkante noch einige Kilometer weit zu fahren. Der Sturm raste mit solcher Wucht über den Berg, daß mein Auto – ich hatte angehalten, um zu überlegen, was ich tun sollte – hin und her schwankte wie ein Schiff bei schwerem Seegang. Als ich versuchshalber ausstieg, fuhr der Wind mit solcher Gewalt durch die offene Tür ins Wageninnere, daß ich fürchtete, mein Vehikel würde mir davonfliegen wie ein Luftballon. Ich mußte mich am Türrahmen geradezu festkrallen, sonst hätte mich der fürchterliche Luftzug davongewirbelt wie ein Stück altes Zeitungspapier. Die Schneekristalle stachen mir ins Gesicht wie hundert Stecknadeln. Zu sehen war schon auf dreißig Schritte nichts mehr. Nicht umsonst hatte mich vor zwei Stunden die große Tafel jenseits des Donner-und-Blitzen vor Wetterstürzen gewarnt! Nur nicht leichtsinnig werden! Wer von hier oben über die Kante geweht wird, den findet man da unten am Rande der Alvord-Wüste nie und nimmer wieder auf. Also drehte ich um. Der Wegweiser war zum Glück an einem Platz errichtet, wo man auch tatsächlich wenden konnte, wenn man sich dazu als der Klügere, der bekanntlich nachgibt, bewogen fühlte. Der Schnee behinderte mich auf der Rückfahrt nicht weiter, der Sturm fegte ihn von der Straße hinweg. Übel wurde es erst, als in tieferer Lage der Schnee in Regen überging und die sogenannte Straße sich in einen verschlammten Bach verwandelte. Aber der liebe Gott verläßt keinen braven Preußen. Ich kam unversehrt hinunter. Als ich mit – seelisch – gebrochenen Flügeln die Oregon-205 wieder unter mir spürte, schien schon wieder die Sonne. Der Steens Mountain allerdings war immer noch in eine graue Wolke gehüllt – und ich hatte erlebt, wie es im Bauch einer solchen Wolke aussieht. Der Berg hatte meinen zweiten Angriff ebenfalls abgeschlagen.

Am 10. Oktober 1980 – ich habe das Datum nicht vergessen, obgleich ich sonst, was Daten anbelangt, ein jämmerliches Gedächtnis habe – machte ich mich von Burns aus zum drittenmal auf den Weg. Ich war erst am späten Vormittag aufgebrochen, da ich meinen Proviant sowie Benzin und Briefmarken hatte ergänzen müssen – in Amerika hält man nichts von frühen Ladenöffnungszeiten, dafür aber um so mehr von spätem Ladenschluß. Viele Geschäfte sind sogar am Sonntag geöffnet.

Das Wetter ließ sich herrlich an. Die Sonne leuchtete warm von wolkenlosem, selig blauem Himmel. Ein milder Wind fächelte über die Weiten, und der Motor brummte so kräftig und brav, als wollte er mich beruhigen: Diesmal schaffen wir es! Er sollte recht behalten. Die Bruchkanten der Geländestufen glitten an mir vorbei, bald hoch, scheinbar wie Bergesrücken neben mir aufragend, bald in der Ferne gemächlich sich wölbend, bald aber auch quer zur Straße, so daß die 205 darüber hinweg zu klettern hatte.

Zur Linken blitzte der sanft geriffelte Spiegel des Malheur-Sees auf, hohes Röhricht drängte sich bis an die Straße heran. Wasservögel strichen in streng geordneten Pulks eilig vorüber. Das vom Steens herabströmende Regen- oder Schmelzwasser schafft um den Fuß des Berges nach Norden, Westen und Süden große Sumpfgebiete mitten in der unabsehbaren Trockensteppe und bietet Vögeln und sonstigen Tieren, die das Wasser lieben, eine geradezu ideale Heimat. Der Gegensatz zwischen der kargen, dürren Salbei-Steppe oder Wüste und der Überfülle tierischen und pflanzlichen Lebens in den Moor- und Sumpfgebieten entlang dem Donner-und-Blitzen und um Malheur- und Harney-See hat mir immer wieder vor Augen geführt, wie dicht beieinander auf unserer guten Mutter Erde Licht und Schatten, Armut und Reichtum, Öde und Üppigkeit beieinander wohnen, durch eine unsichtbare, aber scharfe Grenze voneinander getrennt; wie es gerade diese Widersprüche sind, die den nie erlahmenden Reiz des Daseins auf diesem kleinen, aber höchst erstaunlichen und sicherlich eine seltsame und vielleicht sogar einmalige Ausnahme unter den Himmelskörpern darstellenden Planeten ausmachen.

Ich brauchte meine Phantasie nicht allzu sehr anzustrengen, um mir angesichts der hüllenlos sich bietenden Landschaft des Harney-Basin vorzustellen, wie hier an vergangenen Tagen die vulkanischen Gewalten des Erdinnern nach oben drängten, wie die Kruste der Erde zu riesigen Tafeln zerbrach, die sich dann, wie es gerade kam, übereinander schoben und ihre scharfen Bruchkanten aufreckten.

Doch als ich da an diesem glorreichen 10. Oktober höchst einsam und vergnügt entlang rollte und mir vor lauter Lust an dem strahlenden Tag und der besonnten Weite eins pfiff, hatte sich die einst ungebärdige und aufrührerische Landschaft schon seit einigen tausend Jahren beruhigt, atmete einen goldenen Frieden aus, eine von leichter Melancholie durchsummte Heiterkeit, in welcher der Sinn sich badete wie in einer lauen Flut.

Ein Zug von Kranichen strich durchs Blau, irgendeinem nahrhaften Röhricht entgegen, zog über den Himmel wie ein langgedehnter Sehnsuchtsschrei. Und da war dann, unerwartet und ganz nahe hinter dem nächsten Vorgebirge oder Kap im trockenen Salbei-Meer der Ort French Glen mit seinem halben Dutzend von weißen Holzhäusern und der bescheidenen Erinnerung daran, daß man auch hier entgegen allem Anschein nicht aus der zivilisierten Welt herausgefallen war, was sich mit den Worten Benzin, Poststelle, Lädchen für alles und jedes, Wildnishüter-Dienststelle und sogar Grundschule umschreiben läßt; es mußte also sogar Kinder geben auf den weit verstreuten Ranches in der Gegend.

Ich hielt mich nicht auf. Ich wollte nicht allzu weit in die Nacht hineinfahren. Ich hatte ja noch viel auf dem Programm dieser Reise stehen, und jeder Tag war kostbar.

Man erlebt es immer wieder – obgleich ich's schon hundert oder tausendmal erlebt habe – als eine Art von leichtem Schock, wenn man von einer gut zementierten oder asphaltierten Landstraße auf einen unbefestigten, mit grobem Flußkies nur unzulänglich ausgelegten Nebenweg hinüberwechseln muß. Staub wölkt auf wie nach kleinen Explosionen, am Auto scheppert plötzlich dies und jenes, das sich bisher völlig still und brav verhalten hat – und man muß das Tempo um zwanzig oder dreißig Kilometer zurücknehmen, sonst prasselt der von den Rädern hochgeschleuderte Kies von unten gegen die Schutzbleche, daß es an dicht bestreuten Stellen des Weges klingt wie nahes Maschinengewehr-Feuer.

Aber nach einer Viertelstunde ist man wieder ins Alt-Kanadische oder Alt-Amerikanische zurückgekehrt und fährt schön sach- und fachgerecht, wie man eben auf den vermaledeiten Kiesstraßen fahren muß. Ich kenne noch die Zeiten – es ist viele Jahrzehnte her –, in denen man, zumindest in Kanada, von einem bis zum anderen Ozean quer durch den Kontinent, wo er am breitesten ist, auf solchen entweder übel staubigen oder ebenso übel schlammigen und stets rutschigen Kiesstraßen dahinfahren mußte.

Ich querte das flache, weithin verschilfte und verbuschte Tal des Donner-und-Blitzen. Von der Brücke her erblickte ich aus den Augenwinkeln, nur einen knappen Steinwurf weit entfernt, zwei schneeweiße Reiher im flachen Seitenwasser stehen und fischen. Sie nahmen von dem über die Brücke rasselnden Auto keine Notiz. Aber als ich anhielt, um sie vielleicht mit dem Teleobjektiv auf den Film zu fangen, hüpften sie anfliegend ein paarmal durchs Wasser und schwangen sich dann auf engelhaft weißen Schwingen dicht über den Uferbinsen davon.

Danach stieg der Fahrweg aus dem Flußtal hervor, die Feuchte blieb wie abgeschnitten zurück. Langsam, dann deutlicher ansteigend, nahmen mich die nach Westen ziemlich gleichmäßig abdachenden Hänge des Gebirges auf, von kargem Gras und ärmlichem Kraut nur locker verhüllt. Überall stand die schwärzliche vulkanische Erde an, von porösem, ungemein hartem Lava-Geröll gesprenkelt. Viele hundert Meter dick in vielen Schichten übereinander ist in diesem Land die Lava gebreitet. In solchem schwarzen Gestein nach Wasser zu bohren – hatte ich mir sagen lassen –, ohne das ja kein Vieh und keine Schafe gehalten werden können, bleibt stets ein Lotteriespiel. Die Bohrmeißel mögen brechen in diesem stahlharten Gefels, sie mögen vom Gestänge fallen und verloren sein, wenn die Bohrung plötzlich in eine der gar nicht seltenen Kavernen, Hohlräume, in dem vulkanischen Untergrund vordringt – und sie mögen schließlich doch keinen Tropfen Wasser erschließen. Aber ebensogut können sie plötzlich auf einen starken unterirdischen Strom herrlich reinen und wohlschmeckenden Wassers stoßen, der nicht einmal gepumpt zu werden braucht, sondern fließt und fließt, so daß das Vieh nicht nur seinen Durst daran zu löschen vermag, sondern der Rancher genügend Feuchte zapfen kann, mit der er ein großes Stück trockener Salbei-Steppe roden, bewässern, mit Alfalfa oder Lupine einsäen kann, um sein Vieh mit Winterfutter zu versorgen.

Kahl boten sich die Hänge dar. Nur in den ab und zu eingebuchteten Senken wuchs ein wenig Gebüsch; auch kleine Espenwäldchen tauchten in den flachen Schluchten auf. Steens steigt ja aus echter Niederungswüste ganz gleichmäßig durch viele Landschaftszonen bis hinauf zu arktisch-hochalpinen Lagen. Alle tausend Fuß ändern sich Bewuchs und auch Bewohner. Aber immer bleiben die Blumen; immer wieder andere, je nach der Höhenlage – und sie werden bescheidener, unscheinbarer, je höher hinauf man von der gröber, steiniger und zerwaschener werdenden Straße geleitet wird. Doch einige halten bis zur höchsten, der kältesten und windigsten Höhe durch, wie selbst ich, der alles andere eher ist als ein zünftiger Botaniker, beobachten konnte, Schafgarbe zum Beispiel, Steinkresse, Phlox und vielleicht auch, wenn ich mich nicht geirrt habe, so etwas wie Buchweizen mit zierlichen, winzigen Blütchen. Besonders dort, wo sich an den bald stärker, bald weniger stark geneigten Hängen in flachen Senken Feuchtigkeit halten konnte, sogar kleine Seen wie helle Augen zum Himmel blickten, bewiesen die Blumen, Kräuter und standhaften Gräser, daß das Leben nicht unterzukriegen ist und sich letztlich auch härtesten Bedingungen anzupassen vermag.

Ich könnte ein halbes Buch damit füllen, was an meinem sehr geliebten Steens Mountain an erstaunlichen Einzelheiten, an Besonderheiten und beinahe Wundern alles mitzuteilen wert wäre, wie er daliegt, ein gewaltiges, ruhendes Tier mit rundem Rücken und kräftig gewölbten Flanken, mitten eingelagert in die Salbei-Ödnisse des Harney-Beckens, von Westen her sanft und gleichmäßig sich hebend wie der Hang einer ungeheuer die Ebene überrollenden Riesen-Dünung, von Osten her aber furchterregend aufgereckt wie die Mauer einer uneinnehmbaren Felsenburg. Doch will ich nur berichten, was mir bei meinem letzten, endlich voll gelungenen Aufstieg bis zu der stattlichen Erhebung von 3.390 Metern, der äußersten Spitze des Berges, an Allerherrlichstem passierte. Bis zu dem letzten der 3.390 Meter kann man mit dem Auto nicht mehr hinauffahren; aber bis auf etwa fünfzig Meter unterhalb des Gipfels kommt man schon, wenn man leidlich strapazierfähige Nerven hat.

Ich mußte Dutzende von Malen anhalten, denn immer weiter und tiefer öffnete sich der Blick in die Ferne. Ich wußte so genau, als hätte ich es schriftlich garantiert bekommen, daß mich an diesem überirdisch leuchtenden Oktobertag das gute Wetter nicht im Stich lassen würde. Und es ließ mich auch nicht im Stich.

Zartestes Rauchblau war ausgegossen über alles, was die Augen in sich eintranken, die grenzenlosen Ebenen in der Tiefe ohne auch nur das leiseste Anzeichen menschlicher Wohnung oder Bemühung, die Berge in weitester Entfernung, wie Kegel geformt, vulkanischen Ursprungs also, die Bruchkanten der vielen Tafeln der Erdkruste, die von den Gewalten der Tiefe übereinander geschoben sind. Ich erkannte dies alles, denn nirgendwo gab es Wälder, welche die Linien der nackten Erde unter ihrem schwarzen Samt verhüllt hätten. Die Erde bot sich hüllenlos, von nichts anderem überhaucht, als einem allerzartesten Schleier, dem Flimmern der Atmosphäre.

Das sich mir immer großartiger öffnende Gebirge schien vollkommen verlassen zu sein. Kein Mensch, kein Auto zeigte sich. Grenzenlose, unsagbar herrliche Einsamkeit wie das Innere einer leise summenden Muschel über mich gestülpt. Braunes oder schwärzliches, immer groberes Gefels am Wegrand, an den Hängen rechts und links, von denen die Salbei-Büsche nach und nach verschwanden, braunen Gräsern und niedrigem Kraut Platz machend.

Der Weg schwang sich über eine Höhe und senkte sich dahinter in ein flaches Felsental. Unter dem Gefels einer Bruchkante war ein kleiner See aufgelaufen. Ein halbes Dutzend dürftiger Espen, ihrer Blätter schon beraubt, zeichneten das verschrobene Filigran ihres Astwerks gegen den Himmel. Ich trat auf die Bremse und hielt sachte an. Denn da am Wasser stillte eine kleine Herde von Mule-Deer, von »Maultier-Hirschen« gerade ihren Durst. Die schönen braunen Tiere mit den großen Ohren und den großen weißen Spiegeln am schwanzlosen Achterende hatten allesamt die Köpfe erhoben und blickten zu mir herüber. Sie schienen vor Autos keine Angst zu haben. Aber als ich die Tür öffnete – ich saß auf der falschen Seite –, um auszusteigen, sie besser beobachten und vielleicht fotografieren zu können, warfen sich die Tiere herum und trabten durch einen Engpaß in der Felsenwand, den ich bis dahin gar nicht wahrgenommen hatte, davon und waren verschwunden, als hätte es sie nie gegeben. Die großen Blässen an ihren Kehrseiten hatten noch einmal zum Abschied aufgeleuchtet wie lauter hellweiße Blinkfeuer.

Ich atmete tief auf. Die Begegnung zwischen Tier und Mensch war schnell vorüber, hatte mir aber das merkwürdig beglückende Gefühl beschert, in dieser wilden Einsamkeit willkommen zu sein, hatten doch die Tiere keine besondere Furcht oder Hast gezeigt, sich zu entfernen. Sie hatten mir lediglich nach der Ordnung der Wildnis den Platz an der Wasserstelle überlassen, nachdem ihr Durst gestillt war.

Weiter! Ein Wegweiser endlich auf blacher, westwärts geneigter Felsenfläche. In der Richtung, in die ich fuhr, hieß es »Blitzen Crossing«. Hier also zweigte der südliche Abstieg von der Höhe des Gebirges ab. Die Höhe an dieser Stelle war schon mit über 9.000 Fuß angezeigt. Ich konnte also dem Kamm mit 9.740 Fuß Höhe nicht mehr allzu fern sein.

Eine tief zerwaschene, sehr steinige Fahrspur führte nach links in weiter, schnell aufsteigender Schwingung einer Kammlinie zu, hinter der nichts weiter mehr zu sehen war als der Himmel. Nach Süden hin hob sich der Kamm sogar zu einer Spitze auf, offenbar dem allerhöchsten Punkt des Gebirges. Hier irgendwo mußte ich bei meinem letztvergangenen Versuch, Steens Mountain zu er-fahren, in dichtem Nebel, nässender, durchdringender Feuchte, den Kampf aufgegeben haben. Auf der eigenen Spur hatte ich mich dann ins Tal nach French Glen zurückgetastet.

An diesem Tage aber lachte die Sonne vom ungetrübten Himmel. Es verstand sich von selbst: Ich würde soweit bergauf fahren, wie das Auto eben noch über kopfgroße Steine und zerklüftete Spurrinnen hinweg zu bugsieren war und den Rest des Weges bis zum Gipfel zu Fuß, notfalls auf allen Vieren, zurücklegen.

Ich parkte mein Auto etwa zehn Schritt von der Kante des Abbruchs, einer weit hinausgeschobenen Felsenkanzel, auf einer geräumigen, mit Geröll bestreuten Platte, auf der zwischen den Brocken sich immer noch in hartgeballten Büscheln grobes Gras hielt.

Ich sicherte das Auto, legte zu allem Überfluß Steine vor die Räder. Denn wenn man vor lauter Begeisterung oder gar Verzückung vergißt, daß es westwärts fünfzig Kilometer weit immer bergab geht, man also vor dem Aussteigen die Bremsen anzuziehen und die Räder zu blockieren hat, dann mag sich der Wagen selbständig machen, dem Sog in die Tiefe folgen und schließlich irgendwo in gewaltigem Salto mortale zum Teufel gehen.

Ich durchmaß, zwischen den Steinen vorsichtig tretend, die letzten zehn oder zwanzig Meter zur äußersten Kante, stockte aber, bevor ich sie erreicht hatte. Denn schon konnte ich über sie hinwegsehen, sah aber nur, in allerfernster Ferne unscharf verschwimmend, als ein ganz blasses, schmales Band am Horizont einen Höhenzug gelagert, vielleicht die Schafskopf-Berge (Sheepshead Mountains) oder die Forellenbach-Berge (Trout Creek Mountains). Die Landkarte hatte mir verraten, daß sie da irgendwo zu finden sein mußten. Aber zwischen mir auf dem Kamm des Steens und den Bergzügen am anderen Ende der Welt – so wollte es scheinen – nichts!

Ohne jeden Übergang stürzte das ungeheure Riff – denn wie sonst wäre Steens Mountain mit einem Wort zu kennzeichnen – eine Meile tief ab. Ich traute mich nicht näher als bis auf zwei Schritt an den unheimlich saugenden Abgrund, versuchte auch zu fotografieren, wußte aber schon im voraus, daß dieser in eine kaum erkennbare Tiefe stürzende Anblick und Ausblick mit keinem noch so ausgiebigen Weitwinkel einzufangen sein würde. Und sagte mir zugleich – und es befriedigte mich auf eigentümliche Weise –, wie trostreich es eigentlich ist, daß selbst die ausgeklügeltsten Wunder der heutigen Technik vor der Natur, wo sie sich in ihrer ganzen Großartigkeit offenbart, vollständig versagen müssen.

Ich ließ mich auf Knie und Hände nieder und rutschte, auf dem Bauch schließlich, dicht an die sehr scharf gerissene Kante heran und blickte über sie hinweg. Obgleich ich sicherlich nicht abstürzen konnte, raubte mir auch jetzt noch der Abgrund, über den ich eine Meile hoch hinausgehoben war, den Atem. Mit ungeheurer Gewalt mußte diese riesige Platte aus dem Erdmantel nach oben gedrückt worden sein, nachdem sie zuvor von der Lava anderer Ausbrüche überdeckt worden war. Denn die Felsbrocken auf dem kleinen Plateau, auf dem ich mein Auto abgestellt hatte, waren allesamt schwarz, zerlöchert, wie Glasflüsse glatt, poliert beinahe, aber auch mit scharfen Kanten, waren vulkanisch.

Wie lange ich da lag auf der Kante des Steens, ich weiß es nicht. Was mich schließlich auftrieb, war die Kälte, die mir langsam vom Boden her in die Glieder kroch. Die Sonne wärmte mir, der ich auf dem Bauch lag, nur den Rücken. Der Boden schien die Sonnenwärme nicht gespeichert zu haben. Es war so, wie es immer auf hohen Bergen ist: Die Sonne mag noch so warm erscheinen, wo sie auftrifft; im Schatten bleibt es eisig.

Ich wanderte die wenigen Schritte zu meinem Auto zurück. Ich mußte mich zwingen, darauf zu achten, wohin ich trat. In dem groben Geröll konnte man sich leicht die Knöchel vertreten. Aber an den Fingern einer Hand kann ich herzählen, wann und wo es mir vergönnt gewesen ist, den Blick so ungehindert, schier grenzenlos schweifen zu lassen, wie an jenem sonnigen 10. Oktober 1980 auf der Höhe des Steens Mountain.

Mittag war längst vorbei. Wenn ich nicht allzu weit in die Dunkelheit geraten wollte, mußte ich mich jetzt auf den Rückweg nach Burns machen, wollte ich doch die große Schleife über die Höhe des Gebirges in ihrem ganzen Umfang nach Süden und Westen ausfahren.

Aber als ich dann abgefahren war und wieder zum Hauptweg zurückkehrte, belehrte mich ein anderer windschiefer und verwitterter Wegweiser, daß erst der von ihm gekennzeichnete Abstecher zur allerletzten und höchsten Erhebung des Gebirges führte. Nun, eigentlich war ich schon angefüllt bis zum Rande, bis zum Überlaufen mit dem, was ich bisher schon gesehen hatte. Aber wenn ich, was ich nicht erwartet hatte, noch höher hinaufkommen konnte, als ich schon gekommen war, so wäre es gegen die Ehre gegangen, den letzten und äußersten Anstieg nicht wenigstens versucht zu haben.

Ich bog also abermals von dem Hauptweg ab und nahm die nun wirklich sehr übel werdende, tief zerschrundete und steinige Fahrspur unter die Räder. Ich hatte meine ganze Aufmerksamkeit darauf zu richten, den Wagen, ohne zu kippen oder ihn auf die Stahlplatte zu setzen, mit welcher seine Unterseite geschützt war, den steilen, zerklüfteten Hang hinauf zu bugsieren. Ich erreichte eine einigermaßen ebene, wenn auch sehr steinige Fläche, gerade groß genug, den Wagen darauf zu wenden, ohne der Gefahr, abzustürzen, allzu nahezukommen. Noch war hier die allerhöchste Spitze nicht erreicht. Neben dem Wendeplatz reckte sich eine für das Steens-Gebirge gar nicht passende, steile Felsenkuppe auf, deren Spitze nun in der Tat den 9.740ten Fuß bedeuten mußte; sie konnte ich mit meinem sonst so unüberwindlichen Jeep Cherokee nun wirklich nicht mehr gewinnen, obgleich etwas Ähnliches wie eine zerspülte Fahrspur auch auf diesen letzten fünfzig Metern zu erkennen war. Mein Auto hatte sich hervorragend gehalten, aber das Unmögliche wollte ich ihm nicht zumuten, obgleich ich überzeugt bin, es hätte auch das geschafft. Aber würde ich nach diesem allerletzten Anstieg wieder ein kleines Plateau finden, auf dem ich die Nase des Wagens wieder bergabwärts kehren konnte? Genug ist genug, dachte ich und stieg also aus.

Ich habe dann pflichtgemäß auch noch die letzten fünfzig Meter bis zum Gipfel erklommen. Ich wollte nicht bei 9.730 oder 9.735 Fuß den Kampf aufgeben. Nein, die vollen 9.740 Fuß wollten erobert sein. Doch so recht gefreut über meinen einsamen Sieg über den Berg, den ich mehr liebe als alle stolzen Gletschergipfel der Rockies, habe ich mich nicht. Die Fernsicht rundum war zwar überwältigend, aber der Wind, der dort oben wehte, schnitt wie mit Messern und schien es im übrigen darauf angelegt zu haben, mich mit den Spitzen dieser Messer in den Abgrund zu drängen. Mir wurde schwindlig. Ich ließ mich auf die Knie nieder und hielt mich an einem Felsen fest, gedemütigt von den 9.740 Fuß über dem Meeresspiegel. Ärgerlich wurde ich – über mich selbst natürlich: Du bist in den großen Ebenen des Ostens geboren und aufgewachsen, Johann, und Berge wie dieser hier machen dich nicht glücklich, sondern schwindlig. Krieche zurück und halte dich an deinem Auto fest!

Mir blieb gar nichts weiter übrig. Ich atmete erst auf, als ich wieder neben meinem Auto stand. Die unregelmäßige Pyramide der höchsten Steens-Zinne neben mir, von der ich soeben vorsichtig herabgestolpert war; ein paar Felsbarrieren vor mir und hinter mir die abschüssige, aber einigermaßen glatte Fläche, über die die Fahrspur zum Wendeplatz heraufführte – hier neben meinem Wagen war ich sicher, wenn mich auch keinen Augenblick das Gefühl verließ, 9.700 Fuß, wenn nicht mehr, über dem Meer zu sein.

Wie nach übergroßer Aufregung und Anstrengung spürte ich plötzlich einen Riesenhunger. Dem ließ sich leicht abhelfen. Ich war gut mit Proviant versehen, öffnete die obligate Büchse mit portugiesischen Ölsardinen (alle anderen sind keine Ölsardinen, die diesen Namen verdienen!), packte ein paar Scheiben westfälisches Schwarzbrot aus (das jetzt in vielen kanadischen und amerikanischen Delikatessen-Läden zu kaufen ist) und schälte mir zwei prächtige Orangen vom unteren Rio Grande.

Solch prächtiges Mahl brachte mich wieder zu mir, zumal ich auf meinem Wendeplatz leidlich vor dem schneidenden Wind geschützt war. Wie spät war es überhaupt? Wie? Schon fünf Uhr vorbei! In einer Stunde würde die Sonne untergehen. Diese Stunde würde bestimmt nicht reichen, zur 205 zurückzukehren, die auch nachts gut befahrbar ist. Und die Abfahrt über die Südschleife sollte selbst bei Tag *hairraisingly tricky* sein, haarsträubend heikel!

12. Einsamkeit

Ich brauchte nicht lange zu überlegen. Ich würde bleiben, wo ich war, über aller Welt und Wüste, bis morgen früh. Hier auf dem Kamm des Steens Mountain war ich so sicher wie in Abrahams Schoß – wenn ich auch nicht weiß, wie sicher ich da gewesen wäre. Ungestörter würde ich sein – *on top of the world* – als je zuvor in meinem Leben.

Allerdings fror ich schon jetzt, da die Sonne noch nicht einmal hinter den Horizont gesunken war. Aber das war kein Problem. Wollene Sachen führte ich zur Genüge mit, hatte ich doch auf den Yukon vorbereitet sein müssen. Und im ausgiebigen Laderaum meines Fahrzeuges war bei umgeklappten Hintersitzen Platz genug zum Schlafen. Gut gepolsterte Schlafsäcke hatte ich gleich vier an der Zahl im Gepäck. Die gibt es in den Staaten bei der Leidenschaft der meisten Amerikaner für *outdoors,* für das Leben unter freiem Himmel, in großer Auswahl und erstaunlich preiswert zu kaufen. Zwei Schlafsäcke als Matratze, einen zum Schlafen und den letzten als Reservedecke, falls man sich immer noch nicht mollig genug zur Ruhe begeben hat. Und eine zur Schlummerrolle zusammengelegte Hose unter den Kopf! Ich hatte das alles längst dutzendfach erprobt. Einen Kanister mit fünf Gallonen Wasser (nicht ganz 19 Liter) führte ich stets als Reserve mit, und auch eine kleine Schüssel für die Katzenwäsche am anderen Morgen.

In der Dämmerstunde, wenn es zum Schlafengehen noch zu früh, zum Umherspazieren bei dem steinigen Boden schon zu dunkel sein würde, konnte ich mich im Auto auf meinem Fahrersitz niederlassen, den Motor anlassen und die Heizung einschalten – kurz, ich würde es mir so angenehm und gemütlich machen, wie ich nur wollte. Und ganz gewiß würde ich nicht versäumen – um mein Wohlbefinden voll zu machen –, mir einen tüchtigen Schluck aus meiner »Stillen Reserve« zu genehmigen, einer Flasche Bourbon aus Kentucky, der mir von jeher besser geschmeckt hat als alle übrigen Whiskies.

Wie man sieht, war es viel weniger abenteuerlich, auf dem Kamm des Steens Mountain zu übernachten, als es auf den ersten Blick erscheinen mag. Man muß nur wissen, was man tut, und sich im voraus klar machen, was alles schief gehen könnte. Gewöhnlich geht auch dann noch etwas schief, was nicht vorauszusehen war.

Ich sagte mir, daß ich das bereits in der vergangenen Nacht belegte Hotelzimmer unnötig vorausbezahlt hatte. Dafür kostete aber mein großartiges Quartier auf dem Steens Mountain keinen roten Heller. Ich verlor also nichts. Übrigens, wenn man glaubt, unterwegs ständig rechnen zu müssen, dann soll man lieber in seiner Dreizimmerwohnung auf der Prinz-Heinrich-Straße bleiben.

Ich schlug die Augen auf, war plötzlich so wach, als hätte mich ein lauter Ruf geweckt. Ich lauschte. Doch nichts regte sich. Die Stille war so absolut, wie sie es in bewohnten Gegenden niemals sein kann. Neumond war gerade erst vorbei. Die schmale Sichel des zunehmenden Mondes war längst in den Weltenraum hinter dem Horizont getaucht. Ich konnte, so wie ich lag, durch das Autofenster dicht über mir einen Ausschnitt des Nachthimmels überblicken. Ich erkannte das Hinterende des Großen Wagens – und da stand er auch, der Tröster in allen klaren Nächten auf der Nordhalbkugel, der verläßliche Polarstern, der einen Verirrten nie im Stich läßt, auch wenn alle übrigen Wegzeichen versagen.

Irgend etwas hatte mich geweckt, ich wußte es. Wenn es ein Ruf oder sonst ein Laut gewesen war, so wollte er sich nicht wiederholen. Die Stille blieb abgrundtief. Was also hatte mich so jäh aufgestört? Ich wikkelte mich aus meiner Hülle, kroch ins Freie, was ein bißchen mühsam war, nahm den aufgefalteten Schlafsack mit, denn draußen würde es sehr kalt sein; ich würde mir die gesteppte Decke gleich um die Schultern schlingen.

Das Sternenlicht in der ungemein klaren Luft war so hell, daß ich an dem Maximum/Minimum-Thermometer, das ich am Abend zuvor auf die Motorhaube gelegt hatte, ablesen konnte, wie gründlich sich die Wärme des vergangenen Tages in den Weltenraum verflüchtigt hatte –

nicht einmal so gründlich, wie ich es erwartet hatte: Die Quecksilbersäule war nur auf minus zwölf Grad gefallen. Der Wind in dieser Nacht hatte sich völlig gelegt. Die dünne, eisige Luft über dem Steens Mountain stand still, als hielte die Welt den Atem an. Ich spürte die Kälte kaum.

Gerade wollte ich mein Thermometer wieder auf die Motorhaube zurücklegen, da geschah es zum zweitenmal. Das war es, was mich zuvor geweckt hatte: Ein silberner Blitz leuchtete am Nordhimmel auf und fuhr in strahlender Kurve zum Horizont hinunter, verlosch funkensprühend, ehe er ihn erreicht hatte. So himmlisch hell hatte sich die strahlende Erscheinung durch die Nacht geworfen, daß noch für Sekunden danach alle übrigen Sterne ausgelöscht schienen. Erst allmählich tauchten sie wieder auf. Eine derart hell strahlende Sternschnuppe hatte ich noch nie erlebt. Täuschte ich mich, oder hatte ich wirklich ein elektrisches Knistern vernommen, als der verglühende Meteor aus dem Weltenraum für zwei, drei Sekunden die Dunkelheit in ihr Gegenteil verkehrte? War es nicht so sehr das plötzlich aufleuchtende Licht, sondern dies Geistergeknister gewesen, das mich aus dem Schlaf gerissen hatte? Ich konnte mir nicht darüber klar werden.

Was kam es auch darauf an! Die kristallen reine Atmosphäre hatte mir nicht nur die Sternschnuppe viel strahlender leuchten lassen, als ich es aus der Tiefebene gewohnt war, sie verlieh auch ohne das Feuerwerk der Sphären dem Sternenhimmel eine Tiefe und Klarheit, wie ich sie noch nie zu Gesicht bekommen hatte. Es kam mir vor, als schimmerten die Fixsterne, die Cassiopeia etwa und die Plejaden, heller als in den klarsten Nächten der Tiefebene. Beinahe wie die großen Planeten brannten sie in ruhiger Pracht. Und zwischen den großen Sternen glitzerte das Geflitter der tausend und abertausend kleinen und der allerwinzigsten, mit bloßem Auge nicht mehr zu unterscheidenden, ein zarter Sternenstaub, ganz dicht gesät, wie durch ein allerfeinstes Sieb über den Himmelsäquator ausgeschüttet im Funkelband der Milchstraße.

Ob wohl die Astronauten, wenn sie um die Erde kreisen, die Nacht ähnlich erleben? Sie sind ja noch hundertmal höher über die normale Wohnhöhe der Menschen hinausgehoben, als ich es war auf dem Kamm des Steens. Aber, beschloß ich in meinem Hochmut, was die Weltraumfahrer erleben, ist nur noch Sensation und Seltsamkeit, hat nichts mehr mit den Empfindungen von uns Feld-, Wald- und Wiesen-Sterblichen zu tun, ist von den Kindern dieser alten Erde nicht nachzuvollziehen. Ich aber stand noch mit beiden Beinen auf der Erde. Meine Freude an dieser unbeschreiblich herrlichen Nacht über der Wüste war ganz irdisch, war mir ohne besondere Vorbereitungen, die womöglich tausend Millionen Dollar verschlungen hatten, nach kurzem, schnellem Entschluß aus schierer Gnade gewährt worden, ein kostbares Geschenk.

Ich wagte kaum, mich der Kante meines Wendeplatzes auf mehr als ein paar Schritte zu nähern, der östlichen insbesondere. Ich war mir stets bewußt, daß dort der Berg ohne jeden Übergang in scheinbar bodenlose Tiefe abstürzte. Stärker noch als am Tage empfand ich in der hohen Nacht die unheimliche Verlockung, die von hoch über den Alltag erhobenen Orten ausgeht, die Verlockung, sich einfach fallen zu lassen, nicht mehr zu widerstehen, sich dem Abgrund zu überantworten – wobei mir stets offen zu bleiben scheint, ob es sich nicht in Wahrheit um die Abgründe in der eigenen Brust handelt und nicht so sehr um die jeweiligen Abstürze, die in Metern oder Meilen auszudrücken sind.

Ich hielt mich also in der Nähe meines Wagens. Der war nicht fremd, gehörte zu mir, auf so langer, weiter Reise beinahe wie ein Stück von mir selbst, stand da im sanften Leuchten der Sterne, ruhig, breit, unerschütterlich, meine kleine Burg in dieser Nacht. Ich zog die große Decke fester um Schultern und Leib. Die Kälte setzte ihre leisen Angriffe fort. Der Morgen war noch sehr fern. Aber ich wollte mich noch nicht wieder hinlegen. Diese Nach war allzu königlich, als daß ich mich ihr vorschnell hätte entziehen wollen. Ich schlenderte rings um mein Auto, wobei ich mich vorsehen mußte, nicht über die groben Gesteinsbrocken am Boden zu stolpern. Soweit meine Augen reichten, und sie reichten über viele Meilen hinweg nach allen Seiten, das wußte ich ja noch vom vergangenen Tage her, vermochte ich kein Licht zu entdekken, keinen Widerschein der Lichter einer kleinen oder großen Stadt, nichts, auch nicht das bescheidenste, allerblasseste Zeichen menschlicher Existenz. Leer war das Land oder so gut wie leer über ungezählte Quadratmeilen im Umkreis. Ich ganz allein in dieser Sternennacht atmete noch, so wollte es mir erscheinen. Ich allein lebte noch. Alles Leben sonst war nicht mehr vorhanden, war erstorben.

Ich irrte mich. Ich hatte mich an die Stoßstange meines Autos gelehnt und dämmerte in der vollkommenen Stille vor mich hin, die gleichwohl in den Ohren zu dröhnen schien, als summte der allertiefste Ton einer weltenhohen Orgel.

Aber dann brachte sich, als ich schon vor Kälte zitterte, das Leben auch hier über aller Menschenwelt wieder zur Geltung. Über die scharf sich gegen den Nachthimmel abzeichnende Kante meines kleinen Wendeplatzes flatterte plötzlich ein großer schwarzer Lappen empor, als hätte ihn ein heftiger Windstoß aus dem Abgrund hoch geblasen. Aber es war doch völlig windstill! Flappte hoch, wich wie erschrocken in den Raum zurück, das Plateau nicht leer zu finden wie in hundert Nächten zuvor, beschrieb ungewiß einen weiten Kreis um meine Höhe, gerade noch von meinem Standort am Auto erkennbar, wie er flatterte, wehte, kreiste. Ich war zusammengezuckt im ersten Augenblick. Die schwärzlich undeutliche Erscheinung aus der Tiefe hatte mich völlig unvorbereitet getroffen. Denn vollkommen lautlos war sie hochgetaucht. Ich hörte keinen Flügelschlag, kein Sausen des Windes, als das Schattenwesen mich nun schon zum zweitenmal, diesmal in engerem Kreis umwehte – anders läßt es sich nicht ausdrücken.

Ich hatte mich schnell gefaßt und begriff, wer oder was mich da so unwirklich lautlos mitten in der großen Nacht auf meiner Höhe besuchte, die ich doch ganz einsam und lebensleer geglaubt hatte: eine Eule, der große Raubvogel der Nächte!

Wahrscheinlich begab sie sich an jedem frühen Morgen noch vor Tagesanbruch auf einen Kontrollflug über die Höhe des Gebirges. Den Wendeplatz unterhalb der Kuppe besetzt zu finden, war ihr wohl noch nie passiert und hatte sie so verdutzt, daß sie über einen Flügel abgeglitten und gekampelt war, was dann in mir Störenfried den Eindruck erweckt hatte, als würde ein großer schwarzer Lappen durch die totenstille Eisesluft gewirbelt.

Der nächtliche Vogel umrundete mich noch ein paarmal auf unhörbaren, merkwürdig langsam schlagenden Flügeln und strich dann westwärts den Hang hinunter davon, verging in den Schatten weiter unterhalb. Mochten sich nun die Mäuse und anderes nächtliches Bodengetier in acht nehmen; der geräuschlose Tod aus der Höhe würde sie wie ein schwarzer Blitz in seinen Krallen fangen.

Die Eule hatte mich aus der kalten Leere des Weltenraumes, in die ich mich schon verloren hatte, wieder auf die Erde zurückgerufen. Ich sah nach der Uhr an meinem Handgelenk (das Sternenlicht genügte): zwei Uhr fünfundvierzig. Ich seufzte und schauderte plötzlich; die Kälte war trotz der dicken Decke, die ich um mich geschlungen hatte, überall bis zu meiner Haut hindurchgesickert. Gut zwei Stunden durfte ich noch schlafen, wenn ich die erste Morgenröte nicht verpassen wollte – und das wollte ich wirklich nicht, nachdem ich nun einmal entgegen aller vernünftigen Übung in 9.700 Fuß Höhe – so schätzte ich – genächtigt hatte. Außerdem war es eine sehr angenehme Aussicht, unter dem schirmenden Dach meines Jeep Cherokee im Schlafsack auf dicker Unterlage wieder warm zu werden. Zehn Minuten später blinzelte ich noch einmal durchs Fenster schräg über mir; ein sehr heller Stern grüßte mich dort; vielleicht war es die Wega im Sternbild Leier. Ich beschloß jedenfalls, daß es die Wega wäre. Mit den Sternenbildern – von einigen wenigen abgesehen – bin ich nie ganz klar gekommen. Nach weiteren fünf Minuten hatte ich den Ärger über meine astronomische Unzulänglichkeit wieder vergessen und war eingeschlafen.

Hatte mich in dieser einmaligen Nacht auf der Höhe des Steens zum erstenmal der helle Blitz oder das – vermeintliche – Knistern der Sternschnuppe geweckt, so wurde ich zum zweitenmal durch einen offenbar aus großer Ferne herandringenden sonderbaren Schrei geweckt, den ich mir zunächst nicht erklären konnte. Ein unheimlicher Laut war es gewesen – und da war er schon wieder: Lang gedehnt, klagend, trostlos, häßlich dabei, daß sich die Haare sträuben wollten. Ein anderer Verdammter schien dem ersten noch verzweifeltere Antwort geben zu wollen – und dann stimmte ein ganzer Chor das grausig mißtönige Klagelied verstärkt noch einmal an, in kreischend atonalen Kadenzen, die das Ohr beleidigten.

Wie auf ein scharfes Kommando brach der unheimliche Gesang plötzlich ab. Tiefer noch als in der ganzen Nacht zuvor, schien nun die

Stille zu regieren. Ich lag und lauschte, drehte das Fenster neben mir herunter, um besser hören zu können, was in der Nacht vorging, irgendwo bergab in wohl beträchtlicher Entfernung; denn sehr laut oder nahe hatten die wie aus einer Hölle oder einem Irrenhaus stammenden Laute nicht geklungen. Noch regierten über dem reglosen Land die Sterne. Doch konnte der Morgen nicht mehr allzufern sein. Ich konnte mich also genausogut auch gleich aus meiner warmen Hülle schälen und mich anziehen.

Abermals setzte in der Ferne das Heulkonzert der verdammten Sünder ein. Jetzt bei geöffnetem Fenster vernahm ich es deutlicher als zuvor und erkannte nun auch, ohne länger zweifeln zu müssen, wer da den Jammer der Kreatur in die bis dahin so makellose Nacht hinausschrie:

C-o-y-o-t-e-n!

Die kleinen Wölfe der amerikanischen Ebenen, Steppen und Hochebenen, die tausendfach verfolgten, jedoch sich nach wie vor auch gegen die ständig vordringende Menschenwelt zäh, ebenso listig wie unverfroren behauptenden Bewohner des großen Kontinents zwischen dem nördlichen atlantischen und pazifischen Ozean, sie waren es, die mir selbst noch hier in der Hochwüste Oregons ihre nächtlichen Gesänge vorgeheult hatten, wahre Dissonanzen-Arien, in denen das ganze Elend dieser Welt enthalten zu sein schien.

Coyoten – ihr klagendes Geheul, das nur selten dem Gebell unserer Hunde nahekommt, mit denen sie doch verwandt sind, kann man nicht vergessen, wenn man es einmal gehört hat. Sie gehören zu den Wüsten und Trockensteppen zwischen den beiden Gebirgsketten des amerikanischen Westens wie die ungezählte Quadratmeilen mit ihrem graugrünen Kraut bedeckende Wüstensalbei, wie die Mesquite-Büsche in den südwestlichen regenarmen Gebieten, wie auch die Cowboys, die Rinderherden und die Schafe (nach denen man in der weitgespannten Wildnis erst suchen muß, um sie zu finden), wie die Maultierhirsche und die von den Amerikanern Antilopen genannten Tiere und auch die gelegentlich vorkommenden Klapperschlangen zwischen den vielen Arten von Kakteen.

Aber noch war ich ja auf der Höhe des Steens, kämpfte mit meinen Kleidern in der Enge des Laderaumes, zog mir schließlich nicht nur einen Pullover, sondern auch noch einen Pullunder über den Kopf und konnte endlich ins Freie klettern.

Noch immer singen die Coyoten in der Ferne am Hang bergab ihr Geisterlied. Es wird bald verstummen. Denn da ich nun freien Ausblick nach Osten habe, erkenne ich, daß über dem unmeßbar fernen Horizont ein blasser grauer Schimmer, ein schmaler Streif nur, aufgeglommen ist, die allererste scheue Vorhut des beginnenden Tages. Und schon vergesse ich die Coyoten und ihre Marterlieder. Das Licht kündigt sich an, die Sonne, die strahlende, gnädig unerbittliche Kaiserin, Alleinherrscherin jeder Wüste, jeder weiten Trockensteppe und auch dieser, in deren hohem Herzen mich dieser Morgen findet, mutterseelenallein, mit allerweitestem Ausblick, warm verpackt in der trocknen, stillen Kälte – und von einem schwer zu beschreibenden, kaum zu erklärenden Glück erfüllt, das alle vergangenen und sicherlich noch bevorstehenden Strapazen und auch Bedrohlichkeiten dieser Reise als Kinderspiel erscheinen läßt. Die Coyoten sind verstummt. Denn jetzt ist kein Grund mehr vorhanden, zu jammern oder sich zu ängstigen: die Nacht ist vergangen, der Tag ist nicht mehr aufzuhalten!

Der graue Streif am östlichen Horizont – die Indianer des Nordens sprechen von »Wolfsschweif« – hatte sich unmerklich verbreitert, war üppiger, höher gebauscht als zuvor und hatte eine unirdisch grüne, bald klar smaragdene Farbe angenommen. Noch gab die sanfte Erscheinung gar kein Licht; die Sterne beharrten noch auf ihrem silbernen, rubin- oder amethystfarbenen Geglitzer. Oder irrte ich mich? War der Sternenstaub zwischen den größeren Sternen nicht doch schon fortgewischt? Ich vermochte mir nicht darüber klar zu werden, spürte auch die Kälte auf der Haut meiner Hände und meines Gesichts. Jetzt eine heiße Tasse starken Tees – das wäre das Richtige! Und warum auch nicht! Der Morgen würde sich durchsetzen, auch ohne daß ich ihm wie ein Behexter entgegenstarrte!

Ich kramte meinen kleinen Teekessel aus der Proviantkiste, füllte ihn mit zwei Tassen Wasser aus dem Reservekanister, stöpselte den Stecker in den Zigarrenanzünder, kramte inzwischen das Büchschen mit Assam-Tee heraus und schüttete dann nach wenigen Minuten, als das Wasser kochte, eine kräftige Prise der duftenden schwärzlichen Krümel in das kochende Wasser. Fertig! Wo ist das Zuckerglas und der Teebecher, der Löffel? Alles dort, wo es hingehörte. Ich brauchte nicht zu suchen.

Ich faltete meine Hände um den heißen Becher. Zum Deubel, hätte mich beinahe verbrannt, mußte das dampfende Getränk für zwei Minuten auf der Motorhaube abstellen, Zeit genug, um mich umzuschauen. War die Morgendämmerung weiter gediehen?

Und ob sie gediehen war!

Das Grün war einem blassen Orange gewichen, das an den Rändern ins Gelbliche spielte, aber in der Mitte, wo die Sonne erwartet wurde, schon in einem tiefen, ungemein reinen Rot erblühte.

In sanften Übergängen, ohne je gewaltsam zu springen, fast unmerklich langsam, jedoch ohne auch nur eine Minute lang innezuhalten, änderten sich die Farben über dem östlichen Horizont, schwebten sachte, sachte höher in den Himmel hinauf, verschluckten die Sterne, einen nach dem andern. Das schließlich in strahlenden Purpur verwandelte Rot wurde von ein paar rein goldenen Strahlen durchflossen, die lautlos, doch sehr königlich ausfächerten und schließlich alles Rot in sich aufsogen und es vergehen ließen. Dies war der Morgen vor Sonnenaufgang!

Während ich von Zeit zu Zeit, halb geistesabwesend, einen Schluck heißen Tee zu mir nahm, beobachtete ich, wie der Schatten unseres kleinen Dunkelsterns, auf dem sich alles Leben abspielt, unaufhaltsam zum westlichen Horizont hinuntersank, je höher hinter dem östlichen der Glutball des Tagesgestirns aufstieg – wir sind nun einmal Erd- und nicht Sonnenbewohner. Für uns geht die Sonne auf, und nicht die Erde.

Da ich schon einmal am Theoretisieren war, überlegte ich gleich weiter: Wenn der Erdschatten hinter der westlichen Kimm verschwindet, muß über der östlichen die Sonne aufgehen. Es stimmte genau! Der erste goldene Blitz schoß zu mir herauf, als ich mich umblickte, erweiterte sich rasch zu einer Blitzesflut, noch ehe auch nur die Hälfte des Sonnenballs erschienen war. Schon mußte ich die Augen abwenden; der blendenden, schnell sich steigernden Glut waren sie nicht gewachsen. Überall gegen Osten war die Nacht vernichtet. Die Fülle des Tageslichts war ausgegossen, stürmte gleich einer lautlos anbrandenden, ungeheuren Woge gegen meinen Berg an. Schon meinte ich, erste Wärme auf meiner Haut zu spüren.

Und während ich mir mein bescheidenes Frühstück aus meiner Proviantkiste zusammensuchte, Brot, ein Stück Käse, und mir einen zweiten Becher Tee bereitete, vermochte ich nicht mit mir darüber einig zu werden, was in den vergangenen zwölf Stunden nun eigentlich großartiger, anrührender gewesen war: die tiefe Nacht mit ihrem Diamantstaub auf blauschwarzem Grund oder dieser junge Tag mit seinen Sturzbächen goldenen Lichts.

Langsam und sorgfältig packte ich meine Siebensachen zusammen, rollte die Schlafsäcke ein, sah nach dem Öl, kontrollierte die Batterie und – da ich's an diesem Vormittag nicht eilig zu haben brauchte – auch den Reifendruck, füllte außerdem den Benzintank bis zum Überlaufen. Danach stieg ich ein, trat auf das Gaspedal und betätigte dann – nach der kalten Nacht mit leichtem Bangen – den Anlasser. Ich hätte keine Angst zu haben brauchen. Der Motor sprang an, als wäre er gerade erst abgestellt worden und noch warm. – Jeden Morgen, nach verbrachter Nacht in der Einöde, fühlt man sich von neuem erleichtert, wenn der Motor ohne Stocken anspringt: Man bleibt also nicht in der Einsamkeit hängen, sondern wird in absehbarer Zeit wieder Anschluß an die bewohnte Welt finden – dieselbe Welt, der man gerade noch mit Inbrunst hatte entfliehen wollen. Man ist doch, weiß der Himmel, ein ganzer Sack voller Widersprüche!

Die Abfahrt vom Steens Mountain begann. Langsam und vorsichtig holperte ich die ausgefahrene Spur hinunter, überquerte mit einigem Geächze und Gebeutel einen weitgedehnten Bergsattel und erreichte schließlich den Hauptweg mit dem windschiefen Wegweiser nach Blitzen Crossing.

Wie ich schon sagte, die Abfahrt über die Südschleife ist nichts für nervenschwache Fahrer, sicherlich aber ist sie gerade deshalb von einmaliger Großartigkeit. In Mulden, die von der Sonne nicht erreicht wurden, lag noch der Schnee des vergangenen Winters, tief unten in den Tälern blitzten Bäche und schäumende Flüsse, die alle dem Donner-und-Blitzen zuströmen mußten. Und an den Hängen blühten auch jetzt im Oktober noch Sträucher und Blumen. Ich mußte den zweiten, oft auch den ersten Gang einlegen, um allzu hastiges Zu-Tal-Rollen abzufangen. Alles ging gut.

Unten am Blitzen traf ich ein paar Männer beim Forellenangeln. Ich hob die Hand zum Gruß, als ich an ihnen vorbeifuhr. Sie dankten ebenso. Die Erde hatte mich wieder – was ich Stunden später in Burns auch daraus ersah, daß man in meinem Motel von meinem nächtlichen Ausbleiben gar nichts bemerkt hatte.

Als ich dann am 12. Oktober vor Tau und Tag unter den Wacholder-Bergen am fast ausgetrockneten Alkali-See vorbei nach Süden rollte und gelegentlich ausstieg, um der Nacht in der Salbeiwüste ganz nahe zu sein, wenigstens für fünf Minuten, hörte ich es wieder aus unbestimmter Ferne, als hätte ich es bestellt: das Geheul der Steppenwölfe, der Coyoten.

13. Coyoten

Wenn ich mir heute, in der Rückbesinnung auf die weite Fahrt im Spätsommer und Herbst des Jahres 1980, die Große Amerikanische Wüste vergegenwärtige, fällt mir im Bereich des Sicht- und Riechbaren als erstes die Wüstensalbei ein mit ihrem zarten, gleichwohl herben Duft – und in zweiter Linie die stachlige Familie der Kakteen. Frage ich mich nach den Lauten, die für jene Landschaft besonders charakteristisch sind, dann ist an erster Stelle der jaulende, jappende, kreischende nächtliche Gesang der Coyoten zu nennen, den man nicht vergißt, wenn man ihn einmal gehört hat.

Hört man ihn aus der Nähe, geht er durch Mark und Bein. Man kann es kaum glauben, daß die viel zu klein geratenen, jämmerlich struppigen, schäbigen Tiere so fürchterliche Töne von sich geben können. Sie hocken auf den mageren Hintervierteln, recken den langschnäuzigen Schädel steil in die Höhe und heulen sich ihren Jammer von der Hundeseele, falls sie eine besitzen.

Man könnte sich wohl damit abfinden, wenn das Geheul der kleinen Steppenwölfe nichts weiter als mißtönend wäre. Indes, außer dem Angst- oder Zorngeschrei einiger Papageienarten kenne ich in der wilden Natur keine Folge von Lauten, die so unmittelbar den Jammer, die Fragwürdigkeit, das Elend des todgeweihten Lebens auszudrücken scheinen, ja, die dieses Elend selber sind. Die Indianer, die in der Großen Amerikanischen Wüste beheimatet waren (»sind« kann man kaum noch sagen), kannten sehr wohl die besondere Natur des Steppenhundes. Kein anderes Tier spielt in den Legenden und Mythen der Pajute, der Chinook, der Yakima, der Apatschen, der Navajos eine so hervorragende Rolle wie der Coyote. So gehört sein Name zu den wenigen Worten, die fast unverändert aus der Sprache der Indianer ins Englische übergegangen sind: *coyot.* Vom Indianischen *coyotl* ließ man lediglich den letzten Buchstaben fallen.

Im Mexikanischen gibt es ein aufschlußreiches Sprichwort: »Vom lieben Gott abgesehen, ist der Coyote das schlaueste Wesen auf der Erde.« Ja, das sind sie wirklich, die Steppenhunde! Alle Welt hat sich gegen sie verschworen, sie scheinen unter der Sonne keinen einzigen Freund zu besitzen. Ich kenne Amerikaner in den Staaten Oregon und Nevada, die stets ein geladenes Gewehr im Auto mit sich führen, »für den Fall, daß mir ein Coyote über den Weg läuft«. Treibjagden werden auf sie veranstaltet in den Schafzucht-Gebieten, weil Lämmer den Coyoten besonders gut schmecken. Abschußprämien auf Steppenwölfe werden immer wieder ausgesetzt. Man hat besondere Gifte entwickelt, die man mit verlockenden Ködern auslegt, um die Coyoten auszurotten. Wo man ihn antraf, hat man den Steppenwolf verjagt, und das seit jeher. Kein Wunder, daß er sich schließlich über die Grenzen seiner Wüstenheimat hinaus in ganz Nordamerika verbreitete. Ich habe ihn in den Außenbezirken der großen Stadt Winnipeg im kanadischen Manitoba ebenso seine nächtliche Klage anstimmen hören wie unweit von Austin, der Hauptstadt von Texas; er schrie seinen verzweifelten Hohn auf die ihm feindlich gesinnte Menschenwelt in der Dakota-Prärie ebenso in die Nacht hinaus wie in den verwüsteten Tälern des südöstlichen Kentucky, wo die Gewinnung von Steinkohle im Tagebau ganze Landschaften zerstört hat. Der Coyote ist überall und nirgends, aber das an keiner Stelle mehr als in den weiten leeren Gefilden der Steppen und Wüsten, wo er dem Menschen leichter ausweichen und zugleich dichter auf den Fersen bleiben kann als in Gegenden, die erschlossen sind. Die Wüste ist seine eigentliche Heimat.

Der große Wald- oder Grauwolf ist längst aus den Staaten vertrieben und hat sich nur noch in den Wäldern des kanadischen Nordens erhalten. Die Büffel, die einst zu Millionen auf den Prärien weideten, sind verschwunden und werden heute in einigen Reservaten sozusagen als Museumsstücke wieder gezüchtet. Der Rothirsch hat sich in die entlegensten Bergwälder zurückgezogen. Der Silberlöwe oder Cougar, auch der Grizzly-Bär sind bis auf wenige, sich noch in fernster Wildnis haltende Exemplare so gut wie ausgestorben. Die Indianer sind gekommen und gegangen, in mannigfache Stämme aufgesplittert, sich ständig untereinander befehdend und selbst gegenüber den Europäern, die ihnen Land und Leben nahmen, sich niemals zu geschlossener Abwehr einigend. Die Pelzjäger und Händler kamen, rotteten den früher allgegenwärtigen Biber aus und dezimierten die Zahl anderer Pelztiere auf einen kärglichen Rest. Es kamen die Siedler; aber sie alle hielt es nicht in der Wüste, sie zogen weiter, enttäuscht und verbittert. Goldsucher und andere Prospektoren hinterließen ein paar allmählich wieder verfallende Gold- und Kupferminen. Schließlich kamen die Rancher mit ihren Pferden, ihren Schaf- und Rinderherden und hielten sich einigermaßen. Und neuerdings sind es wildnishungrige Touristen und Halbverrückte wie der Schreiber dieser Zeilen, die sich durch jene einsame Gegenden treiben lassen, ohne irgendwo länger zu verweilen.

Allein der Coyote ist geblieben. Er widerstand allen Verfolgungen, kassierte weiter seinen Zoll an Jungtieren der Wildnis, an Vögeln, Lämmern, Hühnern und Kälbern, an Mäusen, Erdhörnchen, Kaninchen und auch an dem Aas, das von der Beute anderer Raubtiere gelegentlich liegen bleibt.

Die Jagd auf Coyoten ist zum Sport für eine bestimmte Sorte von Leuten geworden. Manchmal gelten Coyoten-Pelze als modern und sind dann begehrt, so daß Pelzjäger auf ihre Kosten kommen. Man hetzt den Coyoten mit besonders schnellen, auf ihn dressierten Hunden. Man spürt seine Unterkünfte auf und vernichtet seinen Nachwuchs. Man hat Instrumente entwickelt, mit denen sich das Blöken eines geängstigten Kalbes oder Schafes, der Todesschrei eines Hasen oder Kaninchens nachahmen läßt, um den Coyoten in den Schußbereich eines versteckten Jägers zu locken. Aber der Coyote ist listiger, kühner als alle seine Verfolger, holt sich den Köder aus der Falle, läßt das vergiftete Fleisch für den Lieblingshund der Rancher-Familie liegen, hat den Jäger in seinem Versteck längst gewittert, ehe er selbst gesichtet worden ist, bleibt gerade außer Schußweite, verhält auf dem nächsten Hügel, wo er als unverkennbarer Schattenriß noch zu erblikken ist, setzt sich auf die Hinterbeine, stemmt den Schädel in die Höhe und läßt sein schepperndes Hohngelächter hören, das dem verärgerten und enttäuschten Jäger durchs Mark dringt.

Die Indianer wußten besser, was von dem unüberwindlichen kleinen Straßenräuber der Wildnis zu halten ist, als die europäischen Eindringlinge. In ihren uralten Geschichten erscheint der Coyote nicht nur als ein listiges, stets auf hintersinnige Art schadenfrohes Wesen, sondern ist mit urwüchsiger, ironischer Weisheit begabt und deshalb anderen, stärkeren Tieren und dem Menschen überlegen. Die Indianer scheinen bereits gewußt zu haben, daß dem Coyoten nicht mit gewöhnlichen Mitteln, schon gar nicht mit roher Gewalt beizukommen ist – und die Europäer, die selbst mit der Urkraft des Büffels, der Angriffslust des Grizzly und dem blitzschnellen Ansprung des Cougar fertig geworden sind, versagten vor dem jedem Angriff ausweichenden und doch stets am Feind bleibenden furchtlosen Coyoten.

Mögen Dutzende von wilden Tieren von den Europäern, die sich mit der Unvermeidbarkeit eines Naturereignisses über ganz Nordamerika ausbreiteten, ganz und gar oder bis auf wenige Exemplare ausgerottet worden sein, der Coyote allein blieb allen Nachstellungen, allem Vernichtungswillen der Menschen überlegen, paßte sich sogar der neuen Zeit auf seine Weise an: Zahme Hühner oder Puten, Lämmer oder Enten schmecken ihm genauso gut wie draußen in der Steppe Prärieratten, Eidechsen oder Wildkaninchen.

Es versteht sich beinahe von selbst, daß sich der *Fish and Wildlife Service* im US-Innenministerium früher oder später eines so weitverbreiteten Tieres wie des Coyoten annehmen mußte und unter anderem festzustellen suchte, ob der Steppenwolf tatsächlich so schädlich ist, wie oft beklagt wird. Man weiß es nun ganz genau: Die Nahrung des Steppenwolfes besteht zu einem Drittel aus wilden Kaninchen, zu einem Viertel aus Aas, zu einem Zehntel aus Mäusen und Ratten; zu einem weiteren Zehntel aus Vögeln, Insekten, Jungtieren des Waldes, Pflanzenkost und anderem. Haustiere tragen nur zu etwa vierzehn Prozent zur Ernährung des Steppenwolfes bei. Seine »Nützlichkeit« ist also offenbar viel größer als seine »Schädlichkeit«. Ja, es läßt sich sogar mit einigem Recht behaupten, daß die Coyoten die »Gesundheitspolizei« der Steppen und Wüsten darstellen, ähnlich den Hyänen und Schakalen Afrikas. Coyoten haben ja auch eine unverkennbare Ähnlichkeit mit Schakalen. Schakale sind wie Coyoten listig, frech und zäh, heulen und bellen auch, mißtönend genug. Aber mit der herzzerreißenden Klage des Coyoten ist Schakal-Gebell nicht einmal annähernd vergleichbar.

Statistiken führen freilich allzu häufig in die Irre. Dem Schafzüchter, dem die Steppenwölfe in einer Nacht alle seine neugeborenen Lämmer gerissen haben, ist es nur ein schwacher Trost, daß die Coyoten sich »im Durchschnitt« nur zu vierzehn Prozent von Haustieren ernähren.

Die geschickten Cowboys des Westens versuchen immer wieder, den Coyoten mit der Riata (bei uns fälschlich Lasso genannt) zu fangen. Auch wenn es dem Reiter gelingt, zum Wurf zu kommen – selbst wenn die Schlinge schon über den Coyoten saust, weiß er noch blitzschnell aus der Schlaufe zu springen, ehe sie sich zuzieht. Und schon ist er fünfzig Sprünge seitwärts im Busch, während der Cowboy sich um seine lange Riata und um sein verwirrtes Pferd kümmern muß.

Hut ab vor dem Coyoten! Bisher hat noch niemand mit Sicherheit herausbekommen, was sein Geheul in der Coyoten-Sprache bedeuten mag. Er heult überall, während des ganzen Jahres und auch zu jeder Tageszeit, besonders aber nachts. Ich begnüge mich mit dem unmittelbaren Eindruck: Sein Gesang ist die Stimme der Wüste, unheimlich, urwild und gnadenlos.

14. Anderes Wüstenvolk

Ehe die Europäer die Segel spannten, ins Unbekannte fuhren und Amerika entdeckten und dann in drei Jahrhunderten den gewaltigen Kontinent bis zur Unkenntlichkeit verwandelten, hatte das große Land den Indianern gehört, den Pajuten etwa in der Oregon-, den Navajos in der Arizona-Wüste. Oder besser: Sie gehörten dem Land. Sie hatten sich ihm angepaßt, waren ihm eingefügt. Auch waren sie so gering an Zahl, daß sie, selbst wenn sie es gewollt hätten, das Gleichgewicht des Lebens in jener Region nie hätten in Frage stellen können – wozu auch ihre einfachen Werkzeuge und Waffen niemals ausgereicht hätten. Die Indianer empfanden die wüstenartige Landschaft nicht als »Wüste«. Sie brauchten nur zu beobachten, was die Erdhörnchen, die Hasen oder die Stachelschweine fraßen, um zu erkennen, was genießbar war und was nicht. Ja, sie fanden den Tisch der Steppenlandschaft gedeckt mit Wildgemüse und Wildgewürzen, mit Beeren und Nüssen, mit Hasen und Kaninchen, mit Hirschen, Feldhühnern und Antilopen. Man hat längst erforscht, was das Land etwa den Pajuten an Tafelgenüssen lieferte, und, siehe da, obgleich die Indianer nicht die geringste Ahnung von Vitaminen, Fermenten, Spurenelementen, Proteinen, Fetten, Kohlehydraten und dergleichen besaßen, war doch in ihrer Ernährung für alle die Erfordernisse eines gesunden Daseins überreichlich gesorgt.

Der Europäer ist nie imstande gewesen, es den Indianern gleichzutun, als er – ein Jahrhundert lang nur vereinzelt, dann in immer größeren Scharen – im Westen auftauchte. Wo die Indianer in der Trockensteppe sich nicht nur ausreichend, sondern sogar reichlich ernährten, verhungerte und verdurstete er. Er hätte nur von den Indianern zu lernen brauchen. Nicht weniger als sechzig verschiedene Pflanzenarten bot die Wüste ihnen als Nahrung an; man mußte sie nur kennen und wissen, wo, an welchen mitunter sehr versteckten Orten sie zu finden waren, zum Beispiel die vielen Sorten von Wildbeeren, Stachelbeeren, Brombeeren, Erdbeeren, Himbeeren, Johannisbeeren, Preiselbeeren, Heidelbeeren, Wacholderbeeren und andere, die wir in Europa gar nicht kennen, wie serviceberries, elderberries, Kaktusbeeren, twinberries, Bärenbeeren, Manzanitas und andere. Nicht alle diese Beerenarten wuchsen in der eigentlichen Steppenlandschaft, aber die Indianer kannten die Flüsse und Bäche, die ins Große Becken flossen und dort versiegten. Sie kannten die Sümpfe um den Malheur-See, am Blitzen-, am Silvies- und am Chewaucan-Fluß, der in den Albert-See fließt.

Es gibt eine Reihe von zum Teil schrecklichen Geschichten darüber, daß europäische Siedler oder Reisende in Gegenden verhungerten, wo die Indianer von jeher auskömmlich lebten, ohne je eine Furche zu ziehen oder einen Spaten in die Hand zu nehmen; sie ernteten reichlich, wo sie nicht gesät hatten.

Heute sind die Indianer dahin, den Kugeln oder den Krankheiten der Weißen erlegen. Die Überlebenden haben unter dem Einfluß der sogenannten Zivilisation ihre alten Kenntnisse und Fertigkeiten vergessen und ziehen es längst vor, von Dosenmilch und Cornflakes, von Bohnen mit Speck aus der Büchse, von pappigem Weizenbrot und von Margarine zu leben, sowie Tee aus Indien und Kaffee aus Brasilien zu trinken, während ihre Vorfahren gleich ein Dutzend Teesorten, auch anregende darunter, hätten nennen können.

Es ist ein wahrer Jammer, daß all dies altindianische Wissen so gut wie völlig verlorengegangen ist und nur noch hie und da von ein paar Wissenschaftlern der Kuriosität halber registriert wird – von ganz wenigen Ausnahmen abgesehen.

Die Indianer schätzten sehr den wilden Reis, der in den Sümpfen wuchs, wo sich unmittelbar neben der kargen Salbeiwüste ein reiches tierisches und pflanzliches Leben entfaltet hatte. Die Weißen wollten von diesem Geschenk der Natur zunächst nichts wissen; sie akzeptierten nur den Reis, der aus Asien kam. Heute scheint sich dies zu ändern. Wildreis wird auf den Speisekarten von Feinschmecker-Restaurants nicht nur in Amerika, sondern auch schon in Europa angeboten.

Warum weiß niemand mehr die von den Indianern einst hochgeschätzte Kamas (indianisch *quamasch*) zu finden? Die Indianer gruben nach der Kamaswurzel oder -knolle mit einfachen Grabstöcken und labten sich an der würzigen Speise, die sie auf mancherlei Weise zuzubereiten verstanden. Die Kamaswurzel war ihnen so wichtig, daß sogar Kriege um sie geführt worden sind:

Die Bannocks waren ein bekannter und auch gefürchteter Indianerstamm im alten Oregon. Auch sie wurden durch den anschwellenden Strom landhungriger Siedler und bedenkenloser Glücksritter aus dem fernen Osten des Erdteils beunruhigt und belästigt. Sie wehrten sich. Es kam zu Gewalttaten, wobei sich Indianer und weiße Grenzer an Grausamkeit gegenseitig überboten. Die amerikanische Regierung und das Militär mischten sich ein. Schließlich war nicht abzustreiten, daß den Bannocks Unrecht geschehen war. Andererseits erkannten die Häuptlinge der Indianer, daß sie den Eindringlingen auf die Dauer hoffnungslos unterlegen waren. Sie waren also bereit, mit der amerikanischen Regierung von Oregon einen Vertrag abzuschließen, in dem sie auf weitergehende Ansprüche verzichteten, jedoch nur unter der Voraussetzung, daß ihnen der wichtigste Teil ihrer Jagdgründe, die sogenannte Kamas-Prärie, als ausschließliches Eigentum vorbehalten blieb. Denn hier wuchsen reichlicher als anderswo die Kamasstauden, eines der Hauptnahrungsmittel der Bannocks.

Mit Pomp und feierlichen Reden wurde die Unterzeichnung des Vertrages gefeiert. Wieder einmal, wie schon so oft unter der Sonne, war der Ewige Friede ausgebrochen. Natürlich konnten die Häuptlinge, die den Bannock-Stamm vertraten, nicht lesen; sie malten lediglich ihre Kreuze unter den von den Weißen aufgesetzten Text, nach welchem ihnen die Kamas-Prärie für alle Zeiten zugesprochen wurde mit der ausdrücklichen Bestätigung, daß dort kein weißer Mann ein Haus bauen und einen Acker oder Garten anlegen durfte. Beide Seiten waren mit der Abmachung sehr zufrieden.

Und dann machte einer jener tragikomischen Irrtümer, die das Verhältnis zwischen Weißen und Indianern so häufig vergiftet haben, die guten Absichten beider Seiten zunichte. Der Leiter der amerikanischen Abordnung hatte den von seinem Schreiber niedergeschriebenen Text nicht noch einmal oder nur flüchtig vor der Unterzeichnung überprüft. Man befand sich schließlich im wilden Indianerland, die Rothäute konnten ohnehin nicht lesen, und die bürokratische Maschinerie funktionierte unter freiem Himmel nur unvollkommen. Der Schreiber hatte den Verhandlungen beigewohnt, war durch die wie üblich endlosen Ansprachen der Indianer entsetzlich gelangweilt worden und hatte zu guter Letzt nur begriffen, daß die Indianer »für alle Zukunft« Frieden halten wollten, wenn ihnen eine bestimmte Prärie-Landschaft zu ihrer alleinigen Verfügung zugesprochen würde. Doch der Schreiber, der den Vertrag aufzusetzen hatte, stammte aus dem Osten, wo die Bedeutung der Kamasknolle unbekannt war. Er hörte immer wieder das Wort Kamas oder etwas Ähnliches, wußte sich keinen Reim darauf zu machen und hielt schließlich das Wort für eine unsaubere oder dialektgefärbte Aussprache von Kansas, dem Namen eines ihm gut bekannten Staates weiter im Osten. Der Schreiber hielt es für seine Pflicht, den Namen der Prärie, um die es ging, klar und deutlich in dem Vertrag festzuhalten, damit es später keine Zweifel gäbe, nahm also statt Kamas-Prärie die Bezeichnung Kansas-Prärie in den Text auf! Das wurde schließlich von allen Beteiligten in gutem Glauben unterschrieben – und die Herren von der Regierung entschwanden wieder in ihre fernen Amtsstuben, nachdem der Schreiber auch sonst noch einiges, was ihm wichtig erschien, in Ordnung gebracht hatte.

Die Siedler hörten nicht auf, ins Land zu strömen. Die fruchtbare Kamas-Prärie hatte es ihnen besonders angetan. Pflichtgemäß erkundigten sie sich, ob das Land, auf dem sie gern siedeln wollten, freigegeben wäre. Ja, gewiß, denn im Vertrag mit den Bannocks war diesen die Kansas-Prärie vorbehalten. Die aber lag eintausendsechshundert Kilometer weit entfernt im Osten, am Arkansas River, und ging die Oregon-Siedler nichts an. Die Siedler ließen sich also in der Kamas-Prärie nieder, und da die Indianer ihnen dies verwehren wollten, griffen sie, ohne lange zu fackeln, zu den Waffen. Die Indianer fühlten sich hintergangen und nahmen Rache. So begann der blutige und für die Amerikaner recht kostspielige Bannock-Krieg (1878), der natürlich damit endete, daß die Bannocks unterjocht und fern von ihrer geliebten Kamas-Prärie in eine Reservation eingesperrt wurden, womit sie nach

Meinung der Siedler noch glimpflich genug davongekommen waren. Tragikomik von reinstem Wasser!

Nur im äußersten Notfall machten sich die Einwanderer die Kenntnisse der Indianer zunutze. Die friedlichen Mormonen, die auf Befehl ihres Propheten Brigham Young unter unsäglichen Strapazen nach Westen zogen, immer weiter nach Westen, weil sie stets ihren andersgläubigen Nachbarn mit ihrer absonderlichen Frömmigkeit auf die Nerven fielen, kamen schließlich in der wüstenartigen Landschaft am Großen Salzsee im heutigen Staate Utah einigermaßen zur Ruhe, wo ihnen endlich keiner mehr die auf den ersten Blick wenig einladenden Gefilde neidete. Sie beteten viel und ausdauernd, die Mormonen, was aber die Heuschrecken nicht abhielt, die ersten Kornfelder mit Stumpf und Stiel aufzufressen. Das hungernde Mormonenvolk dauerte die Indianer, die da seit alters im weiten Tal des bescheidenen Flusses, dem die frommen Mormonen den Namen Jordan verliehen, ganz leidlich den Kampf ums Dasein bestanden hatten. Die Indianer machten die Elenden mit der Mariposa-Lilie bekannt, verrieten ihnen, wo man ihre eßbaren, sogar wohlschmeckenden Zwiebeln mit einiger Sicherheit finden konnte. Die Mormonen zerstampften die Zwiebeln, mischten den Brei mit ihrem letzten Mehl und Gries, fingen sich wie die Indianer Erdhörnchen, Packratten und Kaninchen und brachten sich schließlich ohne Verluste durch den Winter. Heute hat sich der Mormonen-Staat Utah die Mariposa-Lilie zu seiner Staatsblume erkoren.

Und so ließen sich noch viele alte Geschichten aus der Frühzeit – sie liegt ja nicht mehr als hundert bis einhundertfünfzig Jahre zurück – all der Staaten erzählen, die an der Großen Amerikanischen Wüste teilhaben und alle längst über endlose, leere Autobahnen erreichbar sind. Aber das würde den Rahmen dieses Buches sprengen.

Doch über die Tiere der schier grenzenlosen Steppen und Wüsten zwischen den Rockies im Osten und den Küstenketten im Westen muß ich noch einiges festhalten.

Ich sprach schon von den Vogelschwärmen in den Sümpfen am Fuß des Steens-Gebirges. Aber ich kenne mich mit Vögeln, abgesehen von einigen hervorstechenden Arten, nicht besonders gut aus; die kleinen kann ich schlecht unterscheiden; doch die größeren, die Reiher, die Kraniche, die Falken, Bussarde und Adler, sie habe ich stets mit großer Freude und Bewunderung beobachtet, wenn sie durch die Lüfte zogen, entweder in wohlgeordneten Formationen, als langgestreckte Keile etwa, wobei die Lande widerhallten von ihren sehnsüchtigen Rufen, wenn die großen Raubvögel gewöhnlich zu zweien in der Höhe ihre weiten Kreise zogen, oder mit den Flügeln »rüttelnd« über der Steppe stillstanden, auf der Stelle flogen, Ausschau haltend nach einer vorwitzigen Maus oder einem unvorsichtigen Erdhörnchen, um dann schneller als ein stürzender Stein zuzustoßen und mit der Beute in den Fängen mit schwer schlagenden Flügeln – da nun eine Last zu heben war – seitwärts abzustreichen.

Zwei- oder dreimal habe ich auch sie fliegen sehen, mit machtvoll langsamen Schwingenschlägen, sie, die wie es mir vorkommen will, königlichsten und wohl auch schönsten Großvögel der Sümpfe um den Malheur-Lake oder am unteren Chewaucan, die wilden Schwäne. Im Winter, so ließ ich mir sagen, kann man sie am besten beobachten. Dann versammeln sich große, nach Tausenden von Tieren zählende Scharen, darunter viele Schwäne, in der Nähe des kleinen Hauptquartiers der Verwaltung des Malheur National Wildlife Refuge auf dem Gewässer bei der Erdhaus-Quelle *(Sod house spring),* wo ständig warmes Wasser aus der Erde dringt, der See also niemals zufriert, sogar wenn ringsum alles steif gefroren ist und selbst der eilige Donner-und-Blitzen nur noch sehr schüchtern zwischen hoch vereisten Ufern dahinmurmelt. Der in Nordamerika schon so gut wie ausgestorbene Trompeter-Schwan hat sich am Malheur-Lake wieder eingefunden und vermehrt sich auch in der Hut des Schutzgebiets. Er ist der größte Flugvogel der USA und Kanadas und bietet dem geduldigen Beobachter mit seinem etwas kleineren, aber viel zahlreicheren Verwandten, dem Pfeifer-Schwan (Whistling Swan) unvergleichlich schöne Bilder. Sieht man die schneeweißen Tiere schwimmen oder fliegen, so möchte man von stolzer Anmut sprechen, die von diesen mächtigen Vögeln verkörpert wird. Herrlich ist der Anblick, wenn sie von der Wasserfläche auffliegen: Die Flügel entfalten sich drei Meter breit, schlagen mit klatschenden Schlägen das Wasser, daß der Gischt hoch aufstäubt, scheinen – sich allmählich über die aufgewühlte Feuchte erhebend – einen halben Steinwurf weit über die Flut zu tänzeln, gewinnen an Geschwindigkeit und heben sich plötzlich mühelos in die Höhe, nicht anders, nur viel eleganter und selbstverständlicher als ein schnelles Jagdflugzeug von seiner Startbahn aufhebt.

Unter den Vögeln sind sicherlich die Schwäne die schönsten Tiere, die sich das weit geschwungene Harney-Basin zur Heimat erwählt haben, unter den Säugetieren gewiß die Antilopen. Im Südwesten des Großen Beckens erheben sich die Hart-Berge, längst nicht so gewaltig wie Steens, aber auf ihre Art sehr ansehnlich. Rings um dieses Gebirge, das wie Steens aus der Trockensteppe in reichlicher befeuchtete Regionen hinaufreicht, hat der Staat den Antilopen das »Hart Mountain National Antelope Refuge« herausgeschnitten, ein Schutzgebiet für diese wunderschönen, stolzen Tiere, die genau wie die Trompeter-Schwäne in Gefahr geraten waren, von schießwütigen Jägern um ihres Fleisches und ihrer kraftvollen Gehörne willen ausgerottet zu werden. Nun vermehren sie sich wieder, wenn auch – nicht mehr so sehr die Menschen, sondern – vor allem die Coyoten ihnen nach wie vor das Leben schwer machen. Antilopen, zierlich, in ihren Umrissen wirklich nur mit dem Wort »elegant« zu kennzeichnen, höchst geschmackvoll gewandet in Braun, mit reinweißen Streifen an den Backen, am Hals, einem hellen Unterleib und einer großen weißen Blässe am Hinterviertel, Antilopen sind sicherlich die allerleichtfüßigsten, wie fließend über die Salbei hinfliegenden Tiere, die in der Großen Wüste das unzerstörbare Leben repräsentieren. Sie gehören ganz und gar in die karge Steppe, und der Himmel allein weiß, wie es möglich ist, aus so viel Ödnis und ärmlicher Nahrung soviel Anmut und kraftvolle Schönheit hervorzuzaubern, wie sie den Antilopen eigen ist. Im Harney-Becken bin ich der graziösen Tiere nur einmal ansichtig geworden. Aber in der Hochwüste im mittleren Wyoming in der Nähe des South Pass bei den Antelope Hills, den Antilopen-Hügeln, bin ich ihnen oft begegnet, habe sogar versucht, sie mit dem Tele-Objektiv auf den Film zu bringen, allerdings, wie ich's zu meinem Kummer schon gewohnt bin, nur mit mäßigem Erfolg.

Dort habe ich auch – an einem kalten und windigen, doch von der harten Sonne der Hochsteppe durchleuchteten Tage – begriffen, wozu die strahlend weiße Blässe unter ihren Stummelschwänzchen gut ist. Ich war ausgestiegen, hatte den Motor abgestellt und wollte die Stille der wahrhaft unabsehbaren Ödnis jenseits des Südpasses auf mich wirken lassen. Vielleicht war in dieser mit frühamerikanischer Geschichte getränkten Landschaft noch ein wenig vom Poltern der Planwagen, vom Rufen und Peitschenknall der Ochsentreiber, vom Knarren der Pferdesättel unter den Vorhut und Nachhut und Flankenwacht haltenden Reitern in der dünnen Luft zurückgeblieben und brachten mir die Jahre und Jahrzehnte in der späteren Mitte des vorigen Jahrhunderts zurück, in dem sich der Strom der Pioniere des fernen amerikanischen Westens fast ausschließlich über den South-, den Süd-Paß, aus dem Einzugsgebiet des Atlantischen in das des Pazifischen Ozeans ergoß.

Ich stand und starrte und lauschte. Die weite, leere Öde mit dem kargen Bunch-Grass, dem »Bülten-Gras«, dehnte sich vollkommen leer und verlassen zu fernen Hügeln und Rimrocks, Felsenstufen von manchmal hundert und mehr Metern Höhe, wie ich sie schon für die Oregon-Wüste erwähnt habe.

Plötzlich aber, wie aus dem Nichts, flackerten vor mir, kaum hundert Schritt entfernt, etwa ein Dutzend hell weißer Lichtflecken auf, wogten ein kleines Weilchen auf und ab und verschwanden in einer fernen Senke. Unbemerkt von mir hatte dort eine kleine Herde Antilopen in der Steppe gestanden. Das braune, ein wenig von hellen Streifen und weißlicher Bauchgegend belebte Fell hatte sich in vorzüglicher Schutzfärbung dem braunen, von helleren trockenen Grasbüscheln überfleckten Steppenboden so vollkommen eingefügt, daß meine Augen es nicht von der Umgebung unterschieden hatten. Dann aber war den Tieren mein Aufenthalt und wohl besonders meine Gestalt, als ich das Auto verließ und umschritt, unheimlich geworden. Panik hatte sie plötzlich erfaßt, sie hatten sich herumgeworfen und ihr Heil in der Flucht gesucht – und sofort waren vor mir mit großer Deutlichkeit die strahlend weißen Flecken an ihrem Achterende um die Stummelschwänzchen aufgetaucht, auf und ab wippend wie Signal-Laternen. Und sicherlich bedeuten sie auch Gefahrenzeichen für andere Antilopen-Rudel, die gleichfalls nach unerwünschten Eindringlingen Ausschau halten und nun durch viele weiße Warnblinker aufgescheucht werden.

Die kräftigen, etwa 30 bis 40 Zentimeter lang aus der Stirn wachsenden Gehörne tragen nach vorn einen kurzen, scharfen Zacken und sind an ihren beiden Spitzen leicht nach hinten abgebogen, selten nur nach innen oder vorn, was aber vorkommt. Die Gehörne entsprechen in ihrer kraftvollen und zugleich eleganten – mir fällt kein anderes Wort ein – Linienführung ganz und gar dem Gesamt-Charakter dieser herrlichen Steppenwesen – was aber leider dazu beiträgt, die in Amerika allzu reichlich vorhandenen wilden Schießer (Jäger sollte man sie nicht nennen) auf die Spuren der Antilopen zu locken. Zwar geben die Regierungen jährlich nur eine begrenzte Anzahl von Tieren zum Abschuß frei; aber welcher Wildhüter vermag zu kontrollieren, was auf den tausend und mehr Quadratmeilen seines Gebietes wirklich vorgeht. Und in dem weit offenen Gelände kommt man mit dem vierrad-angetriebenen Jeep auch ohne Straßen gut voran, wenn man etwa das tief eingeschnittene Bett eines Trockenflusses benutzt und die Kontrollstellen an den wenigen ordentlichen Straßen umgeht.

Die Tierart, die man in Amerika Antilopen nennt, besitzt keine näheren Verwandten auf anderen Kontinenten, während die amerikanischen Hirscharten vielfache Entsprechungen auch in Asien und Europa aufzuweisen haben. Andere Tierarten, die einst in Amerika heimisch waren, wie ihre versteinerten Knochen in Jahrmillionen alten Erdschichten beweisen, sind längst ausgestorben und verschollen. Doch die Antilope ist schon seit über vierzig Millionen Jahren in den Gebieten nachweisbar, in denen sie heute noch lebt, und sie sieht offenbar heute nicht viel anders aus, als sie damals ausgesehen hat. Sie gehört zum ältesten Amerika, war damals und blieb bis zum heutigen Tage das schönste Tier, das in der ganzen amerikanischen Tierwelt zu finden ist. Vielleicht überlebte das Pronghorn (etwa Heugabel-Horn) – wie die Antilope auch genannt wird – deshalb alle erdgeschichtlichen Katastrophen der Vergangenheit, die vielen Vulkanausbrüche, Erdbeben, Lavaflüsse, Aschenregen, weil seine windesschnellen Füße es allen Gefahren entzogen – oder weil ihm seine großen, ungemein scharfen Augen alles, was ihm den Tod bedeuten konnte, schon viel früher anzeigten, als den anderen Tieren. Diese Augen sind erstaunlich: tiefschwarz, halbkugelig, ein wenig vorstehend, seitlich so unter den Hornansätzen in den

Schädel gesetzt, daß das Tier mit zwei geringen Wendungen des Hauptes die ganzen dreihundertsechzig Grad seines Gesichtskreises abtasten kann; und groß sind sie, seltsam bezwingend – ich habe sie einmal im Fernglas gesehen und glaubte, in sie hineinblicken zu können. Auch Pferde haben große, schwarze, schöne Augen. Pferde mögen annähernd fünf- oder sechsmal stärker und schwerer sein als Antilopen. Aber das Pronghorn ist mit, wie ich meine, deutlich größeren Augen ausgestattet als ein Pferd.

Coyoten sind – vom zerstörerischen Menschen einmal abgesehen – die ärgsten Feinde des Pronghorn. Zwar läuft ein erwachsenes, gesundes Tier dem Steppenwolf ohne große Mühe davon. Aber wenn sich zwei oder drei Wölfe zusammentun und eine Antilope hin- und herjagen, fällt ihnen das erschöpfte Tier schließlich als Beute zu – was allerdings nur selten geschieht. Doch die Jungtiere, die der Mutter noch nicht folgen können, werden von den Wölfen aufgestöbert. Und es hilft der Pronghorn-Hindin nicht allzuviel, daß sie klug genug ist, instinktiv zwischen sich und das geruch- und lautlos im Grase ruhende Kitz stets einen Abstand von hundert Sprüngen oder mehr zu legen, damit der Räuber, handle es sich nun um einen Coyoten oder einen Luchs (Bobcat), irregeführt und fortgelenkt wird.

Das Staunen nimmt wahrlich kein Ende, wenn man auf Schritt und Tritt erlebt, was sich in der scheinbar jeglichem Leben abholden Wüste und Trockensteppe an kleinem und großem Getier alles umhertreibt und offenbar sehr lustig und zufrieden sein Leben genießt – bis es gefressen wird, um den Fortbestand anderen Lebens zu sichern. Allein der Mensch, dies mißratene Stück Auch-Natur, tötet aus anderen Gründen, zum Beispiel, um die teure Gattin in entsprechend teure Pelze zu kleiden oder sich ein Geweih von Hirsch oder Elch über den Kamin zu hängen.

Wenn man allerdings darauf besteht, nur Auto zu fahren, und nicht bereit ist, sich wenigstens gelegentlich zwischen den Salbeistauden die Beine zu vertreten oder gar einen Hügel zu ersteigen, um einen Blick in die Weite zu werfen, dann wird man von dem mannigfachem Gewimmel im Büschelgras, zwischen den Salbeistauden, der Mesquite oder den Kakteen wenig bemerken. Es sei denn, daß Maultierhirsche unversehens die Straße überqueren und der Fahrer mit kreischenden Bremsen erschrocken zum Stillstand kommt.

Man braucht auch, wenn man die Straße verläßt, nicht gleich zu fürchten, daß man beim nächsten Schritt auf Klapperschlangen oder Skorpione tritt oder von einer Coyoten-Meute angefallen wird. Die Coyoten sind heilfroh, wenn der Mensch ihnen nicht zu nahe kommt, und machen sich schnell aus dem Staub. Und die Klapperschlangen sind selbst in der Rattlesnake Desert äußerst selten und gleiten, wenn ihnen noch Zeit bleibt, lautlos zwischen den Büschen davon. Wenn nicht, klappern sie mit den hornigen Klappern an ihrem Schwanzende und warnen Neugierige – ein Geräusch übrigens, wie ich versichern kann, das man nicht so rasch vergißt. Wer es zum erstenmal hört, bleibt auf der Stelle stehen und verharrt regungslos: Aus uralter Menschenvergangenheit warnt ihn ein längst verschütteter Instinkt unüberhörbar, daß es sich empfiehlt, bei solchen Lauten zunächst einmal zur Salzsäule zu erstarren und vorsichtig Ausschau zu halten, ob und wohin sich der Rückzug antreten läßt.

Auch Skorpione, deren Stich gefährlich werden könnte, sind nicht dicht gesät. Barfuß kann man ohnehin nicht gehen auf dem kiesigen, kantigen, stachligen Wüstenboden, und mit leichten Stoff- oder Turnschuhen, wie sie in Amerika weit verbreitet sind, kommt man auch nicht sehr viel besser voran. Wenn man sich aber nach ein paar Kilometern Wanderung auf dem warmen, bloßen Steppenboden ausstrecken will, um nach mexikanischer Sitte mit dem Hut über dem Gesicht ein Nikkerchen zu machen, dann sollte man sich den Platz vorher sehr genau ansehen, auch dann, wenn man dort sein Zelt aufschlagen will. Skorpione wird man bei der Inspektion wohl nur höchst selten entdecken, aber vielleicht wird man rechtzeitig darauf aufmerksam, daß man drauf und dran ist, sich einem viel begangenen Ameisenpfad querzulegen. Die Ameisen nehmen solche Störungen außerordentlich übel, und es gibt unter ihnen einige Sorten, die dem Tolpatsch, der sie derart belästigt, zu Dutzenden unter die Kleider krabbeln und ihn gehörig zerstechen. Das gibt dann wochenlang brennende, hochrote Bißstellen, die immer gerade dann am unerträglichsten jucken, wenn man sich als respektabler und wohlerzogener Mitteleuropäer nicht kratzen darf. Von der letzten Reise habe ich mir aus der Wüste der Riesenkakteen im Süden Arizonas ein gutes Dutzend solcher Ameisenbisse mitgebracht. Sie haben mir noch das Weihnachtsfest in Deutschland und den Besuch bei meinem Verleger vergällt, und die kleinen, roten Narben sind noch jetzt, fast ein Jahr nach dem Ärger, den ich den Ameisen und die Ameisen mir bereiteten, deutlich zu erkennen. Solche Erfahrungen muß man natürlich als verantwortungsbewußter Reisebuchautor seinen vielleicht allzu sorglosen Lesern weitergeben, sonst haben sich die 36 Mark – oder ist der Preis schon wieder angehoben worden? – nicht gelohnt.

Wenn ich nun schon auf Klapperschlangen, Skorpione und beißwütige Ameisen zu sprechen kam, will ich gleich noch ein anderes entzükkendes Tierchen auftreten lassen, dem insbesondere geruchsempfindliche Menschen mit äußerstem Respekt begegnen sollten. Sonst erleben sie die anrüchigste Überraschung ihres Lebens auf diesem ohnehin nicht mehr sehr wohlriechenden Planeten. Die Pajute-Indianer nannten dieses wunderhübsche, entzückend schwarz-weiß bepelzte Tier mit buschigem, schwarz-weiß gestreiftem Schwanz Puunjutschi mit extra langem Puun, und die Chinook von der Küste nannten es Pipiupiu, was ebenso ausdrucksvoll ist, wenn man es nur richtig ausspricht. Die Amerikaner nennen es Skunk, was unzweideutig an Stunk und Stink erinnert und auch so gemeint ist.

Dieses etwa katzengroße Tier, das nur sein üppiger Pelz und der schön über den Rücken geschwungene Schwanz größer erscheinen lassen, ist durchaus nicht auf die Große Amerikanische Wüste beschränkt, aber reichlich in ihr vertreten. Viele größere Tiere, wie Dachse, Stachelschweine, Luchse, Salbeihähne, Wüstenfüchse oder weiter im Süden Gila-Echsen, wird der Reisende nie zu Gesicht bekommen, wenn er sich an sein Auto klammert und sich nicht entschließen kann, auch einmal für ein paar Stunden querfeldein zu wandern – ist doch in der Steppe das Gelände überall offen, die Fernsicht ausgezeichnet, so daß man sein Auto oder seinen Lagerplatz auf meilenweiten Abstand im Auge behalten kann, wenn man sich nicht nach anderen Wegezeichen richten will.

Aber den Großen oder Kleinen Skunk (auch Zibetkatze genannt) wird jeder, der zwischen den beiden großen Gebirgszügen Nordamerikas unterwegs ist, früher oder später zur Kenntnis nehmen müssen. Man rollt da, einig mit Gott, der Welt und sich selbst, im vorgeschriebenen 88-Kilometer-Tempo eine schnurgerade Straße entlang, rechts und links, soweit das Auge reicht, immer dasselbe Bild, und denkt an nichts Böses – und rümpft auf einmal die Nase. Denn plötzlich ist über die Lüftungsschlitze oder durchs offene Fenster ein noch nie gerochener Gestank ins Wageninnere gedrungen, den man im ersten Augenblick glaubt, nicht aushalten zu können. Später, wenn man dies zum dritten- oder zehntenmal erlebt hat, weiß man, was einem wieder einmal passiert ist: Man hat die unsichtbare »Skunk-Stunkwolke« durchfahren, die ein von einem achtlosen Autofahrer überrollter Skunk hinterlassen hat. Ich habe zweimal auf meinen Fahrten angehalten, um die Quelle des infernalischen Gestanks aufzusuchen. Stets stieß ich auf einen schon verwesten Skunk, erkennbar an den Resten schwarz-weißen Fells. Das Tier war jedesmal schon seit Tagen oder Wochen tot, aber der Riechstoff, den es im letzten Augenblick versprüht hatte, hielt sich noch auf zwanzig, dreißig Schritt im Umkreis.

In Wahrheit ist jedoch der Skunk ein höchst friedliches und liebenswürdiges Tier, das, wenn es schon jung in die Obhut von freundlichen Leuten kommt, zu einem angenehmen, immer zärtlichen und heiteren Hausgenossen wird, der weder sehr furchtsam noch sehr mißtrauisch ist, offenbar Kinder gern hat und mit ihnen voller Vergnügen herumtollt und für jede Aufmerksamkeit dankbar ist, die man ihm angedeihen läßt.

Im südlichen Idaho lernte ich ein junges Ehepaar kennen, das ein Skunk-Pärchen frei im Hause wohnen hatte, wie wir etwa eine Katze. Die Tiere benahmen sich stets musterhaft, liebten es sehr, wenn man sie streichelte, und waren sehr reinlich. Meine Bekannten hatten längst vergessen, daß die beiden geliebten Haustiere Drüsen am After besaßen, die, wenn ihr Inhalt verspritzt wird, das ganze Haus für Wochen unbewohnbar gemacht hätten. Ihre Freunde und Pfleger werden die Skunks niemals in Verlegenheit bringen. Aber man weiß natürlich nie, was geschieht, wenn Besucher einen Hund mitbringen, der noch nie Erfahrungen mit Skunken hat machen können. Der dumme Hund mag in einem unbewachten Augenblick dem friedliebenden Skunk so bösartig zu Leibe rücken, daß dem nichts anderes übrig bleibt, als dem bissigen Besucher eine volle Ladung Skunkin ins Gesicht zu spritzen. Der Hund gibt sich auf der Stelle geschlagen, so besiegt, wie er nur sein kann, läßt für Wochen Schwanz und Ohren hängen und grämt und schämt sich zu Tode. Nur ist dann leider, wie gesagt, auch das Haus, in dem sich die Tragödie abgespielt hat, für Monate unbewohnbar geworden.

Über Skunke, was sie anstellen und was sich mit ihnen alles anstellen läßt, gibt es eine Menge mehr oder weniger anrüchiger Geschichten. E. R. Jackman und R. A. Long erzählen in ihrer vergnüglichen Sammlung von Anekdoten und wahren Begebenheiten über das große Thema *Die Oregon-Wüste* einige davon.

So setzte etwa auf einer Jahresversammlung der wenigen Rancher im Fort-Rock-Tal, im Westen des Großen Beckens, einer der Männer, der seinen Besitz als Junggeselle nur schlecht und recht bewirtschaftete, in langer Rede auseinander, warum die schlechten Kleesaat-Ernten einerseits auf die Verwilderung der Skunke, andererseits aber auf die große Zahl von alten Jungfern in der Gegend zurückzuführen seien und daher diesen mißlichen Zuständen ein Ende bereitet werden müsse – und er, der Redner, wäre bereit, mit gutem Beispiel voranzugehen.

Die Versammlung nahm die Ansprache jenes Mister Lindix mit einigem Erstaunen zur Kenntnis und verlangte, daß er sich näher erkläre. Das tat er auch: Es wäre wohl bekannt, daß sich überalterte Mädchen durch die Bank Katzen hielten, manche von ihnen nur eine Katze, aber viele auch ganze Horden von Katzen. Die alten Jungfern hätten ihren geschwänzten Lieblingen nicht viel Futter anzubieten. Also nährten sich die Katzen vorwiegend von Feldmäusen; die Zahl der Mäuse ginge daher stark zurück. Nun sind Skunke, wie Katzen, ebenfalls auf Mäuse spezialisiert, werden aber, unbeliebt wie sie sind, nicht auch von älteren Damen wenigstens gelegentlich mit Milch oder Abfällen verpflegt. Also hätten die Skunke, um nicht zu verhungern, ihre Ernährungsweise ändern müssen: Sie verlegten sich vom Mäusefang auf den Fang der vielen dicken Hummeln, die sich besonders gern in den Klee-Äckern zusammenfänden, um den Nektar der süßen Kleeblüten zu verspeisen, wobei sie, wie jedermann in der Schule gelernt haben sollte, die Kleeblüten befruchteten. Die mangels Mäusen ihrer natürlichen Ernährungsweise entfremdeten Skunke richteten unter den nützlichen Hummeln so große Verheerungen an, daß die Kleeblüten nicht mehr befruchtet würden. Was wäre die Folge? Die Kleeblüten brächten keine Kleesamen hervor – und die Kleesamenzüchter, so wie er, Charles Lindix, hätten nach all ihrer Mühe mit der Feldarbeit, der Bewässerung und der Ernte nichts zu verkaufen und gingen, wenn die Verhältnisse nicht zu ändern wären, schließlich pleite. Er für seine Person habe die Zusammenhänge klar erkannt. Die alten Jungfern mit ihren vielen Katzen wären letzten Endes an den miserablen Kleesaaternten schuld und müßten aus der Welt geschafft werden. Sie mitsamt ihren Katzen totschlagen könne man ja unter Christenmenschen nicht. Also müsse man sie heiraten; dann verzichteten sie schnell auf ihre Katzen. Er, Charles Lindix, sei nicht gewohnt, sich mit grauer Theorie zu begnügen. Er habe begriffen, daß um besserer Kleesaaternten willen sämtliche Jungfern geheiratet werden müßten; es gäbe ja genug Junggesellen in der Gegend, die auch nicht mehr besonders frisch wären. Er wäre also bereit, mit einer dieser katzenreichen Damen in den Stand der heiligen Ehe zu treten.

Ich habe nicht mit der erforderlichen Gründlichkeit feststellen können, ob es im Fort-Rock-Tal und im Weihnachtstal tatsächlich keine alten Jungfern und demzufolge auch keine schlechten Kleesaaternten mehr gibt; dazu fehlte mir die Zeit. Immerhin ist aus den Beobachtungen des Mister Lindix zu erfahren, daß man sich im östlichen Oregon der großen Kausalzusammenhänge im Naturgeschehen durchaus bewußt ist, wobei dann auch den Skunken ihr Lebensrecht zugestanden wird.

Auch sonst beweisen die Skunke eine gewisse Nützlichkeit, und zwar für Schulkinder. Schulkinder gibt es ja nicht viele in der Gegend, dazu ist die Besiedlung zu spärlich. Man muß sie, damit sie wenigstens die drei wichtigsten »R« der amerikanischen *civilization* lernen: *Reading, Writing* und *-rithmetic*, in einklassigen Landschulen zusammenfassen und unterrichten. Die in der Freiheit der Hochsteppen aufgewachsenen *boys* und *girls* wollen natürlich den häufig wechselnden, meist sehr jungen Lehrerinnen, die schnell »verschlissen«, das heißt, weggeheiratet werden, beweisen, daß sie dem Eindrillen der drei »R« nachdrücklich zu widerstehen wissen: Sie locken einen Skunk mit sanfter List, einer ausgelegten Zuckerfährte, in das Klassenzimmer und erschrecken ihn dann, der Skunk wirft sich blitzschnell herum, hebt den Schwanz und spritzt seinen Stinkstrahl mitten in den Raum. Dagegen ist kein Kraut gewachsen. Der jungen Lehrerin, die, gewappnet mit dem Rüstzeug moderner Pädagogik, zum erstenmal »ihre« Schule betritt, um den lieben Kinderchen *-rithmetic* beizubringen, streckt vor dem Urgestank der unverfälschten Natur die Waffen. Die moderne Pädagogik reicht für solche Zwischenfälle nicht aus, der Unterricht muß mindestens für eine Woche ausfallen, und noch ein halbes Jahr lang erinnert der nur langsam verschwindende *skunky*-Duft die Lehrerin daran, daß mit *desert brats,* mit Wüstenrangen, nicht zu spaßen ist.

Nur noch zwei Tiere will ich erwähnen, die zwar auch anderswo vorkommen, mir aber besonders zu den amerikanischen Trockensteppen des Großen Beckens zu gehören scheinen, *porcupine* und *bobcat,* das Stachelschwein und die – wie soll man's übersetzen? – Quasten- oder Schopfkatze. Um es gleich vorweg zu sagen: Das Stachelschwein ist kein Schwein, und die *bobcat* keine Katze; sie nährt sich zwar von allem, was da kreucht und fleucht, von Mäusen, Erdhörnchen, Pack- und Känguruhratten (die übrigens auch keine Ratten sind, sondern sehr reinliche, zutrauliche Tiere, die ein Böswilliger »Ratten« getauft hat und die deshalb ebenso wie diese mit Ingrimm verfolgt werden), Kaninchen, Feldhühnern und auch Lämmern, wenn sie sie überraschen kann. Die *bobcats* sind eigentlich kleine Wüstenluchse, an ihren mit spitzen kleinen Quasten versehenen Ohren leicht erkennbar. Offenbar haben es die *bobcats* mit ihrem braun und schwarz getüpfelten Fell, ihren langen Läufer-Hinterbeinen und dem kurzen, dicken, schwarz und braun geringelten Schwanz dem Menschen besonders übelgenommen, daß er sie mit dem Namen »Katze«, diesem verweichlichten Haustier, entwürdigt hat. Sie hegen nämlich einen veritablen Haß auf Hauskatzen und bringen ihre domestizierten Vettern mit Vergnügen um, wo immer sie ihrer habhaft werden. Wenn also ein Rancher Katzen hält, um die

Mäuse und die Packratten in Schach zu halten – die zwar, wie gesagt, keine Ratten sind, aber dem müden Wanderer doch auf die Nerven gehen, wenn sie ihm etwa über den Schlafsack oder gar übers Gesicht huschen –, und sich in der Umgegend *bobcats* in größeren Scharen einfinden, was jederzeit geschehen kann, dann hat es mit der Katzenherrlichkeit bald ein Ende. Auch der tapferste Kater ist einer *bobcat* nicht annähernd gewachsen und beschließt sein Heldenleben nur allzu früh.

Werden aber *bobcats* als Jungtiere von verständigen Menschen liebevoll großgezogen, entwickeln sie sich zu treuen, für Zärtlichkeiten dankbaren Haustieren, die, wenn es darauf ankommen sollte, die Aufgaben von gleich drei Katzen übernehmen können. Ich selbst habe *bobcats* zweimal zahm erlebt, bei einer Tankstelle und in einem gepflegten Privathaus, dessen Innenräume sie allerdings nicht betreten durften. In beiden Fällen wurden sie als angenehme Hausgenossen geschätzt, sie gehörten einfach mit dazu.

Von den *porcupines,* den Stachelschweinen, weiß ich dergleichen Freundlichkeiten nicht zu berichten. Diese merkwürdigen Tiere, deren ganzer Körper mit gut zwanzig Zentimeter langen, harten, schwarzweiß gebänderten Stacheln bedeckt ist, haben nichts mit Schweinen zu tun und sind im Englischen wie im Deutschen nur deshalb zu ihrem Namen gekommen, weil ihr verhaltenes Raunzen und Quieken in der Tat der Schweinesprache sehr nahe kommt.

Die Tiere bewegen sich langsam und ungeschickt, nähren sich von Insekten, allerlei Pflanzen und dem Bast unter der Rinde junger Nadelbäume, denen sie damit arg zusetzen. Sie scheinen unter ständigem Salzmangel zu leiden, machen sich über alles her, was auch nur entfernt nach Salz schmeckt, und zernagen es gründlich: so zum Beispiel schweißgetränkte Pferdegeschirre oder Sättel; Stiele von Forken, Spaten oder Äxten; Dielenbretter, auf die salziges Fett aus der Bratpfanne gespritzt ist. Wo Stachelschweine zur Landplage werden, kann man ihnen den Salzhunger leicht zum Verhängnis werden lassen, indem man mit Salz vermischtes Strychnin ausstreut. In der eigentlichen Trockensteppe kommen sie nicht allzu häufig vor. Ihre bevorzugten Wohngebiete liegen an den Rändern des Großen Beckens, wo das Gelände ansteigt und Wacholderhaine und Föhrenwälder gedeihen.

Stachelschweine haben ein friedliches Gemüt, sind immer in der Defensive. Wenn sie sich bedroht fühlen, kringeln sie sich zusammen und verlassen sich auf ihre Stacheln. Daß sie fähig sein sollen, ihre Stacheln auf Angreifer abzuschießen, wird zwar immer noch behauptet, ist aber ein Märchen. Richtig ist vielmehr, daß sich die Stacheln leicht aus der Haut lösen und etwa einem Hund, Coyoten oder einer *bobcat,* die noch keine Bekanntschaft mit Stachelschweinen gemacht haben, im Maul, am Kopf oder in der Brust stecken bleiben. Die Stacheln sind mit winzigen Widerhaken versehen und arbeiten sich mit jeder Bewegung tiefer in Haut und Muskeln des Angreifers ein. Wenn der junge Hund oder Coyote das auch nicht in jedem Fall mit dem Leben bezahlen muß, hat er doch einen Denkzettel bekommen, den er sein Leben lang nicht vergißt.

Den Stachelschweinen wird weiterhin nachgesagt, daß sie für verirrte Waldläufer, Wanderer oder sonstwie in der Einöde gestrandete Leute eine Art eiserne Ration darstellen. Sie sind ja mancherorts ziemlich zahlreich vertreten, greifen nicht an, laufen auch nicht weg, sondern kringeln sich nur zusammen. Dann kann man sie leicht mit einem Knüppel erschlagen. Über offenem Feuer nach Indianerart gebraten – die Stacheln verkohlen dann und lassen sich mit der Haut verhältnismäßig leicht abziehen –, sollen Stachelschweine sehr gut, ähnlich wie Schweinefleisch, schmecken. Vielleicht ist daher auch ihr Name zu erklären. Doch habe ich mich noch nicht in der Wildnis verlaufen und würde es auch nicht übers Herz bringen, ein harmloses Stachelschwein brutal mit einem Knüppel zu erschlagen. Im Notfall, wie auf dem Steens Mountain, ernähre ich mich lieber von brutal im Netz gefangenen, dann geköpften und in Olivenöl ertränkten portugiesischen Ölsardinen.

15. Seitensprung zur Küste des Weltmeers

Ich war der Wüste untreu geworden. Ich hatte der Versuchung nicht widerstehen können, am Mt. Shasta vorbei über die Küstenkette hinweg zum Pazifischen Ozean hinüberzufahren, um mich noch einmal auf der California-1 nach Süden weiterzubringen, Richtung San Francisco. Doch wollte ich die große Stadt selbst vermeiden. Mir liegt nichts an großen, schrecklichen Städten, selbst wenn sie San Francisco heißen.

Vor fünfzig Jahren nämlich, ehe Hitler und der Zweite Weltkrieg das alte Deutschland zerstörten, war ich schon einmal von San Francisco aus unmittelbar an der Küste auf dieser damals noch sehr groben und abenteuerlichen Route nach Norden gegondelt und hatte einiges dabei erlebt, was mir über ein halbes Jahrhundert hinweg unvergeßlich geblieben ist: Einerseits ein reichlich bösartiges Rencontre mit amerikanischen Banditen, das mich leicht hätte Kopf und Kragen kosten können (es war das einzige Mal in meiner mehr als fünfzigjährigen intimen Bekanntschaft mit den Vereinigten Staaten, bei dem ich mit amerikanischem Lumpenpack unmittelbar in Berührung kam) –, und andererseits hatte ich wie ein Wunder die gewaltigsten und ältesten Lebewesen erlebt, die es auf unserer kleinen, aber so erstaunlichen, ja mit Wundern wirklich reich gesegneten Erde gibt, nämlich die Riesenbäume auf den westlichen Abhängen der die westamerikanische Küste begleitenden Gebirge, die Redwoods an der nordkalifornischen Küste und die Sequoias in der Sierra Nevada im mittleren und südlichen Kalifornien abseits der Küste.

So ungeheuren Eindruck hatten mir damals die Bestände dieser Giganten unter den Bäumen gemacht, daß ich lange von ihnen geträumt habe. Ich konnte einfach nicht damit fertig werden, daß es lebendige Wesen gab, die höher als Kirchtürme über mir grüne Wipfel in den starken Winden vom Weltmeer rauschen ließen, deren Wurzelstöcke Umfänge aufweisen, daß ein Dutzend Männer mit ausgebreiteten Armen sie nicht umspannen konnte, lebende Wesen, Pflanzen, Bäume, neben denen selbst Elefanten oder Wale zu Zwergen schrumpfen. Damals, als ich zum erstenmal in einem Hain von Sequoias und dann in anderen von Redwoods stand, als ich erlebte, wie der Autoweg durch den Stamm eines solchen Riesenbaumes hindurchführte, der am Boden wie auf starken Pfeilern stand, mußte ich anhalten und aussteigen, um mich davon zu überzeugen, daß die Straße wirklich nicht um den Baum, sondern durch den Wurzelstock gelegt war. Mich überkam dann wie nie zuvor das Gefühl, was für ein winziges, ameisenhaftes Wesen der Mensch auf dieser Erde ist. Strebten doch um mich her ungeheure, gleichmäßig aufstrebende Säulen in das tiefe Blau des kalifornischen Himmels, als wären sie dazu bestimmt, diesen Himmel zu tragen und wären auch fähig dazu! Niemals zuvor hatte sich mir die Schönheit, aber auch die überwältigende Majestät der Schöpfung mit solcher Eindringlichkeit offenbart wie damals, als ich zum erstenmal den Wald erlebte, den die Amerikaner »Cathedral Forest« nennen, den Wald als Kathedrale, als Dom.

Nun war ich hier, aus dem südöstlichen Oregon kommend, in die Nähe dieser unvergessenen Wälder geraten. Die Versuchung war in der Tat zu groß gewesen. Ich brauchte nur über das Küstengebirge zu fahren und die US-101 gewinnen; sie würde mich in die Redwood-Wälder führen. Später würde ich die Sierra Nevada ostwärts überwinden müssen, um in die dort wüstenhafteste Wüste zurückzukehren; zuvor würde ich dann auch den Sequoias wieder begegnen.

Um es gleich an dieser Stelle aufzuklären: Auch die Redwoods (was ja »Rothölzer« bedeutet) sind Sequoias, botanisch gesehen; ihr wissenschaftlicher Name lautet *Sequoia sempervirens,* während die Sequoia der Sierra Nevada auf den vollmundigen Namen *Sequoiadendron giganteum* zu hören hat, wie es die gelehrten Botaniker beschlossen haben. Das Redwood (auch die Sequoia der Sierra, das Giganteum, hat eine »rote«, besser zimtfarbene Rinde; außerdem ist das Holz beider Arten rötlich gefärbt) erreicht eine größere Höhe (bis zu 110 Meter kerzengerade aufragend) als das Sequoiadendron giganteum; dieses entwickelt aber eine größere Stärke oder Dicke des Stammes, der bis zu achtzig Meter und darüber hoch wird. Die Sequoia enthält also im Durchschnitt mehr Holz als das Redwood.

Natürlich stürzte sich, als es in den letzten Jahrzehnten des vorigen Jahrhunderts soweit war, die ausbeutende amerikanische Holzwirtschaft auf die Sequoia der Sierra, mußte jedoch bald erkennen, daß ihr Holz nicht besonders gut zu verwenden war; es zeigte sich in der praktischen Nutzung allzu spröde und porös. Um so besser aber war die Sempervirens, das Redwood, für alle nur denkbaren Zwecke geeignet. Den Redwood-Beständen ging man also mitleidlos zu Leibe.

Die wunderbaren Rothölzer in den Beständen im Norden Kaliforniens an der Küste sollten nun, wie ich gehört hatte, zum allergrößten Teil ausgeschlagen sein. Nur noch ein Anteil von neun Prozent der Bestände war 1974 noch nicht von der Holzindustrie »verwertet« worden. Inzwischen ist der Einschlag der königlichen Bäume unerbittlich weitergegangen.

Erst 1968 hatte sich die amerikanische Bundesregierung unter Präsident Lyndon B. Johnson dazu durchgerungen, von den Resten der Rotholz-Haine wenigstens einiges zu erhalten und als *Redwood National Park* der wirtschaftlichen Nutzung zu entziehen, nachdem bereits Kalifornien drei nichtzusammenhängende Gebiete zu Nationalparks erklärt hatte. Alles in allem wäre es notwendig gewesen, etwa 3,6 Millionen Hektar Wald zum Schutzgebiet zu erklären. Doch die bisher vor der Vernichtung bewahrten Gebiete umfassen insgesamt nur 2,3 Millionen Hektar. Leider hat man sich nicht dazu entschließen können, eine geschlossene Region von der Wasserscheide im Gebirge bis zur Küste zu schützen. Die Kahlschläge in den Bergen haben dort den Boden entblößt, der nun von den starken Regenfällen hinweggeschwemmt wird. Die ungezügelt in die Tiefe stürzenden, mit Schlamm und Geröll vermischten Wassermassen entwurzeln dann weiter unterhalb Bäume und ganze Wälder und verschütten die Täler. Als 1950 der Bull Creek entsetzliches Hochwasser führte, weil seine Quellgebiete kahlgeschlagen worden waren, vernichtete er im »Rockefeller-Hain« nicht weniger als neunhundert der herrlichen Bäume, die man schon für alle Zeiten »gerettet« geglaubt hatte.

Die bisherigen Schutzmaßnahmen sind also recht unzulänglich. Von

An der Pazifik-Küste in Kalifornien.

Mount Shasta.

Versperrte Straße in der winterlichen Sierra Nevada.

In der Sierra Nevada.

Der Ubehebe-Krater im Todestal *(Foto David Muench)*.

Bad Water, die tiefste Stelle im Todestal und in ganz Nordamerika.

der Menschheit ganzem Jammer wird man erfaßt, wenn man sich überlegt, daß hier in wenigen Jahrzehnten um des blanken Profits willen eine der großartigsten Schöpfungen der Natur vernichtet worden ist. Die Sequoia der Sierra Nevada wird rund viertausend, das Redwood der Küstenwälder »nur« zweitausendzweihundert Jahre alt. Die Bäume, die jetzt geschlagen worden sind, um Dachbalken, Stühle oder Zeitungspapier daraus zu machen, wiegten bereits ihre Kronen in den Winden des Ozeans, als unsere Zeitrechnung, die mit Christi Geburt als dem Jahr 1 einsetzt, noch gar nicht begonnen hatte, als weite Teile Europas noch eine von barbarischen Stämmen bewohnte Wildnis waren. Etwa achthundert Jahre dauert es nach den Schätzungen kundiger Gelehrter, bis die Stämme der Redwoods jene Mächtigkeit und Höhe erreicht haben, die den wahrhaft überwältigenden Eindruck vermitteln, inmitten einer riesigen Kathedrale zu stehen. Gewiß, solche Eindrücke sind nichts wert, wenn man sie in Geld ausdrücken will. Aber ist es nicht so, daß das Lebenswichtigste auf dieser Welt niemals und nirgendwo in Geld auszudrücken ist? Durch einen Kathedralen-Wald der *Sequoia sempervirens* zu wandern und der Großartigkeit der Schöpfung innezuwerden wie vielleicht nur noch bei einem Orkan auf hoher See oder beim Blick vom Gipfel eines hohen Berges – das sind Erlebnisse, die durch nichts ersetzt, schon gar nicht gekauft werden können.

Die Holzgesellschaften rühmen sich neuerdings, daß sie die kahlgeschlagenen Urwaldgebiete wieder aufforsten, nicht etwa, um zweitausend Jahre zu warten, bis abermals Wälder voller Riesenbäume entstanden sind, sondern um in fünfzig bis achtzig Jahren erneut Redwoods schlagen zu können. Die Stämme haben dann eine Länge und einen Umfang erreicht, die sich für den Transport und die Verarbeitung besser eignen als die der zweitausendjährigen Riesen. Und wieder hätte dann der Mensch bewiesen, daß er nicht nur willens, sondern auch fähig ist, sich »die Erde untertan« zu machen, wie ihm im ersten Buch Mose geraten wird. Wenn man sieht, was unter dieser Devise auf Erden alles angerichtet worden ist, wird jeder einigermaßen empfindsame Beobachter von kaltem Grausen gepackt.

Ja, wenn es Sequoias so zahlreich gäbe wie etwa Kiefern oder Fichten, dann könnte man sich damit abfinden, daß hin und wieder auch diese herrlichen Bäume genutzt und verwertet werden. Aber Redwoods wachsen nur in einem höchstens fünfzig Kilometer breiten und etwa siebenhundert Kilometer langen Küstenstreifen von den Santa-Lucia-Bergen (südlich von San Francisco) bis hinauf an die Grenze zwischen Kalifornien und Oregon. Und *Sequoiadendron giganteum* kommt nur an den Westhängen im Südteil der Sierra Nevada vor. Außerhalb dieser eng begrenzten Region kennt man nur noch in Zentral-China auf ebenfalls relativ kleinem Gebiet eine dritte Sequoia-Art. Überall sonst sind die in früheren Erdzeitaltern weit verbreiteten Bäume mit dem Mammut und dem Ichthyosaurus ausgestorben. Muß es gerade die heutige Menschheit sein, die diesen letzten Giganten aus vergangenen Epochen unseres immer mehr verschandelten Planeten den Garaus macht und ihnen nur noch erlaubt, in einigen unzulänglichen Reservaten an der nordkalifornischen Küste und im Sequoia- und King's-Canyon-Nationalpark weiter im Süden zu überleben?

Sequoias brauchen für ihr Wachstum das ganze Jahr über milde Temperaturen und viel Regen, vor allem aber feuchte, laue Nebel, um ihre Kronen darin zu baden. In den beiden amerikanischen Regionen, wo die letzten Riesenbäume beheimatet sind, fällt bis zu drei Metern Regen und mehr im Jahr. Die mittleren Jahrestemperaturen liegen zwischen zehn und zwanzig Grad Celsius, und Nebel über und zwischen den Wipfeln gibt es reichlich. Das sind ideale Lebensbedingungen für die beiden Sequoia-Arten. Die Bäume verarbeiten Sonne, Wasser und Nährstoffe des Bodens so vorzüglich, daß sie schon in fünfzig Jahren eine Höhe von dreißig bis fünfzig Metern erreichen. Die Sempervirens wird an Höhe, das Giganteum an Mächtigkeit, an Volumen des Stammes von keinem anderen Baum übertroffen. Nur die Montezuma-Zypressen sind, was die Dicke des Stammes angeht, den Sequoias der Sierra Nevada überlegen. Dafür erreicht dieser Staatsbaum Mexikos nur eine Höhe von vierzig bis fünfundvierzig Metern; sein Stamm kann bis zu fünfzehn Metern Durchmesser aufweisen.

Nun wollte ich also mit eigenen Augen sehen, was aus den Redwood-Wäldern in den letzten fünfzig Jahren geworden war. Von »Wäldern« sollte ich eigentlich nicht sprechen. Größere Bestände der gleichen Baumart gibt es in den Urwäldern Amerikas so gut wie überhaupt nicht; stets handelt es sich um Mischwälder mit einer Fülle verschiedener Baumarten. Wenn zwanzig unter hundert Bäumen Redwoods sind, so spricht man bereits von einem Redwood-Wald. Allerdings hat es mich oft verwundert, daß gleich ein halbes Dutzend und mehr dieser Riesen oft so dicht beieinanderstehen, daß sich ihre gewaltigen Wurzelstöcke beinahe berühren. Es ist daher nicht immer ganz leicht, sich zwischen ihnen hindurchzuwinden.

Natürlich haben sie ursprünglich, vor tausend oder zweitausend Jahren, in beträchtlichem Abstand voneinander den Weg in ihre schwindelnde Höhe gesucht. Aber dann legten sich die Stämme unter der faustdicken Borke einen Jahresring nach dem anderen zu, überstanden zahlreiche Waldbrände, wie sie zum Leben dieser Urwälder gehören, und nahmen an Umfang und Durchmesser ständig zu, bis ihre gewaltigen Wurzeln einander berührten und sich umeinander schlangen.

Nahezu alle Stämme tragen an ihrem Fuß bis in eine Höhe von zehn Metern die schwärzlichen Spuren der Waldbrände, die fast ausnahmslos seit Menschengedenken von den Blitzen der unzähligen Gewitter entfacht werden, die über die Gebirge an der Grenze zwischen Meer und Festland hereinbrechen. Die dicke Borke schützt die Riesen vor den zumeist am Boden dahinkriechenden Feuern. Und selbst dort, wo die Flammen bis auf den saftführenden Bast und zum Holz vordringen und dem Baum echte Wunden zufügen, gelingt es ihnen nicht, ihn abzutöten. Die Wunde verheilt im Lauf der Jahre, wächst wieder zu, wird durch Borkenwülste abgekapselt.

Die Feuer aber haben den Boden von Kraut und Gestrüpp befreit und ihn mit Asche gedüngt. Die Samen aus den Wipfeln der hohen Bäume, die von den Flammen nicht annähernd erreicht werden, finden einen gereinigten und vorbereiteten Boden vor, in welchem sie keimen können. Ja, man hat inzwischen nach sorgfältiger wissenschaftlicher Prüfung erkannt, daß es ohne die Waldfeuer gar nicht zur Aussaat der Sequoia-Samen käme.

Jedes Jahr produziert die Sequoia unzählige neue Zapfen, von denen jeder ein- bis dreihundert Samen enthält. Ein großer Baum mag an die 40.000 Zapfen tragen, hält also etwa acht Millionen Samen bereit, von denen jeder sich zu einem neuen Baum auswachsen könnte. Die Zapfen bleiben jedoch Jahr für Jahr geschlossen am Baum hängen, soweit sie nicht von Eichhörnchen geöffnet werden; diese wie weißbraune oder weißgraue Blitze durch die Zweige huschenden, possierlichen Tierchen erlaben sich aber nur an den fleischigen Schuppen der Sequoia-Zapfen und lassen die Samen zur Erde rieseln. Diese Samen sind jedoch mit großer Sicherheit verloren, denn, um erfolgreich zu keimen, brauchen sie nicht nur reichlich Feuchte und milde Temperaturen, sondern auch viel Sonnenlicht und einen kahlen, mineralreichen Boden. Die von den Eichhörnchen, den Chickarees vor allem, aus den Zapfen befreiten Samen fallen meist zwischen das Kraut und Unterholz am Boden und gehen ein.

Wenn aber erst das Feuer durch den Wald gegangen ist – was unter ungestörten Verhältnissen in diesen gewitter-, also blitzreichen Landschaften alle fünf bis zehn Jahre passiert –, dann hat die aus dem Untergrund in die Höhe steigende heiße Luft die bis dahin immer noch grün und saftig umhüllten Zapfen getrocknet. Wenige Tage später springen sie auf und verregnen ihre abertausend Samen in die Tiefe auf den jetzt von Gras und Kraut befreiten und gut gedüngten Boden. Vielleicht geht ein einziges Samenkorn von den Millionen ausgestreuter Samen auf und übersteht die gefährlichsten ersten Jahre seines Lebens; das würde schon mehr als genügen, um den Bestand der Sequoias zu sichern. Und wenn man sich erst klarmacht, daß ein zweitausend Jahre alter Baum im Verlauf seines Daseins an die fünfzehn oder sechzehn Milliarden Samen erzeugt hat, daß aber nur einer oder zwei davon genügen, um das Fortdauern der Art zu gewährleisten, so hat man sich voller Bewunderung einzugestehen, daß das Leben auf dieser Erde mit fast unvorstellbarer Verschwendung dafür Sorge trägt, daß es nicht versiegt.

Anzumerken wäre vielleicht noch, daß die Sequoia, die uns mit ihrer Größe und Mächtigkeit als eine kaum glaubliche Ausnahme unter den Bäumen erscheint, in Wahrheit eine solche Ausnahme nicht darstellt. Vielmehr begünstigt das kühl-warme und feuchte Klima der Westhänge des Küstengebirges im nördlichen Kalifornien und der Sierra Nevada auch das Wachstum aller anderen Baumarten. Fichten, Föhren, Laubbäume jeder Art luxurieren in diesen gesegneten Gefilden und entwickeln sich zu kräftigeren Erscheinungen als Bäume der gleichen

Art anderswo. Und das gilt nicht nur für die Vegetation an der kalifornischen Küste (weiter nach Süden, ins Mexikanische hinein, wird sie übrigens wüstenhaft), sondern in ebensolchem Maße für die ganze Westküste Nordamerikas bis nach Alaska hinauf. Die Wälder über der Oregon-Küste, die auf der Olympio-Halbinsel im Staate Washington, die auf der langgestreckten Vancouver-Insel vor der westkanadischen Küste übertreffen an Üppigkeit, Artenfülle und Pracht alle anderen Wälder der gemäßigten Zone der Nordhalbkugel unserer Erde.

Die Sequoias aber in ihren beiden Arten *sempervirens* und *giganteum* sind und bleiben das wahrhaft königliche Geschlecht unter den Bäumen, die gewaltigsten und ältesten Formen des Lebens auf dieser Erde überhaupt!

Von Burns aus am Nordrand der Oregon-Wüste hatte ich mich wieder der US-395 anvertraut. Ich wollte, wie gesagt, nach Süden und Westen reisen, um noch einmal in meinem Leben unter den königlichen Redwoods zu wandeln – falls die Holzindustrie noch einige übrig gelassen haben sollte. Das würde mich, wenn ich etwa zwölf oder mehr Fahrstunden am Tag ansetzte, in zweimal vierundzwanzig Stunden nach Crescent City in der äußersten Nordwest-Ecke Californias bringen. Dazu würde ich zuletzt die US-199 benutzen müssen, die wenige Meilen, bevor sie in Crescent City am Pazifischen Ozean endet, den äußersten Norden des sehr schmal neben der Küste südwärts verlaufenden Redwood-Parks durchquert. Ich kalkulierte: Wenn schon 1974 nur noch neun Prozent ursprünglicher Bestände von *Sequoias sempervirens* übrig waren, so wird jetzt, 1980, außerhalb der Baum-Schutzgebiete, eben der auch hier wieder für Europäer mißverständlich so genannten »Parks«, nicht mehr viel zu finden sein. Denn die damals noch ungenutzten neun Prozent hatten privaten Gesellschaften gehört und die würden sicherlich seitdem gefällt haben, was sich irgend lohnte, um einer Ausweitung des Schutzgebiets zuvorzukommen.

Das etwa achtzig Kilometer lange, jedoch nur ein bis zehn Kilometer breite, aus sechs verschiedenen Teilen bestehende Redwood-Schutzgebiet, der Länge nach von der US-101 durchschnitten, läuft in seinem äußersten Süden, nachdem die 101 hinter dem kleinen Dörfchen Orlick zur Stein-Lagune an der Küste abgeschwenkt ist, in einen langen, schmalen Zipfel aus, am Redwood-Bach (Redwood Creek) entlang. In diesem südlichsten Zipfel erhebt sich der höchste Baum der ganzen Welt, eine *Sequoia sempervirens,* die 135 Meter hoch in den tiefblauen kalifornischen Himmel ragt. Das Alter dieses Baumes wird auf sechshundert Jahre geschätzt; seine Zeit des Wachstums ist also noch längst nicht zu Ende. Die obersten fünf Meter des Baumes, soweit man es aus der Tiefe erkennen kann, sind vertrocknet. Sollte diese Spitze bei einem der schweren Herbst- oder Winterstürme abbrechen, so würde der Ruhm, den höchsten Baum der Welt erzeugt zu haben, doch dem Redwood-Creek erhalten bleiben, denn der zweitgrößte steht nur einen knappen Kilometer bachab ebenfalls in diesem Südzipfel des Schutzgebiets, steht noch, ist man versucht zu sagen, denn der Park zieht sich hier nur als ein nicht einmal einen Kilometer breiter Streifen am Bachlauf entlang.

Außerhalb des schmalen Streifens sind die Hänge schon so gut wie »abgeerntet«, der Boden ist dort seines natürlichen Schutzes beraubt. Das natürliche Gleichgewicht der ganzen Landschaft am Redwood-Creek könnte also so verhängnisvoll gestört sein, daß ein oder mehrere dicht aufeinander folgende Wolkenbrüche (wie schon am Bull Creek geschehen) das ganze Tal in Bewegung bringen und die noch unversehrten Wälder längs des Baches unter einer Lawine aus Wasser, Schlamm, Geröll und entwurzelten Bäumen begraben.

Vor vielen Jahren, damals, als ich noch gut zu Fuß war, bin ich am Bach auf leicht erkennbarem Pfad von der Fahrstraße oberhalb Orlick her die etwa ein Dutzend Kilometer entlang gewandert, um den Königen unter den Bäumen einen Besuch abzustatten. Obgleich ich dann auf dem Rückweg müde war wie ein Karrenhund – nicht einmal so sehr vom Laufen als vom Staunen, Schauen und der Freude an dieser namenlos herrlichen, unberührten Natur –, rechne ich doch diese Wanderung zu den Höhepunkten meiner Existenz.

Neben mir rauschte der Fluß. Sein glasklares Wasser rann über rundgeschliffenes Gestein und warf hier und da silberne Schaumzeilen auf, wo es Felsen zu überspringen hatte. Am Himmel segelte eine weiße Schönwetterwolke nach Osten. Ich wanderte wie durch ein kühles, grünes Verlies – das Dach turmhoch über mir, von einem Wald kerzengerader Stämme gestützt, Stämmen in solcher Zahl, Säulen mit rauher Rinde in mannigfacher Tönung und Textur, daß ich nicht zu fürchten brauchte, der Himmel würde einfallen.

Zur Rechten waren der Wald und das Unterholz undurchdringlich, zur Linken aber blitzte es immer wieder zwischen den Bäumen auf: Dort floß der Redwood Creek dem Meer zu. Ein Eichelhäher mit schimmerndem Gefieder flog durch die Zweige über dem Flußufer und warnte alles übrige Vogelvolk, daß sich ein Fremder nähere, ein Störenfried, der Unruhe in die kühle und doch durchsonnte Stille dieser freundlichen Gründe brachte. Ich versuchte, dem Häher gut zuzureden und ihm meine Harmlosigkeit zu beteuern. Doch kam ich damit nicht an. Keckernd und krakeelend flatterte er vor mir her in der schmalen Gasse, die sich der Redwood-Creek-Pfad durch das Gehölz bahnte, und beschimpfte mich lauthals. Schlagartig dann verstummte sein zorniges Warngeschrei. Mit einem letzten Krächzer schwang er sich in die hohe grüne Dämmerung zu meiner Rechten und verschwand auf Nimmerwiedersehen: Vielleicht hatte er sich doch von meiner Ungefährlichkeit überzeugt.

Zuweilen traten Laubwerk und Gebüsch zwischen mir und dem Fluß beiseite und gaben für einige Schritte den Blick auf das gegenüberliegende Ufer frei, das von der Sonne mit Fluten von Licht überschüttet wurde. Dicht drängte sich dort, von den bunten Farben des Herbstes noch kaum berührt, das Unterholz, überragt von den pfeilgeraden Stämmen der Tannen und Föhren. Über sie hinaus erhoben sich die kraftvollen, schlanken Redwoods, oft in Gruppen zu sechs oder sieben, seltener allein.

Ganz unvorbereitet stand ich mit einem Mal vor dem größten Baum der Welt, wie mir ein kleines Schild verkündete. Die Höhe war genau angegeben: 367,8 Fuß! Ungeheuer stieg die gewaltige, rauhrindige Säule vor mir auf in eine Höhe, die ich mit den Augen nicht mehr erreichen konnte; dazu stand ich zu dicht am Stamm. Ich berührte die langgefurchte Rinde, sie fühlte sich warm an, als kreiste darunter Blut. Eine tiefe Rinne war schnurgerade von weit oben bis hinunter zur Wurzel in den Stamm geschnitten. Ich wußte sie mir nicht anders zu erklären, als daß irgendwann vor langer Zeit – denn der Schnitt war schon vernarbt – ein Blitz den Stamm entlanggefahren war und ihm sein Brandmal eingekerbt hatte.

Ich war ganz allein damals in der grünen Waldeinsamkeit, ganz nahe dem allerhöchsten Lebewesen dieser Erde. Das sanfte Rauschen der Wipfel erfüllte die Luft als ein immerwährender dunkler Gesang. Im Unterholz raschelte ein kleines Tier; ich konnte es nicht erblicken, es schien sich nicht vor mir zu fürchten. Und ringsum hier und da ragten gewaltige Säulen über die Rhododendron-Büsche und anderes grünes Blattgewirr in den blauen California-Himmel, der allerdings nur hier und da wie verstohlen durch die Lücken im Blätterdach zu mir herniederblickte. Seit tausend Jahren standen sie hier schon, die königlichen Bäume, die »langen Kerls«, das Garde-Bataillon des lieben Gottes, als von mir winzigem Wesen noch niemand etwas ahnte – und würden auch noch in tausend Jahren ihre Kronen in den lauen Winden vom Stillen, dem Großen Ozean wiegen, wenn von mir auch die geringste Spur längst verwischt sein würde. Und doch war ich fähig – schnell vergänglich, wie meine Existenz auch sein mochte –, in meinen Sinnen und Gedanken Schicksal und Schönheit dieser ungeheuren Wesen in mich aufzunehmen, all diese namenlose, absichtslose Herrlichkeit, diesen wahrhaft himmlischen Glanz um mich her inmitten einer der Heimat sehr fernen und andersartigen Landschaft unter einem wie nie zu Hause so tief blauendem Himmel. Mit diesen wahrhaft einmaligen, alles menschliche Maß weit übersteigenden Geschöpfen war ich nicht zu vergleichen, weder an Stärke, noch an Alter oder Pracht. Und doch begriff ich sie aus tiefstem Herzen, sozusagen mit allen meinen Fasern als sonderbare Verwandte, als Geschwister des Lebens. Solches aber ist den Bäumen nicht gegeben, sondern nur uns Menschen unter allem, was da grünt und blüht, fleucht und kreucht. Wohl niemals ist mir das sonderbar Widersprüchliche der menschlichen Existenz auf dieser kleinen Erde, ihre Ärmlichkeit einer-, ihre Großartigkeit andererseits so unmittelbar bewußt geworden, wie unter den Hängen der Siskiyou-Berge in der nordkalifornischen Küstenkette und in den unvergleichlich herrlichen drei Schutzgebieten an den Westflanken der Sierra Nevada, welche die Namen Yosemite-, King's Canyon- und Sequoia-National-Park tragen. Die Namen verdienen die Weltberühmtheit, deren sie sich, glaube ich, rühmen können.

Im Jahre 1980 indessen, als ich den Redwood Creek Trail durch den Lady Bird Johnson-Hain (zwei Kilometer östlich von Orlick) noch einmal zu begehen unternahm, bin ich den inzwischen gut gebahnten und keineswegs mehr spärlich begangenen Pfad zwar noch bis über die Brücke hinweg, die den noch immer munter murmelnden Redwood Creek quert, vorgedrungen. Aber bald danach kehrte ich böse und traurig um. Denn dort, wo das Schutzgebiet sich stark verengt und nur noch als schmale Gasse dem Fluß stromauf folgt, hörte ich von außerhalb des geschützten Streifens längs des Gewässers das unverkennbare Kreischen und Heulen starker Motorsägen und ein paarmal auch die dumpfen Paukenschläge zu Boden krachender gefällter Bäume. Der Holzeinschlag war also dem Landschafts-Schutzgebiet, hier dem Redwood-National-Park, schon ganz nahe auf den Leib gerückt.

Ich mochte nicht weiter wandern, drehte um, fand mein Auto dort, wo ich es an der US-101 stehengelassen hatte und machte mich weiter auf den Weg nach Süden. Und wenn ich auch für eine kurze Strecke hinter Orlick noch einmal einen letzten südlichen Ausläufer des National Parks durchquerte und mich dort an den grandiosen Bäumen, die immer wieder an der Straße auftauchten, hätte erfreuen können, so blickte ich dort kaum noch hin, sondern nur noch auf den Tachometer. Das Geheul der Motorsägen dicht beim Redwood Creek klang mir noch in den Ohren.

In meinem Eifer, auf die Sequoias zu sprechen zu kommen, habe ich versäumt, wenigstens ein paar Worte über den Mount Shasta zu verlieren – und das, wofür er steht!

Es hatte mich also aus dem Großen Becken in Oregon im Norden des Staates California hinübergezogen. Schon lange bevor ich in den recht großen und offenbar wohlhabenden Ort, ebenfalls Mt. Shasta geheißen, einlief, um mich im »Best Western Motel« einzuquartieren, hatte der im Glanz seiner Gletscherkuppe prunkende riesige Kegel des (erloschenen?) Vulkans über den Wäldern gestanden wie ein in das tiefe Blau des Himmels gehobenes, riesiges Juwel. War der Gipfel zunächst über dem Horizont nur ganz zart angedeutet gewesen, ein heller Hauch über der Kimm, so wuchs er mir dann höher und höher entgegen. Immer wieder gaben die Wälder, welche meine Straße (die California-89) als ein prachtvolles Defilee begleiteten, über viele Lichtungen hinweg, den Ausblick auf den wunderbaren Berg frei, und endlich bot er sich in voller, durch keine Vor- oder Nebenberge geminderter Gestalt in ganzer Größe dar, umringt vom Samt der Wälder, blaugrün am Fuß, darüber über der Baumgrenze in bräunlich-schwarzem und hellerem Gestein ein Kranz um den sich in schöner Kurve aufwärts verjüngenden Kegel und schließlich als Krönung und zur Vollendung des großartigen Farbendreiklangs das makellose silbrige Weiß der Firne und Schneefelder an der Spitze des herrlichen Berges, dem man seine stolzen viertausend und dreihundertsiebzehn Meter gerne glaubt; unvergeßlich, ein vollendetes Meisterwerk der Schöpfung, das unwirklich reine Silber der vergletscherten Kuppe vor dem Inbegriff allen Blaus, dem warm blühenden, nicht einmal durch die Ahnung eines Dunstes getrübten kalifornischen Himmel!

Ich hatte eine weite Fahrt hinter mir, war hungrig und ging deshalb wie meistens schon sehr früh zum Dinner in den Speisesaal meines – übrigens ausgezeichneten – Motels, konnte mir also, da der Andrang noch nicht eingesetzt hatte, einen Tisch am großen Fenster aussuchen. Wie ein amerikanischer Farbdruck mit überstark betonten Farben erhob sich der prunkende Berg namens Shasta im weiten Rahmen des Panorama-Fensters. Und plötzlich erkannte ich, daß ich von jeher die amerikanischen Farbdrucker zu Unrecht beschuldigt hatte, alle Farben viel zu knallig zu betonen. Zu Unrecht, denn ich hatte es beinahe greifbar deutlich vor Augen: Amerikanische Farben in der freien Natur sind in der Tat leuchtender, kräftiger als die milderen Tönungen europäischer Landschaften. Und natürlich wollen die amerikanischen Farbdrucker ihrer Wirklichkeit ebenso gerecht werden wie die Europäer ihren verhalteneren Stimmungen und atmosphärischen Effekten. Schon im Großen Becken in Oregon war es mir so ergangen: In der völlig reinen, weder durch Staub noch städtische Dünste getrübten Luft leuchteten Land, Ferne und hoher Himmel mit solcher Intensität, daß man die Augen verengen mußte, um nicht ständig geblendet zu werden. Wieder hatte ich ein bißchen mehr vom Wesen Amerikas erfaßt, denn die starken, sozusagen auftrumpfenden Farben eigentlich aller amerikanischer Landschaften geben auch dem amerikanischen Lebensstil bis in die Wirtschaft hinein das Gepräge.

Mount Shasta – in der kühlen Dunkelheit des Morgens danach ließ ich mein Auto zur nahen Interstate Nr. 5* hinunterrollen; diese mußte ich ein Stück nach Norden bis über Yreka hinaus verfolgen, um das Tal des Klamath-Flusses zu erreichen, dem ich mich für den Abstecher zur Küste anvertrauen wollte. Als ich dann auf der so gut wie leeren Interstate den Blick nach Osten frei bekam, stand der gewaltige Berg im geisterzarten Licht einer schmalen Sichel des abnehmenden Mondes, umrahmt von dem Flimmergespinst unzähliger Sterne, schwang seine machtvollen Linien in die friedvolle, ruhig atmende Nacht hinauf, umkleidet von reinerer Würde noch als am Tage. Wann war ich je so großartig verabschiedet worden! Von seiner Höhe hernieder winkte mir der Berg Shasta ein lautloses Lebewohl!

Aber als mein gleichmäßig seinen Scheinwerfern durch die Nacht folgendes Auto mich dem Bild des großen Berges entführt hatte, fiel mir ein: Eine Art Sicherheits-Ventil ist auch er, der Mount Shasta, über den unheilträchtigen Verwerfungen und Krusten des vergleichsweise sehr dünnen Felsenmantels der Erde, auf dem sich alles Leben abspielt. Ebenso wie der Mount Helens weiter im Norden ist auch dieser Vulkan keineswegs tot, sondern kann jederzeit ausbrechen, die Erde ringsum fürchterlich erschüttern und die königlichen Wälder hinmähen, als wären sie nur Gras unter der Sichel. Was würde dann aus dem hübschen, reichen Städtchen Mount Shasta, das sich am Fuß des gefährlich herrlichen Berges angesiedelt hat?

Ich bog, als es schon tagte, von der nur gelegentlich von mammuthaften Lastern überdonnerten Interstate Nr. 5 westwärts auf die wesentlich bescheidenere, stillere California-96 ab. Aber weiter als bis über die winzigen Dörfchen mit den Namen Hamburg und Seiad Valley hinaus

* Die Interstates tragen ihren Namen, weil sie stets mehrere amerikanische Staaten miteinander verbinden; in ihrer Anlage gleichen sie den deutschen Autobahnen wie ein Ei dem anderen.

durfte ich dieser 96 nicht treu bleiben, denn bald danach biegt sie, dem Klamath-River stromauf folgend, scharf nach Süden ab, während ich weiter im Westen Crescent City ansteuern wollte, um wie ich schon erzählt habe, zu sehen, was aus den Redwood-Wäldern geworden war. Ich wollte über die Siskiyou-Berge die US-199 zu fassen bekommen – oder wäre nach Norden oder Süden zu einem ausgedehnten Umweg gezwungen gewesen.

Wenn ich der Straßenkarte trauen konnte, mußte von dem Dörfchen Happy Camp, was etwa »glückliches Lager« bedeutet, ein Fahrweg der untersten Ordnung völlig ohne jede Nummer nach Nordwesten in etwa fünfzig Kilometern die US-199 erreichen, und zwar bei dem wiederum höchst winzigen Örtchen mit dem Vertrauen erweckenden irischen Namen O'Brien, einfach quer landein über die zur Küstenkette gehörigen Siskiyou-Berge. Hinter Hirsch-Tal (Elk Valley) würde ich dann auf der 199 den Haselnuß-Aussichts-Paß (Hazel-View) durch den Kohlenarbeiter-Tunnel (Collier-Tunnel) passieren, um dann durch den Sechs-Flüsse-Staatswald (Six Rivers Nat. Forest) das Jededia Smith-Rotholz-Schutzgebiet schließlich als mein nächstes Ziel die Halbmond-Stadt (Crescent City) zu erreichen. Man glaubt gar nicht, mit wie bunten und poetischen Namen amerikanische Landkarten ausgestattet sind, wenn man nur einmal genauer hinsieht und sich klarmacht, was die Namen in wörtlicher Übersetzung bedeuten. Mein zartes Gemüt fühlte sich sehr angesprochen von solcher Fülle blumiger Bezeichnungen. Ich bog also, ohne lange zu überlegen und im Vertrauen auf mein wackeres Auto in die auf der Karte gerade eben noch erkennbar eingezeichnete Nebenstraße; doch war angegeben, daß man sich am Ort erkundigen sollte, ob die Route auch wirklich passierbar wäre.

Leicht gesagt! In Happy Camp war ich einfach rechts abgebogen, als mir ein Wegweiser Takilma und O'Brien versprach (die beide schon jenseits der Grenze auf Oregon-Gebiet liegen). Zunächst war diese Straße so etwas ähnliches wie gepflastert; aber damit war es nach etwa zwölf Kilometern endgültig aus; statt dessen prasselte mir grober Kies in die Schutzbleche, und gelber Staub wölkte unter den sich vorsichtig weitertastenden Rädern. Jetzt wäre ich gern jemandem begegnet, den ich hätte befragen können, was mich wohl auf dem weiteren Wege nach

O'Brien erwartete. Aber es war natürlich wie in Amerika überall: Wenn man erst einmal die großen Überland-Straßen verlassen hat, ist weit und breit keine Hütte und kein Haus und erst recht kein wenigstens annähernd menschliches Wesen aufzutreiben. Außerdem war ich ja grundsätzlich entschlossen gewesen, auf dieser Reise abgelegenen und unbekannten Straßen stets den Vorzug vor bekannten zu geben, die auf der Karte als zuverlässig bezeichnet werden. Die vierzig Kilometer über die Siskiyous würden weder meinem Jeep-Cherokee noch mir den Hals brechen. Außerdem stand die Sonne schon hoch am Himmel, verschüttete ihre leuchtende Pracht, ihr goldenes Licht in herzerfreuendem Überfluß, wärmte mich herrlich, aber nicht übermäßig, ließ den West Branch-Creek bald zu meiner Rechten, später dann unter der Pyramiden-Spitze zur Linken blendend zu mir ins Autofenster blinken, um wenig später nur noch ganz verhalten durch das dichte Blätterdach zu blinzeln, das auf weite Strecken über meinem Fahrweg wie zu einer hohen, schlanken Kuppel gotischer Spitzbogen zusammenwuchs.

Es war eine Lust zu fahren durch die duftende Waldeseinsamkeit, durch das »grüne Revier«, wie es romantisch im Deutschen heißt. Nein, es war keine Lust; denn wenn man nicht höllisch aufpaßte, so boten sich dutzend-, ja hundertfach vorzügliche Gelegenheiten, sich selbst und das Auto in Grund und Boden zu rammen. Die Ausblicke in die tiefen, blau umdunsteten Schluchten, hinüber zu fern verschwimmenden Ketten ineinander verwobener Hügel und Berge oder auch manchmal hinauf zu den stolzeren Höhen der Siskiyous, all diese herzbewegenden Wunder durfte ich mir nur stehlen, denn der Weg beanspruchte den weitaus größten Teil meiner Aufmerksamkeit. Aber schließlich bereitet auch dies echte Freude und Wohlgefühl: Mit jeder harten Kurve, jeder unübersichtlichen Spitzkehre, jedem morastigen Wegloch, jeder wild zerwaschenen Partie der gerade an den übelsten Stellen immer nur einbahnigen, mit grobem Geröll verlegten »Straße« mit ihren erbarmungslosen Steigungen und Abstiegen sozusagen mit Eleganz und ruhig Blut fertig geworden – und in der Tat nie auch nur für einen Augenblick in wirkliche Gefahr geraten zu sein!

Zwei Stunden brauchte ich für die restlichen vierzig Kilometer nach Takilma, einer »Neighborhood«, einer »Nachbarschaft«, wie man im

Amerikanischen sagt, was wir ein ganz kleines Dörfchen oder einen Weiler nennen würden. Von dort hatte ich so etwas wie Pflaster unter mir und bog nach wenigen weiteren Kilometern auf die US-199 ein, und der »Verkehr« hatte mich wieder. Missen möchte ich sie nicht, die mühsam durchhumpelten und auch geschlidderten dreißig oder vierzig Meilen durch den Klamath- und den Siskiyou-Forst unter der Pyramiden- und der Whiskey-Spitze.

Pazifische Küste – nördlich von San Francisco bis hoch hinauf nach Oregon und Washington! Über die nordischen Regenwälder auf der großen Olympischen Halbinsel im äußersten Nordwesten der USA, das heißt des Staates Washington, auch über die pazifische Küste Oregons habe ich schon an anderer Stelle berichtet.

Nun aber stand mir bevor – und ich war ja dazu weit von meiner eigentlichen Route abgewichen –, den großartigsten Abschnitt der pazifischen Küste, den nordkalifornischen, von neuem an mir und unter mir abrollen zu lassen – zum drittenmal in meinem Leben unter wiederum sehr veränderten Umständen. Es trifft meine Stimmung einigermaßen richtig, wenn ich feststelle, daß ich froh war, die in ihrer Gesamtanlage unzulänglichen Redwood-Parks zwischen Crescent City und etwa Trinidad an der US-101 hinter mir zu wissen. Südwärts der etwas größeren Stadt Eureka (was »ich hab's gefunden« bedeutet) wendet sich die US-101 ohnehin scharf landein, da ihr an der Küste die Regenbogen-Berge (Rainbow-Ridge) und die Königsberg-Kette (King Mountain Range), unerhört wild und unwegsam, wie sie sind, mit hoch zerklüfteten Abstürzen zum Meer den Fortlauf unmittelbar am Ufer des Ozeans verwehren. Die 101 wird zur vierspurigen Autobahn, durchquert dichte Wälder, aus denen jedoch die starken Redwoods so ziemlich vollständig herausgeschlagen sind, berührt aber auch einen kleinen California-Redwood-Staatspark, der nach dem großen deutschen Naturforscher Wilhelm von Humboldt benannt ist – wie man ja denn überall in Nordamerika auf deutsche Spuren trifft.

Ich bekenne, daß es zwischendurch gar nicht unangenehm war, auch einmal hundert Meilen auf mäßig belebter Autobahn dahinzurollen und bei der allein erlaubten Höchstgeschwindigkeit von ganzen 88 Kilometern die gemächlich am Straßenrand sich abspulende Landschaft zu genießen. Das tat ich denn auch mit Vergnügen!

Doch weiter hinunter als bis zur Abfahrt Leggett durfte ich mir dies sorglose Gleiten nicht gestatten. Dort nämlich laufen die Königsberge an der Küste allmählich aus; die California-1 kann über sie hinüberklettern und wieder den unmittelbaren Anschluß zur Brandung des Weltmeeres gewinnen.

Es war wie eine Offenbarung: Nach unzähligen engen Kurven, höchst unübersichtlichen Serpentinen und schmalen, langen Abfahrten an atemberaubend abschüssigen Hängen durch dichten, üppigen Wald senkte sich die Straße in einem tief eingeschnittenen Bachtal entschieden bergab. Mein Höhenbarometer war bis auf wenig über Null gesunken. Das Meer konnte nicht mehr weit sein.

War es auch nicht! Das enge Tal erweiterte sich zu einem breiter und breiter sich öffnenden Trichter – und plötzlich, erwartet zwar und dann doch wie ein Wunder überraschend, öffnete sich die Sicht auf den Ozean!

Wenn man aus den Bergen und Wäldern kommt, in denen nur äußerst selten, wenn überhaupt die Blicke zu den Horizonten schweifen können, und tritt plötzlich ins Offene hinaus, ans Meer, wo die Augen die Ferne trinken können bis dorthin, wo der Himmel an der ganz zart gerundeten Kimm aufsitzt, dann wird man von dem Gefühl einer ungeheuren Befreiung überwältigt. Die Brust dehnt sich, tief holt man Atem, um die Stirn weht der Wind der hohen See: Das Meer, das Meer, der Große Ozean!

Ich bin dann mit nicht zu zählenden Aufenthalten und mehreren Übernachtungen langsam auf der unvergleichlichen California-1 nach Süden gefahren, bis mir schließlich – ein Wochenende war angebrochen – von San Francisco her allzu viele Ausflügler entgegenkamen, so daß man der Straße seine volle Aufmerksamkeit widmen mußte. Ich hatte auch daran zu denken, daß ich wieder zur Wüste zurückkehren wollte und zur großartigen US-395, die mich von der kanadischen Grenze an im wesentlichen südwärts geleitet hatte. Das Jahr würde wegen meiner Hingerissenheit nicht zögern, sich Tag für Tag weiter zu neigen. Der Kalender verriet mir unerbittlich, daß man schon Mitte Oktober schrieb. Jeder weitere Tag machte es unwahrscheinlicher, daß die hohen Pässe in der Sierra Nevada und weiter im Osten in den Rocky Mountains noch frei sein würden, wenn ich endlich so weit war, sie zu überschreiten. Ich durfte unterwegs nirgendwo lange verweilen, durfte nur noch nach Kräften auffrischen, was ich in vergangenen Jahren schon gesehen und erlebt hatte. Die sechs- bis siebentausend Kilometer, die ich nach meinem Plan bis zu meinem Ausgangspunkt Toronto am Ontario-See im kanadischen Osten noch vor dem vollen Winter zu bewältigen hatte, legten sich mir allmählich auf die Seele wie ein Alpdruck.

Was mich aber keineswegs abhielt, die grandiose Reise auf der California-1 als das kostbare Geschenk des Himmels anzuerkennen, das sie ja auch darstellte. Nur ihren Höhepunkt will ich versuchen, noch einmal lebendig werden zu lassen.

Ich hatte jenseits von Fort Bragg in einem angenehmen Quartier übernachtet und hatte bei stillem, klaren Wetter die Sonne im Weltmeer versinken sehen, da ich mir in dem hoch auf eine Klippe gesetzten Haus ein Zimmer mit unbehindertem Blick auf den Ozean erbeten und auch bekommen hatte. So weit im Jahr, wie die Monate schon vorgeschritten waren, brauchte man längst nicht mehr mit ausgebuchten Hotels oder Motels zu rechnen und konnte sich überall aus dem Guten das Beste auswählen. Man sollte ja – wenn ich diesen schon oft gegebenen Rat noch einmal wiederholen darf – in den USA wie in Kanada die heißen Monate der großen Ferien, Juli und August, nicht in Reisepläne miteinbeziehen, sondern entweder bis Ende Juni oder nach dem Labor Day (dem ersten Montag im September) unterwegs sein. Dann wird man selbst an Punkten oder in Landschaften, die sonst zu den Pflichtübungen für alle amerikanischen wie europäischen Touristen gehören, durchaus erträgliche, ja angenehme Umstände vorfinden.

Die hohe Nacht wölbte sich über dem felsigen Land, wo sich die Straße, nicht gerade eine Autobahn, aber gut befahrbar, durch die Schluchten und Vorgebirge über der Küste schwang. Offenbar hatte es tagelang schon keinen rechten Wind mehr gegeben; von Sturm war erst recht keine Rede gewesen. Stets wenn die Straße dicht über den zuweilen turmhohen, sogar atemberaubenden Abstürzen zum Meeresstrand dahinglitt, ruhte zu meiner Rechten die offene, grenzenlose See, ein tiefdunkel/violettes Nichts, ein Abgrund ungeheuren Ausmaßes, der aber von einem Netz aus allerfeinsten, mir hier und da sich verratenden Silberfäden überspannt schien, dem zitternden Widerschein, den die hell und irisierend brennenden Sterne von der westlichen Himmelskuppel her über das große, kaum beunruhigte Wasser zauberten in langen, zarten, oft verhuschenden Streifen. Der Horizont war nicht mit Sicherheit auszumachen, was ich in so klarer, stiller Nacht mir nicht recht zu erklären vermochte. Nacht und Meer gingen fern im Westen über dem tief dunklen, aber doch nicht toten, nicht »gähnenden« Abgrund ohne scharfe Trennung ineinander über. Es wollte sogar scheinen, als wölbte sich fern im Westen der Ozean in den Sternenhimmel hinein.

Über den Uferbergen zu meiner Linken ließ sich der Morgen, der doch unweigerlich von Osten her im Kommen sein mußte, noch nicht einmal ahnen. Ruhig rollte mein Wagen über die vielen Schleifen, die Auf- und Abschwünge der Straße, bohrte seinen Scheinwerferkegel bald ins Leere über der Küste, bald in dicht verschlungenes Ufergebüsch und geisterhaft blaß aufscheinenden Wald, ließ aber oft genug auch sein weißes Licht auf kahl aufragende Felswände prallen. Noch regte sich nichts auf der Straße; ich war der erste an diesem stillen Morgen, der auf ihr unterwegs war. Vor mir unter der Haube summte der starke Motor sein sanftes Lied, voll von Gleichmut und Beständigkeit. Ich war glücklich.

Stets wenn die Straße sich hoch über dem Brandungsriegel, dem nur selten unter den steilen Abstürzen erkennbar werdenden, südwärts richtete, tauchte in immer gleichem Rhythmus aufscheinend, ein weißer Lichtfunken über dem Saum des Meeres auf. Ich hatte am Abend zuvor die Karte studiert und sagte mir, das muß der Leuchtturm über dem weit nach Westen ins Meer vorstoßenden Arena-Kap sein. Zunächst hatte das Leuchtfeuer, das ja nicht für Fahrzeuge auf festem Land, sondern für die Schiffe draußen auf See bestimmt war, mir nur als ein schüchternes Pünktchen entgegengeblinkt. Mit der Zeit aber leuchtete es stärker und deutlicher. Es schien mich anlocken zu wollen; und ich merkte, daß ich der Lockung nachgab und schneller fuhr, als erlaubt war. Ich erschrak. In Amerika, sowohl in Kanada wie in den USA, ist man niemals und nirgendwo sicher, einem im Hinterhalt auf der Lauer liegenden Polizeiauto oder gar dem heimtückisch unsichtbaren Schnappschuß einer Verkehrs-Kontrollkamera zum Opfer zu fallen, was dann ärgerlichen Aufenthalt und oft genug gar nicht wenig Geld kostet. Man mag sich so allein auf der Straße wähnen, als wäre die ganze übrige Welt erstorben – plötzlich hat die niemals schlafende Polizei, das ewig wache »Auge des Gesetzes« (eine passende Bezeichnung für die Kontrollkameras!) deine Übertretung erspäht und kriegt dich beim Wickel.

Das Leuchtfeuer von Point Arena hatte mich, wie ich entsetzt schließlich gewahr wurde, zu siebzig Meilen Geschwindigkeit verführt. In Deutschland wäre das nur mäßig aufregend. Aber im Lande der Automobilisten, die den Rekord im Langsamfahren halten, versetzte mir der verspätete Blick auf den Geschwindigkeitsmesser einen Schock. Ich fuhr das Auto an den Straßenrand, hielt an, löschte die Lichter und stieg aus. Stieg ein in die große, schon zum Abschied sich rüstende Nacht. Denn jetzt, da ich nicht mehr in den hellen Strahlenkegel der Scheinwerfer zu starren brauchte, und die Augen sich wieder der Dunkelheit angepaßt hatten, erkannte ich, daß von Osten her über die Küstenberge und Hügel das erste Grau des Morgens heraufdämmerte. Im Westen aber deckte die samtene, von Sternengeflitter durchglitzerte Nacht immer noch das gestaltlos ruhende Meer. Vor mir aber funkelte, scheinbar im Meer, in ständig sich wiederholendem Takt das Leuchtfeuer. Da war also einer wach, wie ich selber wach war. Auch schien sich mir, verschwindend für eine halbe Minute, wieder auftauchend, nach rechts oder links abschwenkend ein erstes anderes Auto zu nähern. Ich wurde aus meiner Träumerei aufgerufen; ich hatte meine Lichter einzuschalten, um den mir entgegenkommenden Wagen auf mich aufmerksam zu machen. Ich setzte mich also wieder hinters Steuer und fuhr an, seltsam beruhigt; auch in dieser Nacht würde mich das ewige Gleichmaß des Wechsels von Dunkelheit und Tageslicht nicht im Stich lassen; sehr beruhigend wahrlich und auch ernüchternd.

Wenige Kilometer weiter erhob sich neben der Straße hinter einem baumumstandenen Gehöft, wo noch alles schlief, ein Wegweiser, der nach seinem Aussehen nicht vom Straßenbau-Amt gesetzt war. Es war schon hell genug, im Vorbeifahren zu entziffern »Point Arena Light House«. Ja, ich hatte es schon beinahe vergessen, seit die weißen kleinen Blitze vor mir in der Ferne sich gegen den anbrechenden Tag durchzusetzen hatten. Sicherlich war der Leuchtturm auf ein hohes Vorgebirge über die nach Norden und Süden zurückweichende Küste gesetzt. Weiter als anderswo mußte man von seinem Standort die Grenze zwischen Land und Meer überschauen können, wenn es auch noch viel zu früh, das heißt nicht hell genug sein würde, um zu fotografieren. Aber ich bin kein Fotograf, sondern ein Schreiber, und beschreiben kann ich auch Nacht und Dämmerung, was Fotografen mit ihren Hilfsmitteln nicht zustande kriegen. Ich bedarf nur eines Kugelschreibers. Allerdings kann man auch beim Schreiben das Bild verwackeln.

Ich hatte einige Kilometer zu fahren. Je weiter ich mich von der Küstenstraße auf das Vorland hinaus entfernte, desto kahler wurde es um mich her. Die Bäume blieben zurück; die letzten niedrigen hatten mir mit ihrem landein gewendeten und gebeugten Gezweig verraten, daß sie sich ständigem Wind und Sturm aus West entgegenzustemmen, ihm nachzugeben hatten. Dann schienen sich auch die Gebüsche immer dichter an den Boden zu ducken, zeigten sich ständig niedriger und flacher, blieben schließlich zurück. Schütteres Gras allein noch wehte im Winde, der hier hart und kühl, beinahe kalt ins offene Fenster hereinwehte, während auf der Küstenstraße so gut wie nichts von ihm zu spüren gewesen war.

Vor mir ragte der Leuchtturm auf, wuchs mächtig hoch und ließ noch immer seine drei Strahlenbündel kreisen, die aus der Ferne wie aufzukkende Leuchtzeichen wirken. Es war noch nicht richtig hell, sonst wäre die Lichtquelle in der Höhe schon versiegt, wäre abgeschaltet worden. Schafe weideten hier und da auf den kargen Wiesen des Vorlandes; sie stillten mit gesenkten Köpfen ihren Morgenhunger und kehrten sich nicht daran, daß der scharfe Wind von See ihnen auf den Flanken den dicken Wollpelz teilte, so daß die gelblich weiße Unterwolle sichtbar wurde.

Der grobe Fahrweg führte leicht bergauf und endete auf der äußersten Bastion des Kaps an einem Zauntor, das verschlossen war. »No trespassing« sagte ein Täfelchen. »Kein Zugang«, Leuchtturmgebiet!

Nun gut, wenn es denn sein mußte! Es war zwar nichts zum Stehlen da, und Leuchttürme hat noch keiner, soweit ich weiß, davongetragen. Aber was, wie und wo auch immer von Amts wegen existiert, befiehlt: »Kein Zugang!«, damit jedermann merkt, daß vor dem »Hut auf der Stange« immer noch salutiert werden muß. Das ist in Amerika nicht anders als in Europa; oft genug ist es dort sogar schlimmer.

Doch an diesem märchenhaften Morgen hatte ich keine Lust, mich über solche Läppereien zu ärgern, was ich sonst mit viel Hingabe betreibe. Ich war ausgestiegen. Der Morgen hatte sich durchgesetzt, schob seine reine Röte immer höher über die Bergesketten im Osten in den erblühenden Himmel hinauf. Schon entflammte im Osten das purpurne Rot zu glühendem Gold. Genau ließ sich die Stelle bezeichnen, wo in einer Viertelstunde der erste Sonnenblitz aufleuchten würde.

Das große Meer war kein Abgrund mehr wie in der Nacht. Sehr hoch hob sich das Kap mit dem Leuchtturm auf der Vorspitze über den engen Platz, auf dem ich mein Auto gewendet hatte; ungewiß nach Westen dehnte sich das Meer. Dort sanken die Schatten der Nacht hinter den erkennbar gewordenen Horizont.

Die Luft ging scharf hier oben und machte mich frösteln. Bis in umdunstete, äußerste Ferne schweifte der Blick nach Norden ebenso wie nach Süden die Küste entlang. Die silbernen Zeilen der Brandung liefen träge, zögernd beinahe, doch unablässig, als breite helle Streifen sich abzeichnend, die Strände hinauf. Nach Norden ruhte als flache Sichel, ins Unabsehbare gedehnt, die Manchester Beach, der Manchester Strand, leer jetzt, ohne ein Zeichen von Leben – und nach Süden war es nicht anders.

Im trockenen langen Gras neben der zerlöcherten Straße zirpte der Wind und raschelte. Über mir kreisten immer noch die Strahlenbündel des Turms, sehr verblaßt im schnell erstarkenden Morgenlicht. Das Meer lag nicht still, wie ich nun erkannte, sondern wurde von einer breitrückigen, schweren Dünung überwallt, die sich zwar nicht mehr zu schäumenden Kämmen aufwarf, aber unverdrossen in langen Zeilen aus Westen gegen die Küste anrollte.

Und ich merkte mit einemmal, daß ich schon, seitdem ich ausgestiegen war, von einem sonderbar dumpfen Geräusch beirrt wurde, das mir erst jetzt angesichts der aus weiter Ferne anrollenden Dünung allmählich zu Bewußtsein kam: ein ganz tief gestimmtes Murren, ab und zu von schwereren Stößen unterbrochen, für Augenblicke nachlassend, aber nie ganz verschwindend – ein ganz dunkler Gesang oder Atem, wie aus den Nüstern eines unruhig schlafenden Urwelt-Tieres. Viel zu tief und eigentlich auch zu leise war dies Schwirren der weichsten Seite eines Kontrabasses an mein Ohr gedrungen, als daß ich wie bei helleren Tönen sofort aufmerksam geworden wäre. Aber nun war es plötzlich da; ich stand ganz still und lauschte dem wunderbaren, eintönigen Lied. Bald begriff ich, daß es der Gesang der Brandung war, den ich vernahm, der Brandung, die tief unter dem felsig ragenden Vorgebirge, Arena Point genannt, unsichtbar für mich, mit nie nachlassendem Unwillen gegen das Festland anrannte, zum erstenmal nach vielen tausend Meilen langer Reise über die ganze Breite des größten aller Ozeane vom fernen Asien her einem unnachgiebigem Widerstand begegnete, der hohen Felsenklippe, auf deren höchstem Vorsprung der Leuchtturm errichtet war.

Und ich stand am Fuß dieses noch immer seine Strahlen in den werdenden Tag hinaussendenden, breitfüßig rund aufgebauten Mauerwerks, hielt mich im anscheinend stärker werdenden Frühwind an meinem leise schwankenden Auto fest und horchte auf den dunklen Gesang der Brandung tief unter mir in den Klippen, ein Baß-Solokonzert von kaum verhohlener – so schien es mir – wilder Gewalt, von mühsam gebändigtem Zorn.

Manchmal, wenn da unten irgendwo eine besonders schwere Woge im Überkämmen gegen die Uferfelsen oder auf den Strand donnerte, wurde das Andante der hundert Bässe in der Tiefe wie von dumpfen Paukenschlägen unterbrochen. Jedesmal meinte ich dann, den harten Boden unter meinen Füßen leise beben zu fühlen. Vielleicht irrte ich mich, vielleicht auch nicht. Eines war sicher: Der Gott der Reisenden – um es altertümlich auszudrücken – hatte mir die Gunst erwiesen, mich ganz allein dem Urgesang des Weltmeeres in feierlicher Morgenfrühe lauschen zu lassen, fern jeder Störung, als wäre das dunkle Unisono der unermüdlich auflaufenden Wogen nur für mich veranstaltet.

Als ich dann endlich wieder landein fuhr, ostwärts, um wieder meine

Straße unter die Räder zu bekommen, die grandiose California-1, stieg vor mir die Sonne, ein den Augen unerträglicher Glutball, aus der Flut goldenen Lichts, die ihr vorausgeströmt war. Der junge Tag begrüßte mich königlich. Dem Meer in meinem Rücken hatte ich Lebewohl zu sagen, wenn es auch noch für einige Dutzend Kilometer an meiner Rechten sichtbar bleiben würde.

16. Tioga, Panamint und das Todestal

Ich hatte mich danach erkundigt, ob die Pässe über die Sierra Nevada, die ich queren mußte, um mein nächstes Ziel, das Death Valley, das »Todestal«, zu erreichen, noch frei und passierbar wären und hatte die beruhigende Auskunft erhalten, daß sie noch nicht gesperrt wären – was den meisten von ihnen während der Wintermonate vorbestimmt ist. Denn nicht ohne Grund haben die ersten weißen Leute, die sich diesem unerhört schönen und großartigen Lande anvertrauten, die Spanier, katholische Missionare als erste, das Gebirge, von dem die reich beregnete Küstenlandschaft im Osten begrenzt wird, Sierra Nevada, das »Schneeige Gebirge«, geheißen; drei, vier Meter Schnee auf den Paßhöhen sind im Winter keine Seltenheit.

Wenn ich also mit gesperrten Straßen nicht zu rechnen hatte, dann konnte ich auch den Weg über das Yosemite-Schutzgebiet wählen, wo die einzige West-Ost-Straße sich über den 3.030 Meter hohen Tioga-Paß schwingt, um dann in steilem Abstieg nach weiteren etwa zwanzig Kilometern die verläßliche US-395 zu erreichen, die in den jenseits des Kammes bald beginnenden Trockengebieten, wenn auch hier noch nicht in der vollen Wüste, verläuft. Sie sollte mich nach »Einsame Kiefer«, Lone Pine, führen, einem Städtchen, hinter dem die Straße ins Todestal abzweigt.

Das war alles sehr vernünftig ausgedacht, aber es stimmte dann doch nicht, da gerade in der Nacht, in welcher ich von Westen her anfuhr, und am anschließenden Tage der Winter seinen ersten wilden Ansturm auf die Kämme der Sierra unternahm.

Ich wollte in Yosemite (das Wort wird etwa Josémmiti ausgesprochen mit Ton auf dem e der zweiten Silbe) noch einmal von den Riesen unter den Bäumen, den Sequoias, hier von der Art *Sequoiadendron giganteum,* Abschied nehmen und die wunderbaren, üppigen Urwälder auf den flachen westlichen Abdachungen der Sierra an mir vorüberziehen lassen. Die Sperren, durch welche die Straße California-120 in das Yosemite-Gebiet eintritt, standen mangels Touristen jeder Art, die sonst hier Zoll bezahlen müssen, längst weit offen. Ich war sehr allein auf der Straße, einem Schleichpfad nur zwischen ragenden Bäumen.

Ich kam nicht recht dazu, mich an den immer großartiger über bemoostem Gefels herandrängenden Wäldern zu erfreuen, denn die seltenen Autos, die mir entgegenkamen, trugen Schnee auf dem Verdeck. Die Fahrer hinter den Frontscheiben winkten mir sonderbar zu, als wollten sie mich warnen oder zurückweisen. Das half mir wenig, denn ich mußte unbedingt nach Osten fahren. Die nächste Paßstraße weiter südlich, wo die Hohe Sierra schon endet, lag 280 Kilometer in Luftlinie und mehr als 400 Kilometer auf der Straße entfernt; das konnte ich mir nicht leisten.

Ich gondelte bald durch dichtes Schneegestöber, das jenseits von zwanzig, dreißig Metern alle Sicht verschleierte. Längst war alles um mich her weiß und die Straße zu einer Schlitterbahn geworden. Ich schaltete den Vierrad-Antrieb ein; die verdammte Schneierei sollte mich nicht aufhalten.

Das tat statt dessen die Straßenpolizei; sie bewog alle Fahrer, die sich bis zum Anstieg zur eigentlichen Paßhöhe hindurchgekämpft hatten, zur Umkehr. Ich sprach mit den in Ölzeug gehüllten Männern: Ja, hieß es, drüben auf dem anderen Anstieg von Osten her wäre ein großes Wohnmobil mit langem Anhänger bei dem Versuch umzudrehen, da es die Schneewehen nicht bewältigen konnte, ins Rutschen gekommen, hätte ein Rad der Zugmaschine gebrochen und die Kupplung zum Anhänger total verbogen. Die Straße wäre hoffnungslos blockiert. Allerdings versuche die Schneefräse, nach oben durchzudringen und eine befahrbare Gasse über den Paß herzustellen. Doch entnahm ich den Reden der wackeren Männer, daß zwei von ihnen – sie waren ebenfalls zu je zweien mit Jeeps ausgerüstet – den Paß angehen wollten, um ihren Kollegen bei der Unglücksstelle beizustehen. Ein Kranwagen wäre von der anderen Seite schon hinaufbeordert; aber es könnte noch viele

Stunden dauern, ehe der querliegende Schleppzug beiseite geräumt wäre.

Gutes Zureden hilft. Wir fuhren zusammen los, in drei Jeeps. Weiter oben auf der Höhe reichte der Schnee schon bis zu den Achskappen. Glücklicherweise ging nicht viel Wind, so daß bis dahin sich noch keine meterhohen Wehen gebildet hatten, die selbst ein Jeep nicht hätte bewältigen können.

Zu sehen war nichts. Nur ein weißliches Geriesel aus der grauen Höhe, sehr trocken da oben und nicht mehr naß und schmierig wie weiter unten.

Nach einer Stunde langsamer, doch gleichmäßiger, ereignisloser Fahrt hatten wir die Paßhöhe überwunden. Ich merkte es in der blassen, dichten Rieselei nur daran, daß der Motor plötzlich viel weniger zu ziehen brauchte, ja, ich den zweiten Gang, in welchem wir uns bergauf ohnehin fortbewegt hatten, als Bremse benutzen mußte.

Denn zu sehen war schlechterdings nichts.

Dann war noch das Kunststück zu verrichten, an dem in der Tat quer über die Straße von einem Straßengraben bis zum andern gerutschten, bewegungsunfähigen Schleppzug vorbeizukommen. Erfreulicherweise war der Unfall an einer verhältnismäßig flachen Stelle des Geländes passiert, wo sich die Hänge zu beiden Seiten der Straße nur mäßig neigten. Also konnte ich mich über die Seitenböschung um das Hindernis herumwühlen und stand nach einigen bänglichen Minuten wieder auf fester Straße. Der Schnee fiel hier auf der Ostseite des Passes schon merklich dünner. Die Konturen der näheren Umgebung entschleierten sich bereits. Ich verabschiedete mich von den beiden Polizeifahrern und bedankte mich dafür, daß sie mich so ohne Zwischenfall über die dreitausend Meter des Tioga-Passes gelotst hätten. Der eine, ein baumlanger Hüne, grinste vergnügt:

»Ich sah, daß Sie ein Ontario-Nummernschild an Ihrem Jeep haben. Da oben in Kanada gibt's ja wohl noch mehr Schnee als hier. Ich dachte mir, mit dem Kanadier kommt man schon durch. Sind wir ja auch!«

Ich wußte keinen Grund, die gute Meinung des vorzüglichen Mannes von den schneegewohnten Kanadiern in meinem Fall zu berichtigen. Mein Auto stammte in der Tat aus Ontario. Und wo im fernen Europa meine eigentliche Heimat, die Lüneburger Heide, zu suchen ist, das hätte ich ihm kaum erklären können.

Daß die Hohe Sierra eine echte Wetterscheide darstellt, erlebte ich nun ganz unmittelbar. Denn schon eine Meile weiter auf nur noch nasser, nicht mehr verschneiter Straße hörte der Niederschlag auf. Der Schnee blieb zurück, hol' ihn der Teufel! Auch die Sicht öffnete sich immer großartiger. Mehr als einmal stieg ich aus und blickte nach Norden, Westen und Süden. Dort türmten sich die gewaltigen Mauern der Sierra, wahrlich Furcht gebietend, auf. Über ihre Zinnen hinweg wehten Wolkenstreifen wie weiße Wimpel nach Osten, vergingen im Blau wie verblasener Rauch. So sah ich's vor mir: Der Schnee kam über die Kämme des Gebirges nicht hinaus.

Die Wälle der im Neuschnee schimmernden Sierra begleiteten mich in der Ferne auf der weiteren Fahrt nach Süden. Die US-395 hatte ich, als ich aus der California-120 in sie einbog, wie eine alte Bekannte begrüßt. Die Sonne leuchtete unwahrscheinlich stark vom stahlblauen Himmel. Salbei-Büsche am Straßenrand! Die Salbei-Wüste hatte mich wieder. Und am Rande des hübschen Schwimmbades in meinem Motel in Lone Pine lagen ein paar wohlgeformte Mädchen aus Los Angeles oder Las Vegas und ließen sich die schlanken Beine bräunen.

Die Straße sang unter meinen Rädern. Unsichtbar hinter mir verdämmerte die Sierra. Schnee und Eis und Dreck – und die Straßenpolizei – am Tioga-Paß hatten mich nicht aufhalten können. Auch hier galt die sehr beherzigenswerte Soldatenregel aus dem Ersten Weltkrieg: Dicht daneben ist auch vorbei! Der Tioga-Paß hatte mich einige Nerven gekostet, ich gestehe es.

Das Städtchen »Einsame Kiefer« hatte mich gastlich aufgenommen mit Schwimmen im lauen Wasser, gutem Essen und einem angenehmen Bett in geräumigem Zimmer. Und überteuert war nichts davon gewesen – was einem sonst das Vergnügen oft genug verdirbt.

Ich war – wie es sich für einen gewissenhaften Langstrecken-Fahrer gehört – mit den Hühnern schlafen gegangen, um noch vor den Hühnern wieder in Gang zu kommen (in Lone Pine gab es tatsächlich noch diese nützlichen Vögel; sie erfreuten sich in den Gärten und auf leeren

Grundstücken hinter der lockeren Häuserzeile der »Stadt« eines anscheinend ungetrübten Auslaufs und legten demzufolge wohlschmekkende Eier).

So leise und unauffällig wie möglich hatte ich mich um vier Uhr morgens aus der erholsamen und adretten Siedlung fortgestohlen, hatte auch der altvertrauten US-395 endgültig Lebewohl gesagt und war aus der Südrichtung nach Osten auf die California-136 und dann 190 eingebogen, um – schon zum drittenmal in meinem unsteten Dasein – eine der seltsamsten und großartigsten Landschaften dieser Erde, das Death Valley, das »Todestal«, zu durchfahren, mich noch einmal von seiner abweisend strengen Schönheit mit Ehrfurcht und Bewunderung erfüllen zu lassen.

Kein Licht weit und breit, das eine menschliche Behausung verraten hätte. Wenn die Straße sich in eine ihrer flachen Kurven legte, erfaßten die Auto-Scheinwerfer ein paar reglose, krause Salbei-Büsche jenseits des Straßengrabens oder auch einige kantige Felsen. Sonst nichts, nur blausamtene Nacht und in der Höhe die Lichtfunken der Sterne und Sternbilder.

Und die Straße sang unter meinen Rädern, sang schon im voraus von den Wundern, die der Tag mir sicherlich bescheren würde.

Zunächst hatte ich die Inyo-Berge im Süden zu umgehen, rollte dann ins Panamint-Tal hinab, wo ich bei den Panamint-Brunnen ein hübsches, kleines, kühn in weltverlorene Einsamkeit gepflanztes Wirtshaus kannte, in welchem ich frühstücken wollte. Wenn ich es erreicht hatte, würde es gerade Frühstückszeit sein. Mit Absicht hatte ich vor der Abreise von Lone Pine meine Proviantkiste gar nicht aufgemacht; ich freute mich schon auf ein ausführliches Frühstück bei den Panamint-Springs und sagte mir bereits auf, was ich mir bei den freundlichen Wirtsleuten bestellen würde: »Grapefruit juice, bacon and eggs, three, please, brown toasts, marmalade and lots of coffee!« – Damit würde ich dann für den gloriosen Tag, der mir sicherlich bevorstand, gut gerüstet sein, würde dann über den Towne Pass (4.956 Fuß) das Panamint-Gebirge überqueren und damit in die Landschaft mit dem drohenden Namen »Todestal« eingedrungen sein.

Und unter mir sangen die Räder, sangen immer vergnügter! Die

Straße schwang sich in weit ausholenden Kurven ins Gebirge – waren das schon die Panamints? Dann würde ich zu früh vor das Gasthaus rollen, wo ich bei alten Bekannten, den Stroppentins, frühstücken wollte. Vielleicht ließ ich mich sogar überreden, auf ihrem Platz, der mir als kleines, grünes Paradies in menschen- und baumloser Ödnis in der Erinnerung geblieben war, einen Tag und eine Nacht zu verweilen und mir wie damals vor zwanzig und dann wieder vor neun Jahren mancherlei von den zumeist tragikomischen oder auch skurrilen Schicksalen erzählen zu lassen, die sich im und um das Tal mit dem ominösen Namen abgespielt hatten und noch abspielen.

Ganz durch Zufall hatte ich damals das nicht alltägliche Wirtshaus bei den Panamint-Springs kennengelernt. Ich war das Todestal in seiner ganzen Länge von über zweihundert Kilometern auf entsetzlich schlechter, staubiger Straße von den Saratoga-Springs im Süden bis zum Ubehebe-Krater im Norden hinauf- und zur Hälfte wieder zurückgeholpert und hatte mich dann aufatmend von der einzigen gepflasterten Straße, die es damals gab, eben der California-190, süd- und westwärts aus der sengenden Glut der Talsohle wieder hinausführen lassen. Die Nacht in der Tiefe hatte zwar deutliche, fast allzu starke Abkühlung gebracht, mir aber einen ruhigen Schlaf nicht beschert. Eine merkwürdige Unruhe hatte die Nacht durchwaltet; ich entsinne mich ihrer noch genau. Ein dünner Wind weinte um die Felsen, zwischen denen ich mein Auto – zugleich mein Nachtquartier – abgestellt hatte. Immerfort raschelte irgend etwas in meiner Nähe mit leise schnurrendem, scharrendem Geräusch, das ich mir nicht erklären konnte. Ich war zweimal aus meiner Koje hervorgekrochen und hatte mich im Sternenlicht umgesehen, aber nichts Verdächtiges ausfindig machen können. Am nächsten Morgen entdeckte ich dann, daß die merkwürdig fremdartigen und unheimlichen Laute von einer völlig vergilbten, schon drei Jahre alten Titelseite der »Los Angeles Times« hervorgebracht wurden, die in einem kleinen Felsenkessel nahebei immer wieder von einem Windwirbel im Kreise über die Kiesel des Bodens gepustet wurde. Dies Geräusch hätte ich in all seiner Harmlosigkeit erkennen müssen, anstatt mir von ihm die Nachtruhe rauben zu lassen. Ich ärgerte mich also. Ich machte dem Spuk ein Ende, faltete das morsche, aber noch mühelos lesbare Blatt eng zusammen, legte es auf einen großen, flachen Felsblock und bedeckte es mit einer schwarzen, ebenfalls flachen Klippe. In fünfhundert Jahren, wenn bis dahin die Erde nicht zerbombt wäre, könnte es vielleicht ein Nachfahre wiederentdecken und sich davon überzeugen, was man den Leuten von Los Angeles am 3. Juli 1977 als dann längst vergessene Wichtigkeiten vorgesetzt hatte.

Schlecht ausgeschlafen und demzufolge mißmutig hatte ich mich auf der California-190 wieder in Marsch gesetzt. Die Sonne war hinter mir aufgegangen und hatte aus den hoch vor mir aufwachsenden Panamint-Bergen eine solche Fülle von leuchtenden Farben hervorgezaubert, daß ich meine Verschlafenheit bald vergaß. Es war, als wollte der Schöpfer beweisen, daß er auch in einer allem pflanzlichem Leben bitter feindlichen Umwelt mit prunkenden Farben nicht zu sparen braucht. Das Gestein, Geröll, Gefels der Wüste und ihrer hohen Randgebirge, die Sände und Kieselflächen, die schön geschwungenen Kämme der Dünen aus Staub und feinstem Geriesel, die aus den Canyons in den Bergen weit in das Tal hinuntergespülten, von den seltenen Wolkenbrüchen abgelagerten Zungen aus grobem oder körnigem Schutt, die weiten Salzflächen auf dem Boden des Tals und die nackten Hänge, die längst versteinerten und von unterirdischen Gewalten aufgebrochenen und zu Gebirgen hochgewuchteten Schlammböden vorzeitlicher Moräste, sie alle prangen in ganz verschiedenen, durch Moose, Flechten oder anderen Pflanzenwuchs so gut wie nirgendwo verschleierten reinen, in der Sonne sogar glühenden Farben. Reines, blendendes Weiß bis zu tiefem, stumpfem Schwarz etwa am Rande des jüngsten Vulkan-Kraters in dieser Landschaft, des Ubehebe und des Kleinen Hebe, die Aschfarbe und der grünliche Glanz der längst erkalteten und schon verwitternden Glutflüsse, das Braunrot, Blutrot, Purpurrot der Berghänge, das Orange, Fahlgrün, Oliv und auch das strahlende Gold der Dünen aus feinstem und auch grobem Sand, kaum beschreibbare Schattierungen von Braun und Blau, Ocker und einem Gold von solcher Leuchtkraft, daß metallisches Gold daneben verblassen müßte, warme, herrlich abgestuft verschwimmende Violetts in den Flanken, Schluchten, Klüften, den fernen Kämmen und Gipfeln der Randgebirge, wahrlich, Worte vermögen die unendlich reiche Phantasie nicht zu umschreiben, mit der hier die Fülle der Farben über eine sicherlich lebensfeindliche und doch magisch bezaubernde Welt ausgeschüttet ist.

So war ich damals aus der Tiefe in die Berge hinaufgeklettert, und das Herz war mir sehr weit geworden, einerseits, weil die hinter mir herscheinende Morgensonne die überwältigende Farbenpracht der wüstenhaftesten aller amerikanischen Wüsten wunderbar offenbart hatte, andererseits, weil ich wieder auf fester Straße in kühlere Höhen hinaufrollte und nicht mit einer in der damaligen Zeit noch häufigen Reifen- oder Motorpannen liegengeblieben war. Der grobe Fahrweg über den Salsberry- und Jubilee-Paß mit dem kaum befahrbaren Abzweig zu den Saratoga-Springs im toten Tal des Amargosa-Flusses, der nur alle Jubeljahre einmal Wasser führt, und die Fortsetzung nach Norden zum Furnace-Creek, dem »Schmelzofen-Bach«, der noch viel seltener, wenn überhaupt je seit Menschengedenken Wasser geführt hat und schließlich zum unheimlich schwarz und rot gähnenden tiefen Krater im Norden des Tals, dem Ubehebe, war noch durch eine Barriere und ein Warnschild gesperrt gewesen, nach welchem der Längsweg durch das Todestal in der heißen Zeit wegen übergroßer Hitze zu gefährlich wäre und in den Monaten von April bis November auch von der Straßenpolizei nicht kontrolliert würde. Die Polizei – sagte ich mir damals – setzt sich erst im November oder Dezember in Gang, um die vertrockneten Überreste der Verrückten aufzusammeln, die im Sommer zwischen Jubilee-Paß und Scotty's Castle verdurstet sind. Nun, ich hatte nicht bis November warten können; man schrieb erst Ende August, als ich das Warnschild und die Schranke mit schlechtem Gewissen umfuhr. Die »Straße« hatte sich als jammervoll erwiesen; das stimmte. Aber so schrecklich heiß war es mir unterwegs gar nicht vorgekommen, weil die fast absolute Trockenheit der Luft jeden Schweißtropfen sofort verdunsten läßt, was wiederum die Haut abkühlt. Auch hatte ich den Motor während der ganzen langen Fahrt mit den vielen langen Aufenthalten nicht abgestellt, damit ununterbrochen frischer Treibstoff in den Vergaser gesogen wurde, das Benzin also keine Zeit fand, vorzeitig aus dem Vergaser zu verdunsten.

Alles war wieder einmal gutgegangen. Das Todestal entließ mich nun mit einem wahren Überschwang von Farben. Im Gebirge erwischte ich einen Ausblick auf die ferne Sierra Nevada im Westen, mein nächstes Ziel, eine Kette von vergletscherten Kämmen und Gipfeln mit dem Mount Whitney, dem höchsten Berg in den Vereinigten Staaten, wenn man von Alaska absieht. Ich verhielt den Atem angesichts der silbern blinkenden Geistererscheinung am Rande des Horizonts: Zum erstenmal bekam ich damals das grandiose Gebirge zu Gesicht, das mir mit seinem schönen spanischen Namen die Sehnsucht schon lange beflügelt hatte.

Ich wußte, daß es in den Panamints eine Stelle geben sollte, von der aus man nach Osten hinab ins Todestal (mit 85 Metern unter dem Meeresspiegel) nach Westen zum Mount Whitney mit seinen 4.418 Metern über dem Meeresspiegel hinüberblicken konnte, den allertiefsten und allerhöchsten Punkt in den USA also durch eine einzige Drehung des Kopfes ins Auge zu fassen vermochte. Entweder habe ich es dumm angestellt oder mir nicht genügend Zeit gelassen: Besagten Aussichtspunkt habe ich weder damals noch im letzten Jahr (1980) gefunden.

Aber etwas anderes fand ich damals. Ich hatte eine weite, völlig tote Senke mit unwirklichen Farben und Formen durchfahren und rollte wieder einen langen Anstieg hinan. Plötzlich, als ich um eine Felsnase gebogen war, öffnete sich mir ein Anblick, der nach all der leeren Ödnis an den Tagen zuvor wie ein Wunder anmutete: Eine grüne Wiese, belaubte Bäume, die einen Garten umhegten und beschatteten, helles Gesprüh von Feuchte aus Bewässerungskreiseln und Rohren und im Hintergrund zwischen den Wipfeln der Giebel eines erstaunlich großen Hauses. Lange hatte ich nichts weiter zu Gesicht bekommen als Felsen, Sand, wabernde Luft über versalzten Pfannen, bestenfalls eine darbende Salbei oder eine Kolonie stachliger Kakteen.

Ich rollte dem Haus vor die Tür. Ich war der einzige Gast. Die Saison hätte noch nicht begonnen; dann allerdings wären sie, die Wirtsleute, für den ganzen Winter ausgebucht; sie wären eben von ihrem Sommerurlaub an der Küste zurückgekehrt und fingen damit an, die Zimmer für die kühle Zeit herzurichten; zwei sehr schöne wären schon bestens in Ordnung und wenn ich wollte, könnte ich bei ihnen übernachten. Mit ihrer Speisekarte wäre es noch nicht weit her. Aber ich sollte bei ihnen mitessen, ein etwas ausgefallenes Mahl allerdings; sie hätten zwei Tage zuvor in Lone Pine gerade Gelegenheit gehabt, beim Fleischer die notwendigen Sachen einzukaufen, Pig's knuckles, sour cabbage und pease-pudding.

Wenn ich mir bis dahin noch nicht ganz sicher gewesen war, ob ich Deutsche vor mir hatte oder nicht, so brauchte ich jetzt nicht mehr daran zu zweifeln. Ihre zarteren w's, ihre nach d oder weichem s hinüberrutschenden th's, ihre flachen r's hatten mir schon die Vermutung nahegelegt, daß ich Deutsche vor mir hatte; es hätten aber auch Skandinavier sein können. Aber nun, nachdem mir Eisbein mit Sauerkohl und Erbsenbrei angeboten worden war, wußte ich, daß ich bei Landsleuten eingelaufen war. Ich erwiderte also strahlend auf deutsch:

»Eisbein mit Sauerkohl, großartig! Das esse ich einmal im Jahr! Warum nicht hier bei den Panamint-Springs, was allerdings ziemlich weit von Berlin entfernt ist.«

Damit war die Freundschaft geschlossen. Drei waschechte, das heißt zugezogene Berliner in den Panamint-Mountains am Westrand des Todestals – wenn das kein Grund zum Feiern ist! So lernte ich die Stroppentins kennen. Die beiden waren schon bald nach dem Ersten Weltkrieg nach den Staaten ausgewandert, waren durch Fleiß, Geschick und Glück zu Geld gekommen, hatten sich eigentlich schon in Kalifornien zur Ruhe setzen wollen, hatten sich aber auf einer Reise in die großartige, sozusagen heroische Landschaft in den Panamints verliebt und noch einmal von vorn angefangen, als sie spürten, daß die ungemein reine, leichte Wüstenluft mit ihrer Trockenheit etwa tausend Meter über dem Meer sie beide geradezu verjüngte, ihnen all die Schäden und Plagen, die ein langes Stadtleben mit seinen harten Belastungen und den Überbeanspruchungen von Seele und Körper angerichtet hatte, langsam aber gründlich aus ihren Existenzen filterte. Die Panamint-Springs liegen bereits außerhalb des Death-Valley-Schutzgebiets, so daß es den Stroppentins nicht allzu schwer fiel, die Erlaubnis zu bekommen, das hier in unendlicher Ödnis aus dem felsigen Boden drängende Wasser, das bis dahin ungenutzt versickert, meist aber bei der extremen Trokkenheit der Luft verdunstet war, aufzufangen, noch mehr zu erschließen und in Fruchtbarkeit für Pflanze, Tier und Mensch zu verwandeln.

Die Zion-Berge in Utah.

Sonnenuntergang über der Saguaro-Steppe.

Orgelpfeifen- und Saguaro-Kakteen.

Blüte eines Orgelpfeifenkaktus.

Die Datura, heilige Blume der Indianer *(Foto Russell Grater)*.

Auf der Kontinentalen Wasserscheide in Texas.

Mit der Zeit und der Hilfe klug ausgewählter, schnell wachsender Büsche und Bäume, dazu eines Bewässerungs-Systems, das keinen Tropfen der kostbaren Feuchte verschwendete, hatten die Stroppentins rings um die im Grunde nur sehr kargen Quellen ein kleines, grünes Paradies erblühen lassen, ein bescheidenes gewiß, aber im Gegensatz zu der weit umher den versteckten Hafen des Lebens umringenden Wüstenei ein erquickendes Wunder. Es hatte sich beinahe von selbst ergeben, daß die beiden bald ein kleines, aber schnell wachsendes Gasthaus entstehen ließen, um auch anderen Leuten aus Alpträumen wie Los Angeles, Seattle, Chicago oder St. Louis den Segen der Stille und Abgeschiedenheit in der schier außerweltlichen Felsenöde zugängig zu machen.

Wir verstanden uns damals schon nach den ersten zwei Stunden, denn unser Gespräch war sehr schnell in die Tiefe gesunken und zum »Eigentlichen« vorgestoßen. Mehr als drei Nächte verbrachte ich unter den flüsternden Eukalypten, Kasuarinen und Tamarisken, bei gutem Essen zwischen den ihre perlenden Wasser verschleudernden Sprinklern. Wir konnten uns nicht genug daran tun, zu erörtern, wie verhängnisvoll die großstädtische Lebensart jene Bande, die das Lebewesen Mensch mit der Natur verknüpfen, gelockert und verschlissen hat und eine sinnvolle menschliche Existenz nicht mehr ermöglichen. Der auf diese Weise von seinem Ursprung getrennte Mensch geht ein wie eine Pflanze oder ein Tier eingeht, dem seine angestammte Umwelt beschädigt oder vernichtet wurde.

Die Stroppentins waren nach ihrer Tüchtigkeit und Zielstrebigkeit durchaus erfolgreiche Amerikaner, aber innen drin waren sie Europäer deutscher Spielart geblieben. Wir verstanden uns vorzüglich. Eine Weile haben wir nach der ersten Bekanntschaft noch Briefe ausgetauscht und versucht, das Gespräch fortzusetzen. Aber dergleichen gelingt über weite Entfernungen so gut wie nie.

Eine Reihe von Jahren später hatte ich dann die Bekanntschaft durch einen zweiten Besuch erneuert. Wir hatten uns sofort wiedergefunden, als wären wir erst einen Tag zuvor zusammengesessen. An unserem gegenseitigen Verständnis hatte sich nichts geändert. Ihr Anwesen war inzwischen respektabel gewachsen, hatte viele Freunde gefunden und nahm gerade deshalb die beiden prächtigen Menschen so in Anspruch, daß der tiefere Sinn, den das ganze Unternehmen ursprünglich für sie gehabt hatte, unvermeidlich in den Hintergrund gerückt war. Nicht mehr – so kam es mir vor, und ich irrte mich sicherlich nicht –, waren die beiden noch Herr des Unternehmens, das sie aus der Einöde gezaubert hatten, sondern das Unternehmen war ihrer Herr geworden. Sie spürten es längst, wußten aber nicht, wie sie sich der Eigengesetzlichkeit ihres Betriebs entziehen sollten; sie mochten ihr Werk nicht im Stich lassen.

Wieder hatte ich nur drei Tage und Nächte bei den Panamint-Springs verweilt, außerhalb der Saison, und in nicht mehr ganz so vollkommenem Frieden die liebenswerte Oase mit ihrer Kühle, Anmut und menschlichen Wärme genossen. Wir waren uns darüber klar beim Abschied, daß beiden Seiten die Zeit für weitere Korrespondenz fehlen würde, daß wir uns keinesfalls vergessen, sondern auf die Dauer mit echter Zuneigung im Sinn behalten würden.

Und seitdem waren Death Valley, Panamint und Stroppentin für mich beinahe ein- und dasselbe gewesen.

Die California-190 gleitet zwischen den Inyo-Bergen im Norden und der Argus-Kette im Süden über einen sanften Sattel und senkt sich dann ins Panamint-Tal. Vor mir war hinter dem Panamint-Gebirge der Morgen hochgekommen, gerade vor meinen Augen, denn die Straße hatte sich aus südöstlicher in nordöstliche Richtung gewendet. Die Kanten des Gebirges vor mir säumten sich schon mit Purpur. Gleich würde dort die Sonne hinter den Graten hochsteigen.

Ich überlegte: Ja, es war an der Zeit, anzuhalten und einen Blick hinter mich zu werfen, über den großen, aber ringsum verschilfenden und austrocknenden Owens-Lake in der Tiefe hinweg, aus der ich kam. Dort lag Lone Pine, dort lief die US-395 nach Süden. (Den Owens-Lake und den von Norden kommenden Owens-River zapft die Fernwasserleitung an, das »Los Angeles-Aquaeduct«, über welches der riesigen Stadt an der Küste über annähernd vierhundert Kilometer das Trink- und Badewasser zugeführt wird, Wasser, das so den Gefilden östlich der Sierra entgeht.)

Ich war bereits einige hundert Meter gestiegen, und der Ausblick nach Westen mußte unbehindert sein.

Er war es. Die höchsten Grate und Gipfel der Sierra Nevada wurden schon von den Strahlen der für mich noch nicht erschienenen, dort drüben aber in fast viereinhalbtausend Meter Höhe schon aufgegangenen Sonne in eine Kette von golden glühenden, seltsam zierlichen, zackigen Plättchen verwandelt, die einer schmalen silbernen Basis aufsaßen, weiter nach unten aber ins noch gestaltlose Grau und Dunkel der Dämmerung verflossen:

Die Hohe, die Schneeige Sierra, über die ich gekommen war! Ich stand im leisen, kühlen Morgenwind und starrte. Sah ich dies wunderbare Gebirge, das auf seinen Westhängen die stolzesten Wälder mit den gewaltigsten und ältesten Bäumen der Erde trägt, im Osten aber ungemein schroff und steil zu wüstenhaften Gefilden und der tiefsten Senke des ganzen nordamerikanischen Erdteils absinkt – sah ich diese königlichen Schroffen in dieser einsamen Frühe zum letztenmal?

Wer wollte das beantworten! Irgendwann sieht man alles zum letztenmal. Ernüchtert stieg ich wieder hinter das Steuerrad. Ich mußte sofort die Sichtblende herunterklappen, denn die Sonne war nun auch für mich aufgegangen und stach mir über die Kämme des Panamint-Gebirges hinweg geradewegs in die Augen und tat ihnen weh.

Ach, hol's der Geier! Zu Stroppentins konnte es nicht mehr weit sein. Da würde ich ein erstklassiges Frühstück vorgesetzt bekommen – und nicht nur deshalb würde die alte Freundschaft auf der Stelle neue Knospen treiben – ebenso plötzlich, wie die dürre, steinige, kahle Wüste sich nach einem der allzu seltenen Platzregen plötzlich in ein Blütenmeer verwandelt voll rauschhafter Fülle, um vierzehn Tage später schon Früchte anzusetzen, bald darauf wieder zu verdorren und sich wieder in kahle, scheinbar ewig brache Öde zu verwandeln.

Da war sie auch, die kleine Oase, tauchte auf als eine schöne grüne Überraschung auf der rechten Seite der Straße am Hang.

Ich sah schon von weitem, daß etwas nicht stimmte. Die Wiese auf der anderen Straßenseite existierte nicht mehr. Es war kaum noch zu erkennen, daß dort einmal Timothy-Gras und Alfalfa der braunen Wüste ein fröhliches, strahlend grünes Ausrufungszeichen entgegengesetzt hatten. Ich bog dem großen Hause zu, das mich in der Vergangenheit zwar nur sechs Tage im ganzen beherbergt hatte; aber wie erfüllte Tage waren es jedesmal gewesen!

Ach, ich mochte meinen Augen nicht trauen: Verwahrlost lag der einst so sorgsam gehegte Vorgarten. Die Bäume standen zwar noch; die Bewässerung schien noch zu laufen, aber das Ganze machte irgendwie einen schrecklich heruntergekommenen Eindruck. Hinter den erblindeten Fensterscheiben des Speiseraums, durch die ich einst selig zu den farbenreichen großen Bergen hinübergesehen hatte, hing windschief eine Papptafel mit der Aufschrift »Closed«, Geschlossen. Einige Fenster in der Reihe der früheren Gastzimmer waren offenbar zerbrochen und deshalb notdürftig mit Brettern vernagelt.

Hier wohnte niemand mehr, kein Walther Stroppentin und keine liebenswürdig adrette Lisette Stroppentin! Was sie geschaffen hatten, war bereits zu einer kläglichen Ruine geworden.

Und von Frühstück war natürlich erst recht keine Rede.

Abseits hinter den Gebäuden, die ich kannte, war so etwas wie ein Depot der Straßenverwaltung mit einigen Holzbaracken entstanden, die früher dort nicht zu finden gewesen waren. Vielleicht war dort jemand aufzutreiben, der mir den traurigen Zustand des Platzes erklären konnte. Ich stieß auf einen ältlichen Mann, der anscheinend nicht allzu viel zu verrichten hatte. Er beantwortete meinen Gruß ebenso mißmutig wie uninteressiert, ließ sich aber zu der Mitteilung herbei:

»Well, soviel ich weiß, ist die Frau schon vor Jahren gestorben, und der Mann hat es allein nicht hier ausgehalten. Ist ja auch zu abgelegen, und wer bleibt hier schon freiwillig. Ist weggezogen, der Mann. Wohin, weiß ich nicht. Aber der ganze Krempel soll ihm noch gehören, sagt man. Vielleicht lebt auch er nicht mehr. Well, I don't care!«

Yes, he didn't care, er machte sich aus nichts was! Das war klar wie Kloßbrühe.

Bedrückt rollte ich davon, schraubte mich durch die kahlen, drohend schwärzlichen Gebirge zum Towne-Paß und seinen 1.725 Metern über Normalnull empor und hatte das Gefühl, als wäre mir der ganze Spaß, zum drittenmal durchs Todestal zu fahren, bösartig und vorzeitig verdorben worden.

Unmöglich war es, sich von den wilden, vielfach schier unglaubhaften Farben der Wüste, dieser flimmernden Einöde mit den riesigen Salzflächen in ihrer Mitte, in ihren Senken, nicht gefangennehmen, nicht umstimmen zu lassen, selbst wenn man noch so niedergeschlagen in sie eingefahren war. So groß ist die Gewalt dieser – allerdings nur scheinbar völlig unbelebten – Einöde, daß alles private Ungemach davor verblaßt.

Der sogenannte »Fortschritt« war auch hier mit Händen zu greifen. An sieben oder acht Stellen – ich habe sie nicht gezählt – waren Picknick-Plätze, Camping-Plätze, Motels, Tankstellen, Geschäfte für Proviant und Andenken, Auskunftsbüros, Zapfstellen für Kühler-Wasser und Ablade-Stellen für Müll und den Dreck aus Wohnwagen-Toiletten eingerichtet worden. An vier Stellen konnte man telefonieren, konnte auch mit dem Flugzeug landen, konnte Pfade benutzen, an denen dem Wißbegierigen alle natürlichen und unnatürlichen Besonderheiten der Todestal-Natur an Beispielen erklärt wurden, man konnte Briefe in Briefkästen wie zu Hause stecken, durfte sich in einen großen Vortragsraum beim Furnace-Creek einladen lassen, wo selbst für Körperbehinderte vorgesorgt war. Und wem all diese teils von Amts wegen, teils aus Geschäftsinteresse verordnete Fürsorge nicht genügte, wer seine Zeit nicht mit langem Suchen und Probieren verschwenden wollte, den leiteten freundliche Hinweisschilder zu klug ausgesuchten Punkten in der Landschaft, von denen aus sich die erregendsten Ausblicke in das »Tal des Todes« (und natürlich die obligaten, die vollkommen unerläßlichen Fotos) gewinnen lassen. Und erst recht natürlich sind alle wichtigen Straßen gepflastert, so daß heute nicht weniger als fünf gut befahrbare Zugänge in die Tiefe des Death Valley hinunterführen, denen sich jeder normale Personenwagen anvertrauen darf.

Diese unvermeidlich etwas ironisch ausgefallenen Randbemerkungen sollen jedoch keineswegs bedeuten, daß die grandiose und wahrhaft einmalige Landschaft des »Death Valley National Monument« irgend etwas von ihrer seltsamen, wie außerirdisch anmutenden Großartigkeit eingebüßt hat. Es ist vielmehr trostreich, daß die tote und gefährliche Leere der Wüste an einigen Stellen belebt worden ist, so daß auch normale Erdenbüger, wenn sie nur über das nötige Kleingeld verfügen, dies von vielen alten Legenden umwobene Tal kennenlernen können. Legenden im amerikanischen Westen sind nur in wenigen Fällen über einhundertfünfzig Jahre alt; aber echte Legenden sind sie trotzdem, wie etwa die, daß ein Mitglied der Bennett-Arcan-Gruppe, die mit Goldfieber in den Knochen zum Sacramento ziehen und sich den weiten Weg abkürzen wollte, von den Panamint-Bergen zurückblickte, hinunter in die vor Hitze wabernde Tiefe und in den Ruf ausbrach: »Good bye, Death Valley!« – und der Name »Todestal« war damit geboren und blieb bestehen. Nicht Legende ist es, daß zwei Mitglieder dieses Auswanderer-Zuges, Manly und Rogers, sich damals (1849) aufmachten, um ihren erschöpften, halb verdursteten Gefährten aus dem Westen Hilfe zu holen. Sie legten über sechshundert Kilometer zu Fuß zurück und brachten tatsächlich Hilfe, so daß die meisten Familien der von Bennett und Arcan angeführten Gruppe wenigstens ihr Leben retteten, wenn auch nicht ihre – längst verzehrten – Ochsen und ihre – längst im Stich gelassenen – Planwagen mit ihren irdischen Besitztümern. Viele Namen dieser frühesten Durchquerer des Todestales sind heute in den Namen mancher geographischer Erscheinungen in und um das Todestal verewigt.

Auch sorgt die höchst spröde und abweisende Natur des Tals dafür, daß die Zahl der Besucher beschränkt bleibt, und – so unglaubhaft es klingen mag – allein der Name »Todestal« hat die gleiche Wirkung. Außerdem darf man nicht vergessen, in amerikanischen Größenordnungen zu denken: Vom Salsberry-Paß im Süden bis zum Ubehebe-Krater im Norden des Todestales beträgt die Entfernung rund zweihundert Kilometer; das ist etwa so weit wie von München nach Stuttgart. Im Todestal gibt es (als ich es 1980 zum letztenmal der Länge nach durchfuhr) am Rande dieser Straße ganze vier Möglichkeiten, zu übernachten, wenn man dabei ein Dach über dem Kopf und vier Wände um sich haben will. Mehr als diese vier oder mit Scotty's Castle fünf Unterkünfte gibt es überhaupt auf den 7.770 Quadratkilometern des Schutzgebietes nicht, wobei man obendrein zu bedenken hat, daß die Todestal-Wüste beträchtlich über die einigermaßen willkürlich gezogene Grenze des »Monuments« hinausreicht. Aber wie viele Unterkünfte gibt es nicht zwischen München und Stuttgart –!

Nach wie vor also wird dem Reisenden, der die königliche Weite, die große Stille, die himmlische Leere und Einsamkeit der ungeheuren Senke in sich aufnehmen will, während vor seinen Augen vielleicht ein einziger, kümmerlich wirkender Biberschwanz-Kaktus mit einem Dutzend üppiger, hellrot strahlender Blüten den Triumph des Lebens wunderbar behauptet, wie nirgendwo sonst in Europa in diesem einzigartigen amerikanischen Gefilde das unvergeßliche Glück beschert, mit sich und der Schöpfung auf tausend leere Quadratmeilen im Umkreis völlig allein zu sein. Und sollte wirklich in der großen, herrlichen Öde ein anderer Zeitgenosse auftauchen, so ist die Wahrscheinlichkeit sehr groß, daß es sich um einen Gleichgesinnten handelt, mit dem man nicht nur gern ein paar Worte wechseln, sondern den man sogar als potentiellen Freund betrachten kann.

In dieser ungeheuerlich erhabenen Landschaft – mir will keine bessere Bezeichnung einfallen – erlebt der Fahrende gewissermaßen den Inbegriff, die Quintessenz der Großen Amerikanischen Wüste, dringt am unmittelbarsten in ihr innerstes Wesen ein. Und die weltverloren in die Einöde gestreuten Gasthöfe vermögen die Würde und Macht dieser wohl heißesten Wüste unter einer gnadenlosen Sonne nicht anzutasten, betonen vielmehr in ihrer Bescheidenheit und Beschränktheit, wie vorwitzig die Versuche des Menschen sind, sich von der Majestät dieser todesernsten und zugleich gefährlich schönen und berückenden Landschaft nicht überwältigen zu lassen.

Und wenn man schließlich am Ufer des kleinen Sees Bad Water, des »Schlechten Wassers«, angekommen ist (es ist salziger als das Wasser des salzigsten Meeres) und sich klarmacht, daß man sich dort an einem Ort befindet, der fünfundachtzig Meter unter der Oberfläche des Ozeans läge, bildete er nicht eine tiefste Einbuchtung der Erdrinde dort, wo sie am allertrockensten ist, dann mag man sich auf einem sonnenheißen Felsblock niederlassen, sich dem Geflimmer der glühenden Lüfte überantworten, mag zusehen, wie in der Ferne über den weißlichen Salzebenen die Fallwinde von den Panamints hohe Windhosen aus Staub und Salz dahintanzen lassen, mag die Blicke nach Norden und Süden wenden, wo die kahlen, in nicht mehr irdischen Farben schimmernden Gebirge mitsamt der weitgespannten Senke zwischen ihren Hängen in einem blassen, zarten Dunst verdämmern – und mag schließlich der kaum zu fassenden Bedeutungslosigkeit aller menschlichen Existenz auf dieser Erde inne werden, wie nie und nirgendwo sonst. Und das täte jedem Menschen gut, ganz gleich, ob hoch oder niedrig. Und es rückte unsere Sorgen, Ängste und Streitigkeiten in die richtige Perspektive; sie sind nicht viel wichtiger als der Hunger der Sidewinder-Schlange, die sich mit ihrer seltsam quer laufenden Schlängelei, der sie ihren Namen verdankt, über den nackten Grund zwischen den Pfeilkraut-Blüten über das »Teufels-Kornfeld« hinbewegt, um eine Wüstenmaus oder einen Gecko zu erwischen.

Blickt man von »Dante's View«, der »Dante'schen Aussicht« ins Tal hinaus, so meint man, dieser Erde entrückt und auf einen anderen, ganz fernen und toten Stern versetzt zu sein. An diesen nackten, rötlichen Felsenhängen haben Millionen von Jahren gemeißelt und geschliffen. Die Dauer der menschlichen Geschichte beträgt nur fünf- bis sechstausend Jahre, kommt vor dem Alter dieser nackten Berge nur einer Sekunde gleich. Und schaut man vom schwarzen Rand in den Ubehebe-Krater hinunter, der in der Tiefe eine Farbe aufweist, die an bösartig entzündetes Fleisch erinnert, dann sollte man sich klarmachen, daß die vulkanischen Gewalten, die diesen riesigen Trichter in die Erdkruste sprengten, alle Atombomben der wie Treiberameisen freß- und mordgierigen Menschen zu Kinderspielzeugen herabwürdigen. Vor dem brutalen Gleichmut der absoluten Wüste wie dem der Amargosa, der Mojave, der Gila oder des Todestals braucht man nicht mehr an dem zu zweifeln, was der Psalmist sagt: Der Mensch ist in seinem Leben wie Gras; er blüht wie eine Blume auf dem Felde. Wenn der Wind darüber hingeht, so ist sie nicht mehr da, und ihre Stätte kennet sie nicht mehr.

Aber zugleich offenbart gerade auch hier im »Tal des Todes«, das diesen grimmigen Namen wirklich zu verdienen scheint, das Leben jene wuselnde Emsigkeit, die eine gewisse verdrehte Komik nie ganz vermissen läßt. Da hat man also Badwater erreicht, den tiefsten Punkt in den Vereinigten Staaten und Amerikas, ist durchaus bereit, über die Vergänglichkeit des Irdischen nachzudenken, und entdeckt dann unter der Felswand hinter dem »Schlechtwasser-See« zwei kleine Bretterhäuschen nur allzu bekannten Formats, in züchtigem Abstand voneinander, auf denen ein weißes Schildchen in schwarzer Aufschrift den vielleicht allzu menschlich bedrängten Besuchern verkündet, daß hier »Men« und dort »Ladies« sich in vorkommenden Fällen den Blicken Neugieriger entziehen und sich Verrichtungen hingeben können, die zwar peinlich, aber völlig unerläßlich sind, wenn man sich des Daseins auch nur mittelmäßig erfreuen will. Auch an diesem einmaligen und sogar beängstigenden Ort vermögen selbst echteste Ladies menschliches Rühren in der Unterwelt nicht immer zu bändigen. So hat eine fürsorgliche Behörde die beiden kleinen Häuschen mit dem kleinen Herzen als Luft- und Guckloch in der Tür in die Einöde gepflanzt, damit diese ihrer jungfräulichen Sauberkeit nicht verlustig geht. Siebentausendsiebenhundertundsiebzig Quadratkilometer und buchstäblich unzählige Verstecke hinter Felsen und Bodenfalten – und eine trockene Hitze, in welcher alle Keime vernichtet werden und feuchte Materialien sofort ausdörren, zerfallen und verweht werden – aber man weiß, was sich gehört und setzt zwei Tempelchen der Notdurft an den höllenheißesten und tiefsten Flecken des Planeten, damit die verehrten Herren und Damen, die dem Ruf von Reisebüchern wie diesem gefolgt sind, sich nicht zu inkommodieren brauchen.

Heiß ist es wirklich im Todestal, in dem trotz allem Anschein des Todes das Leben heimlich seine Karten ausspielt, denn absolut ohne Zeichen des Lebens sind nur die ewig wandernden Dünen, die riesigen Salzflächen am Boden des Tals und die steilen Felswände der Randgebirge. Wo aber Sand ausgeschwemmt worden ist, wo sich Staub gesammelt hat, da siedelt sich Leben sofort an, ein Leben, das sich der harten Umwelt auf wunderbare, ja geniale Weise angepaßt hat. Kakteen vieler Art speichern in ihren fleischigen, stachelbewehrten Blättern die seltene Feuchtigkeit; die Stacheln schrecken nicht nur hungrige Tiere ab, sondern verwirbeln auch über den Blattoberflächen die glutheißen Winde, bilden so einen unbeweglichen Luftmantel um die Blätter, in welchem die Verdunstung stark herabgesetzt ist. Selbst noch in der tiefsten und heißesten Zone kommen hier und da Kreosot-Büsche, Wüsten-Stechpalmen und Kakteen vor; sie tränken sich lediglich aus den in jahresweiten Abständen für wenige Viertelstunden fallenden Gewitter-Regen. Salzkraut, Salzgras, Pfeilkraut und Mesquite (dieses eine der Leitpflanzen im Süden der amerikanischen Wüsten) nützen die Feuchtigkeit, wo sie sich unter der trockenen harten Oberschicht des Wüstenbodens hält, also im Umkreis von etwa einem Kilometer um die Salzpfannen und die versteckten Quellen, die insbesondere am Rand des Tals häufiger sind, als man annehmen möchte. Es heißt, daß man sich selbst in diesen äußerst dürren Gefilden nie weiter als fünfundzwanzig Kilometer von frischem Wasser entfernt befindet.

Es gibt Pflanzen wie das Pickleweed (Salzkraut), die selbst noch über einer Bodenfeuchte mit sechs Prozent Salzgehalt dichte Bestände bilden. Dagegen braucht die Honig-Mesquite auf den Mesquite-Flächen in der Mitte des Tals nördlich der California-190 zur Seite der Dünen-Region eine Bodenfeuchte mit weniger als einem halben Prozent Salzgehalt. Dann aber liefert dieser Wüstenstrauch viele süße Früchte, von denen sich die Tiere nähren, welche die Mesquite-Bohnen verdauen können wie Wüstenmäuse (Kangaroo rats), aber auch Coyoten, die auch hier wie in Oregon zur Wüste gehören, ebenso wie das Desert-Bighorn, das Wüsten-Bergschaf. Natürlich haben auch die dieser scheinbar so lebensfeindlichen Wüste angepaßten Menschen, Schoschone-Indianer, ihren Hunger mit Mesquite-Bohnen gestillt.

Ja, heiß ist es in diesem Tal, vielleicht nirgendwo heißer im Sommer auf Erden als hier. Die durchschnittliche Temperatur im Death Valley (wobei der Ton auf »durchschnittlich« liegt; die Unterschiede zwischen Tages- und Nachttemperaturen betragen zwanzig bis dreißig Grad Fahrenheit) während des Monats Juli, des heißesten, liegt bei 116 Grad Fahrenheit, das heißt bei etwa 47 Grad Celsius. Der kälteste, besser kühlste Monat des Jahres weist eine Durchschnitts-Temperatur von etwa achtzehn bis neunzehn Grad Celsius auf, er ist der Januar.

Diese Durchschnitte besagen jedoch wenig, wenn man am Mittag eines Sommertages der Höchsttemperatur ausgesetzt ist. Es sind schon 57 Grad Celsius gemessen worden. 49 Grad im Sommer sind um die Mittagszeit das Übliche, nachts immer noch 31 Grad Celsius. Die höchste, überhaupt je gemessene Temperatur wurde mit 58 Grad Celsius in Nordafrika in der libyschen Wüste gemessen; dem steht das Todestal nur um ein Grad nach. Der Sommer ist also kaum die richtige Zeit, sich die Gummireifen am Auto auf den glutheißen Straßen platzen zu lassen; denn die angegebenen Temperaturen beziehen sich auf solche im Schatten; am Boden, über den die Autoreifen ja rollen müssen, sind schon oft genug 88 Grad Celsius abgelesen worden.

Auch sonst läßt die meteorologische Statistik keinen Zwiefel darüber aufkommen, daß man sich im Todestal in einer Wüste befindet, die diesen Namen wirklich verdient. Die durchschnittlichen jährlichen Niederschläge erreichen nur wenig über vier Zentimeter. Man hat jedoch ausgerechnet, daß die starke Sonne imstande wäre, wenn ihr Gelegenheit dazu geboten würde, im Jahr nicht weniger als 381 Zentimeter Niederschlag zum Verdunsten zu bringen; das würde bedeuten, daß ein annähernd vier Meter tiefer See, der die vielen tausend Quadratkilometer des Tals bedeckte, am Ende eines Jahres nicht mehr vorhanden, nämlich verdunstet wäre!

Die Hitze und Trockenheit sind so fürchterlich, daß ein der Sommersonne ausgesetzter Mensch in der Stunde einen Liter Wasser zu sich nehmen muß, um den Verlust an Wasser auszugleichen, das von seiner Haut verdunstet; in extremen Fällen schwitzt der Mensch bis zu drei Liter Wasser in der Stunde aus; wird es nicht rechtzeitig ersetzt, so ist höchste Gefahr im Verzuge.

Wenn dann nach vollkommen regenlosen Jahren irgendwo in den Randgebieten ein Wolkenbruch niedergeht, läuft von den kahlen, steilen Hängen das Wasser schnell zusammen und tobt durch die Canyons in wildem Schwall zu Tal, um dann in den Ebenen des großen Beckens bald wieder zu verdunsten. Eine über zwei Meter hohe Wasserwand raste zum Beispiel 1950 den Furnace Creek hinab und bestätigte wenigstens für zwei, drei Tage, daß die glutheiße Schlucht den Namen Creek – Bach – zu Recht führt. Felsblöcke von mehreren Tonnen Gewicht wurden damals in die Ebene des Talbodens hinausgespült. Der »Fächer« am Ausgang des Furnace verbreiterte und erhöhte sich abermals um ein Beträchtliches. So werden in Jahrtausenden die Berge abgetragen und die Täler aufgefüllt.

Doch ist das Todestal nicht von Wasserläufen ausgewaschen worden, sondern dadurch entstanden, daß das Bruchstück einer Erdplatte unter ihm abgesunken ist. Das Todestal müßte also, wenn es geologisch richtig gekennzeichnet werden soll, Todesgraben genannt werden. Der Grabenboden sinkt auch heute noch weiter ab, wobei er sachte nach Osten abkippt. Die Erde ist längst nicht zur Suhe gekommen. Erdbeben und vulkanische Ausbrüche werden die gewaltige Senke weiter verändern, wenn auch so langsam, daß die kurzlebigen Menschen davon nur die allerheftigsten Zuckungen wahrnehmen.

Von den sehr seltenen, stets von schweren Gewittern begleiteten Regenfällen, zumeist Wolkenbrüchen, bestreitet alles Leben in der Wüste seine Fortexistenz. Viel reichhaltiger, als es dem Reisenden rscheinen mag, der an einem glasklaren Oktobertag die kahlen, braunen Weiten durchquert und die Luft über riesigen Sand- und Salzflächen flirren sieht, viel reichhaltiger und vielfältiger ist in Wahrheit der Pflanzenwuchs in der Wüste, allerdings tritt er in seiner ganzen Fülle und Pracht nur in Erscheinung, wenn es einmal im November zu Beginn der kühleren Zeit besonders kräftig geregnet hat. Das ereignet sich aber im allgemeinen nur etwa alle acht Jahre. Dann leuchten Wüsten-Sonnenblumen entlang der längst wieder ausgetrockneten Wasserläufe, und die Hänge tragen ein Kleid von bunten anderen, kleineren Blumen und Kräutern. Die Samen, die im Januar oder Februar verschüttet werden, müssen dann viele Jahre überstehen, bis ein neuer Regen sie wieder erweckt. Man hat insgesamt über achthundert Pflanzenarten gezählt, die sich diese radikale Wüste zur Heimat erkoren haben, ein Triumph des Lebens wahrlich! Jedoch dauernd, jederzeit beobachtbar, bieten sich dem Reisenden nur ganz wenige Pflanzen dar. Die allermeisten entschwinden immer wieder nach kurzen, glorreichen Auftritten auf Jahre hinaus in ein scheinbares Nichtvorhandensein.

Ich für meine Person bin von jeher ein Bewunderer und Freund der Mesquite gewesen, was vielleicht deutlich wurde. Die manchmal mannshohen Büsche mit dem verzwickten Astwerk trotzen mit dem Geschäum ihrer zart geformten und doch unheimlich zähen Blätterrispen jeder Hitze, gedeihen auf scheinbar völlig totem, steinhartem Boden, bauen, dem Winde Widerstand bietend, langsam höher wachsende Ringwälle von Sand um sich her, in welchen wiederum das kleine Tiervolk der Wüste Unterschlupf findet, Känguruh-Ratten, Erdhörnchen, Eidechsen und gelegentlich auch eine Sidewinder-Schlange, die übrigens nicht weiter gefährlich und vielmehr froh ist, wenn man ihr nichts tut. Mesquite-Büsche sind ausgesprochene Individualisten, die von ihren Gefährten stets einen gemessenen Abstand halten. Selbst wo sie sich zu bescheidenen Scharen von vielleicht hundert Büschen an den Rändern der aus den Schluchten in die Ebene hinausfächernden Sand- und Geröllhalden zusammenfinden, bleibt jeder einzelne Busch stets für sich.

Immer wieder fragt man sich, wovon sie leben mögen, diese erstaunlichen und skurril anmutenden Buschwesen. Ich ließ mich belehren: Das vom Berg strömende Süßwasser versickert zwar schnell, bleibt aber dann, weil es leichter ist, über dem schweren salzigen Grundwasser in der Tiefe schweben und kann von den Wurzeln der Mesquite erreicht werden, auch wo es tief absinkt. Mesquite-Wurzeln reichen fünfzehn Meter weit in die Tiefe, ja, man hat sie sogar schon 38 Meter tief nachweisen können. Entsprechend breitet sich das Wurzelwerk auch seitwärts aus, was verständlich macht, warum die Büsche auf Abstand von den Nachbarn Wert legen.

Von den kleinen Tieren unter den Mesquite-Büschen, die sich pflanzlich ernähren, leben die größeren Räuber wie Eulen, Schlangen oder Coyoten. Im Laubwerk der Büsche hausen Insekten; diese wiederum locken Vögel an. Die Vögel verhindern, daß die Insekten zur Plage werden.

Das Gewebe des Lebens läßt sich in den relativ einfachen und durchsichtigen Verhältnissen der Wüste besonders gut studieren, und die Wissenschaft hat diese günstige Gelegenheit nicht mißachtet. So haben die Ökologen erkundet, daß etwa tausend Pfund von Mesquite-Bohnen hundert Pfund von Känguruh-Ratten ernähren, diese wiederum zehn Pfund von Sidewinder-Schlangen, und diese wieder mögen ein Pfund des Rotschwänzigen Habichts am Leben zu erhalten. In der Wirklichkeit vollzieht sich das so simpel nicht, aber den großen Zusammenhang der Pyramide des Lebens in der Wüste machen so grobe Verallgemeinerungen doch deutlich. Das Gleichgewicht, auf das sich das Leben in der Wüste in Tausenden von Jahren eingespielt hat, erweist sich als sehr delikat. Es kann leicht gestört werden, auch wenn es sich um scheinbar nur unbedeutende Eingriffe handelt.

In und um das Todestal ist eine einzige größere Tierart seit alters heimisch, das schon kurz erwähnte Wüsten-Bergschaf (Desert Bighorn), ein Pflanzenfresser, dem die karge Flora der Wüste und ihrer Randgebirge genügt. Das Bergschaf folgt einem weisen Instinkt, wenn es bei der Nahrungssuche nur immer hier ein Blättchen oder Hälmchen pflückt, eine Kakteen-Blüte verspeist oder ein paar Mesquite-Bohnen kaut und schluckt. Niemals verweilt das Bighorn lange bei einer Pflanze, sondern ernährt sich sozusagen im Umherschweifen. Genaue Beobachtungen haben ergeben, daß die Tiere vom Pflanzenwuchs eines gegebenen Areals nur etwa 2% als Nahrung beanspruchen.

Nun sind vor hundert und auch noch vor fünfzig Jahren Mineralien-Sucher durch die Ödnis gezogen, die auf Gold oder Silber aus waren; aber als einziger Fund von einigem Wert erwies sich Borax, das auch längere Zeit unter einigermaßen abenteuerlichen Umständen abgebaut worden ist. Diese Prospektoren ließen sich ihren Proviant und ihr Gerät von Eseln tragen, die bekanntlich mit Hitze, Trockenheit und karger Nahrung viel besser fertig werden als Pferde.

Manchmal kamen die einsam im Land umherstreifenden Männer unterwegs um, brachen sich die Knochen, verhungerten, verdursteten – und ihre Esel waren damit von der Fron der Packeselei befreit. Auch kam es vor, daß die Esel ihren vielleicht allzu harten Herren davonliefen und sich selbständig machten. Die befreiten Sklaven fanden sich zu Herden zusammen, lernten es, von und in der Wüste zu leben, und vermehrten sich so kräftig, daß heute mit etwa zweieinhalbtausend Wildeseln im Bereich des Todestals gerechnet werden muß.

Nun pflegen aber Esel anders als die scheuen und flüchtigen Bergschafe eine Weide, wie und wo sie sie vorfinden, gründlich kahlzufressen, das heißt, viele Pflanzen so zu vernichten, daß sie nicht mehr nachwachsen. Damit aber machen sie den Bergschafen, die vor den angriffslustigen Eseln, den Burros, überall in höheres, aber auch kahleres Gebirge ausweichen, den Lebensraum streitig. Die Zahl der Burros, die in diesen Gebieten im Grunde nichts zu suchen haben, wächst, die Zahl der schönen Bergschafe, die mit ihrer Umwelt in Harmonie lebten, geht zurück. Man wird also ein Blutbad unter den Burros anrichten müssen, um dem Bighorn wieder zu seinem älteren Recht zu verhelfen. Auch hier war es der bedenkenlose Mensch, der eine kunstvoll in sich ausgewogene Welt aus dem Gleichgewicht brachte.

Nach allem war es keine ganz ungetrübte Freude mehr, durch das Todestal zu schweifen.

Doch auch jetzt noch bleibt es Balsam für eine müde Stadtseele, irgendwo inmitten der Wüste auf einem Hügel zu stehen und das uranfängliche Schweigen der Einöde in den Ohren brausen zu lassen. Hier ist die Zeit schlafen gegangen. Sonne und Wind, Sand, Geröll und Fels – nichts weiter! Und der Mensch hat nur ein paar gleichgültige Kratzer hinterlassen. Die alten Berge sehen in das glühende Tal, verändern ihre Umrisse nur unendlich langsam, aber zugleich unaufhaltsam.

Ewige Dauer in ewigem Wandel – wenn man nichts weiter aus der Wüste mit heimbringt als diese Erkenntnis, dann ist man nicht umsonst unterwegs gewesen.

17. Zion und der Landeplatz der Engel

Das Ganze trägt den Namen Zion, nach Jerusalem, der »hochgebauten Stadt« (im Amerikanischen übrigens Seion ausgesprochen, woran man sich erst gewöhnen muß). Und man hat sich weiter damit vertraut zu machen, daß in dieser unvergleichlichen Hochgebirgs-Landschaft die Namen der Berge fast alle an biblische Vorstellungen anklingen: Die »Drei Patriarchen«, das sind Abraham, Isaak und Jakob, grüßen den Reisenden mit senkrecht ragenden Wänden und gewaltigen Gipfeln, wo der Birkenbach mit dem Nordarm des »Flusses der Jungfrau« einen Winkel bildet. Weiter aufwärts am Jungfrau-Fluß hebt sich »die Kanzel« hoch über dem Tal des gewöhnlich sanften, in der Schneeschmelze oder nach Gewittergüssen aber gefährlich wilden und zerstörerischen Gewässers auf. Die Muttergottes wird noch ein zweitesmal geehrt im Namen der »Türme der Jungfrau«, die sich am Eingang des Jungfrau-Canyons gleich neben dem »West-Tempel« mit seinen 2.365 Metern erheben. Auf der anderen Seite des Tals entspricht dem West-Tempel der »Ost-Tempel«. Die fromme Versammlung der Patriarchen, der Engel, der Heiligen Jungfrau, Unserer Lieben Frau (Lady Mountain), der verschiedenen Tempel und des »Großen Weißen Throns«, womit Gottes Thron gemeint ist, des Kathedralen-Bergs, des Tabernakel-Doms, des »Berges des Mysteriums«, der »Liebesspenden-Kuppe«, sie und andere nicht ganz so fromm benannte Gipfel und Zinnen werden im Süden von den zwei »Schutzengeln« (North Guardian und South Guardian Angel) gehütet. Und natürlich darf auch nicht weit von »Angels' Landing«, dem »Landeplatz der Engel«, eine »Große Orgel« nicht fehlen, ebenso wenig wie ein »Opferaltar« (Altar of sacrifice).

Dem Geheimnis, warum die hier auf engem Raum sich drängenden, himmelstürmenden Gipfel und blutroten Sandsteinwände in ihren

Namen biblische Vorstellungen anklingen lassen, kommt man teilweise näher, wenn man bei den »Drei Patriarchen« – einen von ihnen fast verdeckend – auf einen »Mount Moroni« stößt. Man erinnert sich plötzlich, daß der Engel, der jenen Joseph Smith im Jahre 1820 das »Buch Mormon« finden ließ – auf metallische Tafeln in ägyptischen Zeichen geschrieben –, nach des Propheten Zeugnis den Namen Moroni getragen haben soll. Angehörige anderer christlicher Konfessionen oder Sekten hätten diesen von Joseph Smith – und nur von ihm – überlieferten Engelsnamen sicherlich nicht dazu benutzt, einen Berg, den sie ehren wollten, mit diesem nur den Mormonen heiligen Namen zu belegen. Der Name »Mormonen« ist von dem – ihrem Gründer zu den alten Büchern der Bibel hinzu offenbarten – »Book of Mormon« abgeleitet; sie selbst nennen sich etwas umständlich »Church of Jesus Christ of Latter Day Saints« – »Kirche Jesu Christi der Heiligen vom Jüngsten Tage«.

Und man erinnert sich weiter, daß man sich da am Jungfrauen-Fluß und im Zion-Gebirge im Staate Utah befindet, der mit Recht häufig »der Mormonen-Staat« genannt wird.

Der Gründer der Sekte, Joseph Smith, und nach seinem gewaltsamen Tode der außerordentlich fähige Brigham Young, haben die bekehrten Männer und Frauen, die sich ihnen anschlossen, zu starker Glaubensleidenschaft und einem großartigen Tatendrang anfeuern können, wie sie in der an solchen Eigenschaften nicht gerade armen Geschichte des amerikanischen Westens kaum ihresgleichen finden.

Die Überzeugung, daß erst das von Joseph Smith aufgefundene »Book of Mormon« und später das Buch »The Pearl of Great Price« (etwa: »Die überaus kostbare Perle«), dazu die ihm gewordenen und niedergeschriebenen göttlichen Offenbarungen »Doctrine and Covenants« (etwa »Lehre und Bund« – mit der göttlichen Vorsehung) die zur Bibel vereinigten Bücher vollständig machten, dazu die Tatsache, daß die Gemeinde der Mormonen mit größtem Fleiß und in erstaunlicher Einigkeit überall, wo sie sich ansiedelte, blühende Gemeinwesen entstehen ließ, außerdem die von den Mormonen praktizierte Genügsamkeit (kein Tee, Kaffee, Tabak oder Alkohol) und strenge Moralität, die ihnen aber doch nach alttestamentarischen Vorbildern die Vielweiberei gestattete (hatte nicht der König Salomo siebenhundert Frauen und vierhundert Nebenfrauen –?), all dies – und schließlich noch die mormonische Überzeugung, im Besitz der alleinigen Wahrheit und der allerechtesten Offenbarung zu sein, machten die sich völlig selbst genügenden Mormonen bei allen ihren Nachbarn unbeliebt. Tugendbolde und eifersüchtig »Rechtgläubige« sind allen anderen, die sich nicht zur gleichen Absonderung entschließen können, von jeher ein Dorn im Auge, ein Pfahl im Fleisch – um weiter biblisch zu bleiben – gewesen.

Smith hatte seine Kirche in Fayette im Staate New York im Jahre 1830 begründet. Doch konnte sie sich dort nicht halten. Da sie den Anfeindungen der Nachbarn mit Gewalt nicht widerstehen wollte, zogen die Mormonen bald weiter ins gelobte Land des amerikanischen Westens, zunächst nach Ohio, dann nach Missouri, weiter nach Illinois. Überall wurden sie verachtet, gehaßt und verfolgt und fanden keine Ruhe. In Illinois wurden Joseph Smith und sein Bruder Hyrum unter Anklage gestellt, verhaftet und in Carthage, Illinois, ins Gefängnis geworfen. Aber ehe noch die gegen sie erhobenen Vorwürfe zur Verhandlung kamen, brach eine von den vielen Feinden der Mormonen aufgehetzte Menge in das Gefängnis ein. Die beiden Brüder Smith wurden am 27. Juni 1844 über den Haufen geschossen.

Es beweist die außerordentliche Glaubenskraft, die in der Mormonensekte am Werke war, daß sie nach dem Tode des Gründers und Anführers nicht auseinanderlief, sondern sich unter dem schon bewährten Brigham Young und dem Rat der »Zwölf Apostel« neu organisierte. Doch war es allen Gliedern der trotz der Verfolgung ständig wachsenden Gemeinschaft klargeworden, daß sie auch im Staate Illinois in der von ihnen gegründeten Siedlung Nauvoo nicht auf die Dauer bleiben durften, wenn sie nicht ständig durch erbittert feindliche Nachbarn bedroht werden wollten. Es blieb ihnen nichts weiter übrig, als wiederum weiter nach Westen zu ziehen, in die große unbekannte Leere, wo vielleicht doch noch ein Platz zu finden sein mochte, wo man vor Hassern und Neidern sicher war.

Brigham Young sagte sich: Wenn wir die fruchtbaren Gebiete meiden und in die Wüste gehen, in die keiner geht, weil sie keiner haben will, dann wird man uns vielleicht in Ruhe lassen. Mit diesem radikalen Beschluß hatte er endlich das Richtige getroffen.

Sie kamen nach langer, beschwerlicher Wanderung zu Fuß, ihre Habseligkeiten auf Handkarren hinter sich herschleppend, über den Süd-Paß wie die anderen West-Pioniere, doch dann nach Südwest abbiegend in die Landschaften um den Großen Salzsee und die Große Salzwüste, eine Gegend, die damals von allen Landsuchern aus dem amerikanischen Osten gemieden wurde, die lieber am Snake entlang zum unteren Columbia und nach Oregon zogen. Mit unendlicher Mühe gelang es den Mormonen, das Wasser des Flusses, der von Süden durch karges Land zum Großen Salzsee floß und den sie River Jordan nannten – es war ja auch ihr Jordan! – über viele Kanäle abzuleiten und unter künstlicher Bewässerung blühende Gärten und Felder aus den kahlen Böden der Trockensteppe zu gewinnen.

Brigham Young gründete schon 1847 Salt Lake City, das später zur Hauptstadt des »Mormonen-Staates« Utah wurde. Ursprünglich hatte Young dem werdenden Staatswesen den Namen »Staat der Wüste« gegeben. Erst als das dank der fleißigen Arbeit des Mormonen-Völkchens nicht mehr stimmen wollte, wurde der Name eines dort lebenden Indianerstammes, mit dem die Mormonen sich gütlich geeinigt hatten, herangezogen, die endlich gewonnene neue Mormonen-Heimat zu bezeichnen. Brigham Young hat in seinem langen Leben (er starb im Alter von 76 Jahren im Jahre 1877) nicht weniger als 357 weitere Dörfer und Städte gegründet, nicht nur im Bereich des heutigen Staates Utah, sondern auch auf dem Gebiet der jetzigen Staaten Idaho, Wyoming, Arizona, Nevada und sogar im fernen Kalifornien. Die Frühgeschichte des amerikanischen Westens ist ohne die legendären, stets gewaltlosen Züge und Vorstöße der arbeitsamen, stets auf fromme Ehrbarkeit bedachten Mormonen überhaupt nicht denkbar. Die Mormonen liefern den Beweis dafür, daß eine von religiöser Begeisterung getriebene Gemeinschaft zwar vielleicht keine Berge versetzen, aber immerhin Wüsten in Paradiese und entlegendste Einsamkeiten in menschliche Heimstatt zu verwandeln fähig ist. Wobei es, wie gerade ihr Beispiel zeigt, überhaupt nicht darauf ankommt, ob die begeisternde religiöse Überzeugung sachlich belegt und bewiesen werden kann, oder ob sie auf so anfechtbaren Grundlagen beruht wie auf einem von einem Engel Moroni vermittelten »Buch Mormon«; Joseph Smith will es vermittels zweier magischer Steine oder Brillengläser, Urim und Thummim genannt, ins Englische übersetzt haben.

Die Mormonen waren tüchtige Ackerbauer. Sie waren vom Schicksal weiter und weiter nach Westen getrieben worden und hatten es lernen müssen, mit der Wildnis fertigzuwerden, wie wenige Pioniere vor ihnen. Sie fürchteten sich nicht, ihr Hab und Gut einzupacken, ins Unbekannte fortzuwandern im Vertrauen darauf, daß Gott ihnen schon irgendwo eine Gegend zeigen würde, wo sie erneut den Pflug in die Erde senken, Bäume schlagen, ein Haus bauen, und ihr Vieh auf die Weide schicken konnten. Außerdem hielten sie es für einen Segen, viele Kinder zu haben, die den Eltern im Alter beistehen und dafür sorgen konnten, daß der Glaube der »Heiligen vom Jüngsten Tage« sich weiter ausbreitete. Denn jeder erwachsene Mormone muß für ein Jahr seines Lebens als Missionar seinem Bekenntnis dienen. Wenn auch die Vielweiberei auf allgemeinen Beschluß abgeschafft wurde, da man wieder Anschluß an die allgemeine amerikanische Entwicklung gewonnen hatte und nicht weiter Ärgernis erregen wollte, blieben doch die Kinderzahlen hoch. Früh schon mußten die überschüssigen Sprößlinge untergebracht, also mit Ackerland ausgestattet werden. Auch ließ der Zuzug von außen nicht nach; das wirtschaftliche Wohlergehen war längst überall mit Händen zu greifen; vielleicht konnte man sich diesen Erfolgen anschließen, wenn man die religiösen Überzeugungen der Mormonen zu seinen eigenen machte.

Brigham Young sah sich also schon früh gezwungen, Späher auszusenden, um in den halb oder ganz wüstenhaften Bezirken im südlichen Utah, in Arizona und Nevada sozusagen Oasen ausfindig zu machen, wo sich Wasser, guter Boden und erträgliches Klima anboten, die einem mormonischen Siedler und seiner Familie Wohnung und Nahrung sicherten. Die Späher entdeckten die bewaldeten Hochebenen und die tiefer gelegenen Halbwüsten und brachten die Kunde davon zurück nach Salt Lake City. Die Begeisterung über die günstigen Berichte schlug hohe Wellen. Man glaubte, ein zweites Alabama oder Carolina gefunden zu haben, wo sich die damals sehr begehrte Baumwolle anbauen ließ, wo man also reich werden konnte. Doch darin hatte man sich getäuscht. Die Baumwolle wollte nicht gedeihen. Aber andere Pflanzen brachten guten Ertrag. Es ließ sich leben in Utah!

Die Pajuten, in Utah heimische Indianer, waren es, die einem mormonischen Landsucher den nicht leicht zu findenden Zugang zum Zion-Canyon und den unerhörten Gebirgen ringsrum verrieten. Die Pajuten selbst hatten sich nie lange unter der heute Zion genannten ungeheuer großartigen Versammlung von Ehrfurcht gebietenden Bergriesen aufgehalten oder gar niedergelassen. Die Indianer sind offenbar von ähnlichen Empfindungen beherrscht worden, wie sie auch jetzt noch jeden einigermaßen dafür empfänglichen Reisenden ergreifen, der auf der heutigen bewundernswerten Straße Utah-9 und ihrem Abzweig zur »Kanzel« und zum »Altar« die Zion-Berge durchfährt oder auf den drei gebahnten »Trails«, den Wanderwegen, dieser überwältigenden Bergwelt nahekommt. Auch ein Mensch dieser »aufgeklärten« Zeit mit ihren Computern, Atom-Kraftwerken und Weltraumsonden wird, wenn er etwa den Sentinel wie mit feurigem Blut übergossen im Abendlicht vor sich aufragen sieht, nicht nur von Bewunderung und Ehrfurcht gepackt werden, sondern auch – wenn er nur ehrlich ist und in sich hineinhorcht – von Furcht, ja von einem ungewissen Grauen, einer Art von Urangst vor der Würde und Übermacht einer durch keine menschlichen Wünsche und Anstrengungen zu beeinflussenden oder gar zu bändigenden Natur, die den Menschen zu einer nichtswürdigen Winzigkeit, einem schnell vergänglichen Stäubchen degradiert.

Für die Indianer, die von der Geburt bis zum Tode in ihre Umwelt eingebettet gewesen sind, waren die tiefen Schluchten unter den himmelhoch wuchtenden Wänden erfüllt von Dämonen, von Göttern, zumeist nicht wohlwollenden. Aus der Höhe mochten riesige Felsbrocken unversehens herniederstürzen, Lawinen von Geröll den Wanderer hinwegfegen und zerschmettern. Die scheinbar so friedlichen Wasserläufe wie der Virgin-River oder der Pine Creek jagten nach weit entfernt niedergegangenen Gewittergüssen zuweilen mannshohe Wasserfluten durch die engen Furchen zwischen himmelhohen Wänden und wirbelten den nichtsahnenden Fischer oder Jäger wie ein Scheit Holz davon.

Jener Mormone Nephi Johnson ist sicherlich der erste weiße Mann gewesen, der 1858 die »Drei Patriarchen«, den »Landeplatz der Engel« und ihre majestätischen Gefährten zu Gesicht bekommen hat. Die magische Scheu des Pajute-Indianers, der ihn führte, kümmerte ihn nicht. Er suchte Land, das sich beackern ließ. Er fand es nicht unter den senkrechten Wänden und kehrte wieder um. Die gewaltige Landschaft, die er mit dem Indianer durchwandert hatte, schien ihm der Erwähnung nicht wert.

Ein zweiter mormonischer Bauer, Isaac Behunin, versuchte es 1862 zum zweitenmal, im Tal des Virgin-Flusses zu siedeln. Er drang tiefer als sein Vorgänger in die entlegenen Hintergründe dieser Bergwelt vor, fürchtete sich nicht vor den riesenhaft aufgebauten Wänden und den tiefen Schluchten, auf deren Boden nur die Sommersonne um die Mittagszeit hinunterblicken konnte.

Nördlich der »Drei Patriarchen«, wo der Virgin sich ein breiteres Tal ausgewaschen hat mit gutem Schwemmland, nicht weit von der Stelle, wo heute »Zion Lodge« steht, das einzige Gasthaus zwischen dem Dorf Springdale am Südzugang des Zion-Gebiets und Mount Carmel im Osten, wo die Utah-9 in die Fernstraße US-89 mündet, eine Strecke von 41 Kilometern, dort also am Virgin rodete sich Behunin seine Farm. Schon ein Jahr später hatte der fleißige Mann einige Morgen Land gewonnen, hatte Obstbäume gepflanzt und Zäune gegen das Wild errichtet, um seine Äcker und den Garten zu schützen. Für seine, seiner Frau und seiner Kinder Mühe wurde er durch eine reiche Ernte an Zuckerrohr, Mais und »garden stuff« – Gartenzeug – belohnt; seine Kühe und Schweine gediehen. Niemand machte ihm den herrlichen, zwischen gewaltigen Gebirgen versteckten, von den Indianern scheu gemiedenen und überaus schwer zu findenden Platz streitig.

Behunin war es dann, der als erster auf den frommen Gedanken kam, die furchterweckende Bergwelt ringsum Zion zu nennen, die schützende, starke Burg, in die sich nach Behunins Meinung das ganze, verfolgte und gefährdete Mormonenvolk zurückziehen konnte, wenn die böse Mitwelt ihm wieder einmal das Lebensrecht streitig machte. Doch seit die Mormonen unter dem großartigen Brigham Young sich in Salt Lake City einen starken Mittelpunkt geschaffen und das wüste Land am Jordan-Fluß in Felder, Wiesen und Gärten verwandelt hatten, war der werdende Mormonenstaat nicht mehr zu ignorieren; er hatte zwar noch viele Anfeindungen zu überstehen, entfaltete sich aber, wuchs und gedieh und bildet heute, immer noch mit den Mormonen als dem »Staatsvolk«, einen der gesündesten und ausgeglichensten unter den »Vereinigten Staaten von Amerika«.

Isaac Behunin hatte das Virgin-Tal erschlossen. Seinem Anwesen gegenüber auf der Westseite des Flusses ließ sich wenige Jahre später ein Glaubensbruder namens William Heap nieder, dem weiter flußauf bald ein Oliver Gifford folgte. Im ganzen amerikanischen Westen und Südwesten sind es gerade an entlegenen und unwahrscheinlich abweisenden Plätzen Mormonen gewesen, die als erste siedelten, stets als friedliche Ackerbauer, die dem Lande und seinen ursprünglichen Bewohnern keine Gewalt antaten. Zwei »hängende« Canyons über dem Seitental mit den »Emerald Pools« – den »Smaragd-Teichen« – verewigen heute die Namen der ersten Siedler Behunin und Heap.

Keine zehn Jahre konnten sich die ersten Siedler ihres Friedens, ihrer Abgeschiedenheit und ihrer stets reichlicher werdenden Ernten erfreuen. Ende der sechziger Jahre des vorigen Jahrhunderts entbrannten in vielen Gegenden des amerikanischen Westens die »Indian wars«, die »Indianerkriege«, in denen sich die alten Herren des Landes der neuen, die so taten, als gälte nur ihr Recht und Gesetz, zu erwehren suchten, strömten doch die Weißen in ständig steigender, nicht enden wollender Flut aus Osten heran und nahmen sich vom Land und seinen Schätzen, was sie wollten. Vielleicht also entsannen sich auch die Pajuten, daß sie dem Nephi Johnson und dann dem Isaac Behunin den Weg in der Wohnung ihrer Götter und Dämonen gezeigt hatten und hielten es nun für richtig, sie auf den Weg in die »ewigen Jagdgründe« zu schicken, nachdem sie die Männer ihrer Skalpe beraubt, die Frauen zu Sklaven gemacht und die Kinder als angehende weiße Pajuten in den Stamm aufgenommen hatten.

Von der Zentrale in Salt Lake City kam die Weisung, die Siedler sollten sich vor der Indianergefahr zu größeren, wehrhaften Gemeinschaften von »wenigstens einhundertfünfzig Familien« zusammenschließen. Auch die Leute aus dem Virgin-Tal im Zion-Gebirge gehorchten, verließen ihre Berge und befestigten mit anderen Siedlern von weit umher das Städtchen Virgin am Mittellauf des Flusses. Zion wurde wieder zu Mukuntuweap, wie es in indianischen Zeiten geheißen hatte. Erst als in den siebziger Jahren die »Indian Troubles« – die Indianer-Nöte – allmählich vergingen, da die Indianer Stamm für Stamm an der Übermacht, den besseren Waffen der Weißen, auch an ihrer eigenen Unfähigkeit, ihre Kräfte zu vereinigen, gescheitert waren, wagten es die Siedler, auf ihre kleinen Farmen in die damals noch weltverlorene Einsamkeit zurückzukehren.

Ganz langsam nur wurde das Land um das Zion-Gebirge und die im Norden und Süden anschließenden Berglandschaften besiedelt. Es ist heute noch menschenarm, und die kleinen Städtchen – nach europäischen Begriffen nicht einmal Dörfer – täuschen eine, wenn auch nur lockere Besiedlung des Landes nur vor, liegen sie doch alle an den wenigen Straßen; zu beiden Seiten aber dehnt sich nach wie vor in den Staaten der amerikanischen Wüstensteppe wie Utah, Arizona, Ost-Oregon oder Nevada das leere Land, von extensiver Viehzucht hier und da bescheiden genutzt, über Hunderte und Tausende von leeren Quadratkilometern. Gerade der Besucher, der mit europäischen Vorstellungen ins Land kommt und notwendigerweise stets bei seiner schnellen Rundreise von einer Sehenswürdigkeit zur nächsten in Siedlungen mit städtischem Charakter Station macht, stößt nur selten zu der Erkenntnis vor, daß er sich im amerikanischen Westen, in Wyoming oder Montana, in Idaho oder New Mexico, in Gegenden aufhält, die ein Hundertstel, ja nur ein Zweihundertstel der Siedlungsdichte aufweisen wie etwa die Bundesrepublik oder Belgien. Der – wenigstens für mich, auch für unzählige andere Europäer – nie nachlassende Reiz, der große Zauber des amerikanischen mittleren und fernen Westens beruht wohl – meine ich – eben in dieser hintergründigen, doch niemals ganz vergehenden Empfindung, daß man hier endlich eine Welt erlebt, in der noch Platz ist, in der man noch schweifen kann, Stunde für Stunde, Tag für Tag, ohne irgendwo an eine Grenze oder an ein Schild mit der Aufschrift »Kein Zutritt. Privatbesitz« zu stoßen.

Unendliche leere Weiten unter starker, gnadenloser Sonne im Sommer, unter Schnee und harten, kalten Stürmen im Winter. Man fährt und fährt und fährt; Felsenrücken, in der Ferne blauende Bergzüge, schier grenzenlose, duftende Salbei-Gefilde, Mesquite- und Kakteengärten – ja, wie Gärten nach geheimen Plänen angelegt – ziehen vorüber; und nach Stunden dann eine Versammlung von einem oder einigen Dutzend Häusern, eine »town«, eine »Stadt«; sie ist in wenigen Minuten durchfahren und versinkt hinter dir als winzige Insel im Ozean der Einsamkeit. Aber dann wachsen in den nicht absehbaren Landschaften mit der kristallen klaren Luft, in welcher alle Entfernungen sich täuschend zu verkürzen scheinen, Bezirke über den Horizont herauf, die so großartige Wunder und Überraschungen bergen, daß auf der ganzen Erde kaum ihresgleichen an Herrlichkeit zu finden ist. Einige davon – was nicht hoch genug angerechnet werden kann, wenn man sich auch eine noch viel größere Ehrfurcht vor der seit Urzeiten gewachsenen Natur vorstellen könnte – haben die Kanadier und Amerikaner von der wie ein Schimmelpilz alle jungfräulichen Wildnisse überziehenden »Nutzung« bewahrt und als »National-« oder »Staat-Parks« in behördliche Obhut genommen: Museen einer Vergangenheit, in welcher die westliche Zivilisation ihre Saug- und Würgewurzeln noch nicht vorgetrieben hatte. Die Namen dieser Denkmäler für die unangetastete Pracht, die einst überall war, haben inzwischen Weltberühmtheit erlangt. Um nur ein paar zu nennen: Yosemite, Jasper, Bowron, Yellowstone, Grand Teton, Joshua Tree, Grand Canyon of the Colorado.

Und eben auch Zion! Mochte es noch so abgelegen sein, noch so tief versteckt hinter schweigenden, dürren Steppen, wilden, kaum zu durchdringenden Wäldern und Felsbarrieren – die den Atem eng machende, unvergleichliche Hoheit der Berge am oberen Virgin, sie war nicht geheim zu halten. Die mormonischen Bauern des Anfangs, der Trapper und Waldläufer Jedediah Smith, der sich dreißig Jahre vor den Mormonen als abenteuernder Einzelgänger am Virgin umgetrieben hat (der Name, ursprünglich Rio Virgen, stammt wahrscheinlich von den spanischen Patres Escalante und Dominguez, die schon 1776 von Santa Fé her den Virgin zu Gesicht bekommen haben), sie, diese Allerersten, hatten all ihre Aufmerksamkeit und Tatkraft darauf zu richten, sich in der wegelosen Wildnis zu behaupten, ihr die nackte Existenz abzuringen. Keiner von ihnen hat die uns Heutigen ganz unerhört und einmalig vorkommende Schönheit dieser Bergwelt Zion (oder etwa des fünfzig

Kilometer nordöstlich von Zion gelegenen Bryce-Canyon-Gebiets) der Erwähnung für wert gefunden. Erst Jahrzehnte später, als die amerikanische Regierung nach und nach die riesigen Gebiete im Westen systematisch erkunden und vermessen ließ, sprach es sich langsam auch im amerikanischen Osten herum, welch einen Reichtum an landschaftlicher Schönheit der Süden des Staates Utah in sich barg. Der bedeutende amerikanische Präsident Taft erklärte dann 1909 das Zion-Gebiet unter seinem alten indianischen Namen Mukuntuweap zum National-Monument; 1918 wurde daraus der »Zion-Nationalpark«, und so heißt er noch heute!

Allmählich traten die Berge als geographische Einzelwesen einer nach dem andern ins Bewußtsein einer bewundernden Mitwelt. Ob sich die mormonischen Siedler im Tal des Virgin, des Jungfrauen-Flusses, schon für jeden einzelnen von ihnen einen besonderen Namen ausgedacht hatten, wissen wir nicht. Wahrscheinlich hatten sie genug damit zu tun, nach unten zu blicken, wo der Pflug mit den Ochsen davor Furche um Furche in das fruchtbare Schwemmland zog; aufwärts zu schauen, blieb ihnen keine Zeit; dort war nichts weiter zu sehen als »die Berge«, mit denen nichts Vernünftiges oder Nützliches anzufangen war.

Es mutet wie ein ironischer Scherz an, daß es in diesem Land, das von den Mormonen erschlossen wurde und von Mormonen bis zum heutigen Tage geprägt wird, gar nicht nur Mormonen gewesen sind, die den Bergen um den Oberlauf des Virgin ihre frommen Namen verliehen haben. Es war vor allem vielmehr ein Geistlicher der Methodisten aus Ogden, fünfzig Kilometer nördlich von Salt Lake City, der 1916/17 diesen Bergen ihre frommen Namen gab. Er erfand zum Beispiel die Bezeichnung »Drei Patriarchen«. Über einen anderen Berg schrieb er: »Nach diesem Berg habe ich mein Leben lang gesucht, habe aber niemals erwartet, ihn zu finden. Es ist der Große Weiße Thron!« Und bei »Great White Throne« ist es dann geblieben.

Doch war dieser methodistische Pfarrer Frederick Vining Fisher weitherzig genug, auch der spärlichen Vorbewohner des Landes zu gedenken, was die strengen, in sich gekehrten Mormonen wohl nie getan hätten; er erfand den Namen »Temple of Sinawava«. Sinawava war eine Gottheit der Pajute-Indianer, die übrigens einen Unterstamm des großen Volkes der Ute bildeten, nach welchem der Staat Utah benannt ist.

1919 wurde eine erste mit Autos befahrbare Straße im Tal des Virgin gebaut, die schließlich bis zum Ausblick auf den »Tempel von Sinawava« verlängert wurde. Aber erst 1930 wurde die grandiose Straße vom Virgin-Tal über dem Tal des Pine-Creek aufwärts und dann über dem Clear Creek, dem »Klaren Bach« abwärts dem Verkehr übergeben, die unter den kühnen, ja waghalsigen Bergstraßen, welche die Amerikaner zu bauen verstanden und verstehen, eine der kühnsten ist. Die Straße – sie ist jetzt ein Teilstück der Utah-9 – schraubt sich in den Wänden, wenn sie den Virgin überquert und verlassen hat, in sechs weit ausholenden, dann haarnadelengen Schleifen steil aufwärts, um Höhe zu gewinnen und wendet sich schließlich klar nach Osten. Hier jedoch stürzen die ungeheuren Wände senkrecht in das enge Pine-Tal hinunter, viel zu glatt und steil, als daß die Ingenieure die Straße an ihnen hätten aufhängen können, wo sie stets dem Steinschlag und den manchmal schweren Sturzregen aus der Höhe ausgeliefert gewesen wäre. Es blieb nichts weiter übrig, als sie in zwei langen Tunnels in die Wand hinein zu verlegen; nur an zwei Stellen öffnet sich aus der langen, engen Röhre ein Seitenfenster ins Freie.

Dort blickt man aus der himmelhohen steilen Wand (wenn man trotz des Verbots angehalten hat und an die steinerne Brüstung getreten ist, was man wie ich Ende Oktober schon einmal wagen kann, weil dann jeder Verkehr über die entlegene Utah-9 so gut wie aufgehört hat), schaut mit angehaltenem Atem wie von einem hoch erhobenen Logenplatz zu den roten Bergriesen auf der anderen Talseite hinüber, dem »Großen Bogen«, dem »Ost-Tempel«, dem »Berg der Sonne«, den »Hirschfallen-Bergen« – und begreift für ein paar Augenblicke, welch unverdiente Gnade dem Menschen, nur dem Menschen unter allen Lebewesen, damit gewährt worden ist, daß er die Schönheit und Majestät solcher Wunder der Schöpfung ganz unmittelbar zu empfinden vermag.

18. Die flehenden Kakteen

Es lag so viel am Wege, was ich hätte sehen und erleben wollen. Die Staaten Utah, Colorado, Arizona und New Mexico, die sich alle vier auf der Landkarte in einem Punkt berühren, bei »Four Corners«, sind so unbeschreiblich reich an bekannten und mehr noch an unbekannten Schönheiten und Besonderheiten, daß Jahre nicht ausreichen würden, sie alle kennenzulernen – nur um sich danach eingestehen zu müssen, wieviel man noch versäumt hat. Aber das Jahr 1980 war schon weit vorgeschritten, schon zog der November herauf. Zweimal schon hatte ich mich durch schweren Schnee und Morast kämpfen müssen, da ich ein Ende des schlechten Wetters jeweils nicht abwarten konnte.

Außerdem hatte ich den amerikanischen Südwesten schon ein halb Dutzendmal ausführlich durchstreift. Zu den vielen ausgefallenen Spielen einer schier maßlos großartigen Natur oder den recht zahlreichen Spuren und Denkmälern der Anasazi, der vorindianischen, legendären Ureinwohner dieser Gebiete, zurückzukehren, daran lag mir nichts. Außer Zion war es im Grunde nur eine einzige Landschaft, die mich durch die ganze Länge der Großen amerikanischen Wüste von Kanada her bis an die mexikanische Grenze lockte, und die ich auf keinen Fall missen mochte, obgleich es längst höchste Zeit war, den Kurs heimwärts, ostwärts zu lenken: The Big Bend of the Rio Grande, die Große Krümmung des Rio Grande, das Große Knie des mächtigen Grenzstroms zwischen den Vereinigten Staaten, spezieller zwischen Texas und dem Staat Mexiko, wo amerikanisches Gebiet mit einer mächtigen spitzen Beule ins Mexikanische eindrängt, eine der entlegensten und zugleich herrlichsten Landschaften Nordamerikas, obgleich auch hier zweifellos von Wüste oder Trockensteppe gesprochen werden muß.

Allein über die Anasazi (ein indianisches Wort, das nichts weiter als

»die Alten« bedeutet) ließe sich ein ganzes Buch schreiben. Sie haben etwa vom Beginn unserer Zeitrechnung an bis ans Ende des dreizehnten Jahrhunderts weit verstreut im Südwesten ihre sonderbaren Felsburgen gebaut und bewohnt, haben offenbar schon eine erstaunliche Kultur besessen, haben Ackerbau auf künstlich bewässerten Feldern betrieben und haben zum Beispiel so wunderbar dichte Körbe flechten können, daß sie als Wassergefäße benutzt werden konnten. Irgendwann im dreizehnten Jahrhundert haben die Anasazi ihre Dörfer und Städte, ihre uneinnehmbaren Felsenwohnungen verlassen, sind beinahe im Handumdrehen aus dem Land verschwunden, als wären sie hinweggezaubert worden. Ob das Volk durch eine Seuche vernichtet worden ist, ob eine Kette von Trockenjahren die Ernten verdorren und das ganze Volk verhungern und verdursten ließ – man kann über die Ursachen des plötzlichen Untergangs der Anasazi lange und ausführlich rätseln, und die Gelehrten haben sich diese gute Gelegenheit, ihren Scharfsinn und ihre Phantasie zu beweisen, nicht entgehen lassen. Etwas Zuverlässiges ist nicht dabei herausgekommen. Uns Nachgeborenen bleibt nur übrig, die »Dörfer im Fels« von Mesa Verde in Colorado, Betatakin und Keet Seel, die White House Ruins im Canyon de Chelly, Montezuma Castle in Arizona, die Puye Cliff Dwellings in New Mexico und viele andere mit offenem Mund zu bestaunen, ohne je zu begreifen, was sie eigentlich bedeutet haben, wer sie bewohnte, welche Sprache hier gesprochen wurde, welcher Schicksalswind die Anasazi aus ihrem Land und aus der Geschichte so gründlich wie nur möglich ins Nichts verwehte.

Einen Abstecher aber wollte ich mir trotz aller Bedenken noch erlauben, bevor ich mich auf die weite Reise zum Big Bend des Rio Grande begab, dorthin nämlich, wo die Salbei-Wüsten des Nordens mehr oder weniger ihr Ende erreichen und in die trockenen Gefilde übergehen, in denen Mesquite und vor allem Kakteen vieler Art das Bild der Landschaft bestimmen. Die weitaus gewaltigsten, in der Tat baumhohen Kakteen, die dann auf mexikanischem Wüstenboden sehr häufig gefunden werden, sind der Saguaro- und der Orgelpfeifen-Kaktus. In dichteren Beständen – von Mexiko heraufreichend – kommen sie nur im Süden Arizonas vor, wo man ihnen einige große Schutzgebiete eingeräumt hat, um die urtümliche Landschaft der Kakteenwüste zu erhalten.

Ich hatte die durchaus begrenzten Landstriche östlich der großen Stadt Tucson, Arizona, in denen der Saguaro vorherrscht, schon vor vielen Jahren zweimal durchfahren, aber jedesmal des Nachts. In beiden Fällen hatte ich weite Strecken zurückzulegen, um von San Diego nach New Orleans zu gelangen, und benutzte wegen der sengenden Sommerhitze nicht die Tage, sondern die Nächte zum Fahren.

So genau, als wäre es gestern erst geschehen, weiß ich noch, daß ich mehr als einmal erschrak, wenn die Scheinwerfer in einer Kurve riesige Saguaro-Kakteen erfaßten. Nicht bei jeder dieser unvermuteten nächtlichen Begegnungen, aber doch oft genug hatte ich meine Vernunft sehr energisch zu ermahnen, sich nicht ins Bockshorn jagen zu lassen. Denn standen da im nächtlichen Halbdunkel nicht mächtige, schmale Männer, die ihre Arme wie beschwörend oder flehend zum Sternen-Himmel reckten? Dieser Eindruck versuchte immer wieder von neuem, von mir Besitz zu ergreifen. Ich konnte mir hundertmal sagen, daß ich Riesen-Kakteen vor mir hatte: Die Riesen mit den hochgereckten Armen huschten vorüber und richteten ohne Unterlaß ihre flehentlichen Gebete, ihre Schwüre, ihre Drohungen – oder was immer die stummen Gebärden bedeuten sollten! – zu einem ewig gleichgültigen Himmel hinauf, kehrten sich nicht daran, daß ich unabsichtlich zum Zeugen ihrer Verzweiflung wurde.

Bis zu diesem Tage erregt die Rückerinnerung an jene zwei Nächte in mir ein Gefühl des Unheimlichen, stets vermischt mit dem kränkenden Bewußtsein, daß es mir nicht gelingen will, diese törichte Einbildung zu unterdrücken.

Nun hatte ich mir zwar als letztes Ziel meiner Reise vorgenommen, dem Großen Knie des Rio Grande noch einmal einen Besuch abzustatten. Dazu mochte die Zeit noch reichen, bevor der Winter mit voller Macht einsetzte. Der Winter kann in der Gegend des Big Bend of the Rio Grande sehr böse und gefährlich werden, obgleich man sich dort etwa auf der Breite von Kairo am Nil befindet; der Südosten des Staates Texas ist ein im Sommer sehr heißes, im Winter sehr kaltes und windiges Hochland.

Aber es zog mich mit Macht ins südliche Arizona, wo zwei große Schutzgebiete seit den dreißiger Jahren die urtümliche Landschaft der Kakteen-Wüste oder Steppe bewahren, das »Organ Pipe Cactus National Monument« und das »Saguaro National Monument«. Ich wollte die Welt der Riesenkakteen endlich einmal bei Tage erleben. Die Zwangsvorstellungen von einst beschämten mich allmählich.

Dazu aber hatte ich mich aus der Gegend der Zion-Gebirge im Süden des Staates Utah, wenn ich keine Umwege machen wollte, genau nach Süden zu bewegen, während ich zum Rio Grande eine südöstliche Richtung hätte einschlagen müssen. Lediglich der Grand Canyon des Colorado zwang mich zu einem verhältnismäßig kurzen Umweg nach Osten. Diese gewaltige Kluft in den Hochebenen im nordwestlichen Arizona nach Nevada hinüber wird von keiner Straße gequert. Keine Brücke wäre weit und hoch genug, sie zu überspannen. Der Grand Canyon muß umgangen werden. An seinem Westende ist das verhältnismäßig einfach. Im Osten muß die Straße eine ausgedehnte Schleife nach Norden machen, ehe sie unterhalb der Vermillion, der »Scharlachroten« Klippen, den Colorado dort überschreitet, wo er sich durch den Marble-, den Marmor-Canyon, drängt, der weiter stromab in den Grand Canyon übergeht.

Um die eigentlich erbärmlich lange Geschichte kurz zu machen: Es kostete mich drei Tage, den Staat Arizona von Norden nach Süden, von seiner Grenze gegen Utah bis zu seiner Grenze gegen Mexiko zu durchfahren, viel zu lange für elende achthundert Kilometer. Aber ich hatte wiederum die Rechnung ohne den Wirt gemacht, in diesem Fall den scheußlich verfrühten Winter des Jahres 1980. Es war, als wollte sich mir Arizona, wo ich schon früher allerlei Unerfreuliches erlebt hatte, besonders ungastlich erweisen. Ich hatte die Zion-Gebirge noch einmal in tiefer später Nacht ohne Mühe durchfahren, hatte noch einmal an dem großen Fenster in der Tunnelwand angehalten und zu den riesigen schwarzen Schatten der in den Himmel gezeichneten Berge hinübergesehen und war dann der sich über viele Kurven abwärts schraubenden Utah-9 gefolgt, bis diese mich schließlich auf die US-89 entließ, der ich nach Süden bis zur Hauptstadt Arizonas, nach Phoenix, würde folgen müssen.

Der Himmel war bedeckt, es war kein Stern zu sehen. Das gefiel mir nicht, denn in diesem wüstenhaften, trockenen Land ist der Himmel meist klar. Kurz nach sechs lief ich in Fredonia ein, dem ersten Örtchen auf der Arizona-Seite, fand auch ein Gasthaus, in dem ich unter ein paar anderen Frühaufstehern Frühstück bestellen konnte. Neben mir an der langen Bar saß ein hagerer Mann, der seinen breitkrempigen Hut in den Nacken geschoben hatte. Als ich mich auf meinen fest im Boden verankerten hohen Drehstuhl schob, hatte ich mit einem Seitenblick wahrgenommen, daß der Mann abgewetzte Reitstiefel, spitz und mit hohen Haken, trug; eng anliegende Cord-Hosen und eine Pelzweste, die ihm lose von den Schultern hing vervollständigten das Kostüm, das eines Reitersmannes also. Die junge Dame hinter der Bar, schön aufgeblondet, wie aus dem Ei gepellt, mit roten Fingernägeln, aber noch reichlich verschlafen, ließ sich herbei, uns nach unseren Wünschen zu fragen. Ich sagte:

»Zwei gebratene Eier mit Speck, Toast und Kaffee!«

Der Mann neben mir wandte sich mir zu und bestellte in heiter herausforderndem Ton:

»Vier gebratene Eier mit Speck, Toast und Kaffee!«

Die junge Dame hatte das mit spitzem Stift auf ihrem Kassenblock notiert, wobei sich ihre Zungenspitze vom linken in den rechten Mundwinkel bewegte, und war dann in die Küche entschwunden, durch eine knallende Pendeltür, ohne uns frühstückshungrige Männer auch nur eines einzigen Blicks gewürdigt zu haben. Wir waren ihr sicherlich nicht mehr jung und frisch genug gewesen.

Wir hatten die Füße auf die Messingstange in der Tiefe gestützt und die Ellenbogen auf die mit marmoriertem Kunststoff gedeckte Theke, hockten krumm auf unsern hohen Stühlchen, stierten zu den Kaugummi- und Coca-Cola-Plakaten, der Kaffee- und der Kakao-Maschine, dem spiegelnd verzinkten Behälter mit gekühlter Milch und den Glaskugeln mit Erdnüssen und Lutschbonbons hinüber, die vor uns an der Wand mit vielerlei sonstigem undefinierbarem Kram und Krempel aufgebaut waren. Wir warteten.

Dem Mann neben mir wurde die Zeit zu lang. Er kramte aus der Brusttasche seines rotkarierten Hemdes einen kleinen Lederbeutel

Blühende Yucca.

Big Bend des Rio Grande: am Ausgang des Santa Elena-Canyon.

Big Bend des Rio Grande: Mariscal Canyon.

Auf einsamer Fahrt durch die White Sands, New Mexico, eine völlig sterile Wüste.

hervor und aus der anderen ein Päckchen schneeweißer Papierblättchen. Mit einer Geschicklichkeit, die mir Bewunderung abverlangte, schüttete er Tabak aus dem Beutel auf eines der Papierchen, ordnete die braunen Krümel mit hornigem, aber sehr vorsichtigem Finger, netzte den Rand des Papiers mit der Zunge und drehte eine Zigarette, ohne ein Bröckchen verloren zu haben. Die großen, verarbeiteten Hände hatten nicht eine einzige falsche oder überflüssige Bewegung gemacht. Er holte ein Streichholz aus der Hosentasche hervor, riß es auf der Tischplatte an (amerikanische Streichhölzer sind zu dergleichen befähigt), entzündete mit der Flamme seine so perfekt produzierte Zigarette, nahm einen ersten tiefen Zug und entließ den Rauch in zwei bläulichen, gestreckten Wolken durch die Nasenlöcher. Ich konnte mich nach der Vorstellung von soviel überzeugender Kunstfertigkeit nicht enthalten, mehr zu mir als zu meinem Nachbarn festzustellen:

»Gekonnt ist gekonnt, das muß man schon sagen!«

Er nahm das so gleichmütig hin, als hätten wir uns schon lange unterhalten. Er meinte, ohne die Zigarette aus dem Munde zu nehmen:

»Man muß nur lange üben, das ist alles. Die lassen sich hier verdammt viel Zeit mit ihren paar Eiern. Wenn es nur endlich hell würde! Aber die Wolken hängen tief. Es wird schneien.«

»Bloß nicht den Teufel an die Wand malen! Ich habe noch weit zu fahren, nach Süden!«

»Da steht Ihnen einiges bevor. Sie müssen über das Hochland rund um Flagstaff und die San Francisco-Berge. Warum die Schlauköpfe die 89 so dicht am Humphrey's Peak vorbeigelegt haben, das möcht' ich wissen. Der höchste Berg in Arizona, 12.633 Fuß, ganz schön! Da gibt's schon Schnee, wenn anderswo noch die Blumen blühen. Und wenn's da schneit, dann schneit's, das soll wohl wahr sein!«

Stimmt, ich mußte über Flagstaff fahren. Die Straße hatte ich schon einmal erlebt – als Eisbahn bei grimmiger Kälte. Aber inzwischen war sie bis Phoenix hinunter als Autobahn ausgebaut worden und würde wohl geräumt werden, worauf ich aber nicht warten konnte. Ich lenkte ab:

»Immer hübsch langsam, dann kommt man schon durch! Wo wollen Sie denn hin? So früh am Morgen wie jetzt trifft man immer nur Leute, die unterwegs sind.«

»Das ist richtig. Ich habe mit drei anderen Reitern zweihundert Rinder noch etwa hundert Meilen nach Provo in Utah zu treiben. Auch das geht ohne Schnee besser als mit. Danke, Schöne!«

Das überaus blonde Mädchen hatte uns die Teller mit den Eiern vor die Nase geschoben, goß den Kaffee in die groben Tassen, knallte den Teller mit Toasts und den Marmeladen-Kübelchen vor uns hin, würdigte uns keines Blickes, war auch durch die lobende Anrede meines Nachbarn nicht aus ihrer beleidigten Unausgeschlafenheit hervorzulocken, schrieb die Rechnung und entschwand in den Hintergrund, um sich dort im Spiegel so herum und so herum zu bewundern.

Die Eier schwammen natürlich in zu viel Fett. Friß Vogel oder stirb! Aber wer will schon sterben so früh am Morgen.

»So long!« sagte der Reitersmann, als wir uns an der Kasse trennten; er hatte vor mir bezahlt. So ist das in Amerika. Man lernt sich im Nu kennen – und vergißt sich im Nu.

Als ich ins Freie trat, rieselte bereits erste graue Dämmerung aus der Höhe; aber nicht nur Dämmerung, sondern auch Schnee.

So fing es also an. Die Straßen, auch die große US-89, zeigten sich sehr leer. Wer nicht fahren mußte, blieb zu Hause.

Der Cowboy hatte mir nichts Falsches prophezeit. Auf der Höhe der San Francisco-Berge hatte ich mich durch einen Schneesturm zu wühlen, der nicht von schlechten Eltern war. Ich hätte gern die 3.850 Meter hohe Humphrey-Spitze bewundert. Aber der dicht treibende Schnee hatte sie verschluckt. Ich kam gleichmäßig voran, aber nur langsam. Und der Tag war früher zu Ende, als mir lieb war – zwei abscheuliche und auch aufregende Tage.

Vierundzwanzig Stunden unter den Riesenkakteen, den Saguaro, Organ Pipe und Senita, aber auch unter für uns gemäßigte Mitteleuropäer so sonderbaren Pflanzenwesen wie der Yucca, der Paloverde, dem irgendwie stets verzweifelt und verdreht wirkenden Ocotillo-Strauch, dem Eisenholz (Ironwood), an dessen graugrünem Stamm sich Äxte schartig schlagen und dessen Holz zu schwer ist, um zu schwimmen (der ganze Baum mit der buschigen, runden Krone hat ein grüngraues Aussehen, ein wundersames Wesen der Wüstenwelt – und wo er wächst,

kann man sicher sein, daß nicht nur seine haarigen Fiederblättchen und grünlichen Zweige gedeihen, sondern bei ausreichender künstlicher Bewässerung auch Orangen, Zitronen und Pampelmusen). Jener im Schatten schon sehr kühle, aber ansonsten golden strahlende Sonnentag und die glasklare, kalte Nacht mit dem maßlosen Gefunkel dichter Sternensaat, wie wir sie unter unserem stets feuchten und dunstigerem Himmel nie erleben, sie boten mir ohne jede Gegenleistung als die des Staunens das Glück der Großen Amerikanischen Wüste, wie ich es in gleicher Vollkommenheit, wenn auch ganz anders, nur noch auf der höchsten Kuppe des Steens-Gebirges erlebt hatte. Und natürlich war auch die schöne Mesquite vertreten, die Honig-Mesquite (Honey Mesquite) und auch die Samt-Mesquite (Velvet-Mesquite) mit ihren in der Tat samtigen Zweigen, Blättern und Schoten, sogar den Tornillo fand ich einige Male, den die Amerikaner Screwbean-Mesquite nennen, die Mesquite mit den geschraubten Bohnen und den weißlichen, spitzen Stacheln in den Blattwinkeln.

Wirklich bestimmt aber wurde das Bild dieser stillen Landschaft mit den stets am Rande der weiten Flächen lagernden Gebirgszügen durch die Riesenkakteen. Die Saguaros verloren im hellen Tageslicht jede Spur von Unheimlichkeit, standen mit ihren klobigen, olivgrünen Hauptstämmen, aus deren Mitte oder dem Oberteil sich plumpe, mit leichten Stacheln versehene Arme aufwärts reckten, wie ein wenig dumme und eigentlich komische Giganten in der Gegend umher, an ihre Standorte zum Strammstehen befohlene und dann vergessene Gardisten. Mächtige Burschen und ziemlich dauerhafte! Ein Saguaro mit zwei Armen ist mindestens siebzig Jahre alt, blüht überhaupt dann erst zum erstenmal. Und die größten unter den Saguaros mit drei oder gar vier flehend aufgereckten Armen mögen über zweihundert Jahre alt werden und bis zu zwölf, ja vierzehn Metern Höhe aufwachsen. Die Stämme und Arme tragen viele Längsfalten; die füllen sich aber von innen auf, wenn es endlich einmal wieder geregnet hat, was sich vor meinem Besuch bei ihnen gerade ereignet hatte. Dann saugen sich die Stämme so gierig voll Wasser, daß die Harmonika-Falten auseinandergedehnt und geglättet werden, wenn sie auch immer noch erkennbar bleiben. So speichert der Stamm das Wasser für die langen Trockenpe-

rioden in der Sonora-Wüste, der mittelsten der drei großen Wüstendistrikte im Südosten der US östlich der Sierra, eingebettet also zwischen die Mojave-Wüste im Westen oder genauer Nordwesten und die Chihuahua im Osten und Südosten; diese reicht schon weit über die Wasserscheide zwischen Pazifischem und Atlantischem Ozean hinweg bis ins westliche Texas hinein, wo die Gegend des Großen Knies des Rio Grande ganz zu dieser Wüste mit dem mexikanischen Namen Chihuahua gehört; sie setzt sich ja auch weit ins Mexikanische hinein nach Südosten fort.

Während der Saguaro nur einen Hauptstamm entwickelt, wachsen die zahlreichen Arme des Orgelpfeifen-Kaktus, nach dem das Schutzgebiet zweihundert Kilometer südlich von Phoenix benannt ist, alle vom Boden aus einer gemeinsamen Wurzel auf, fünf bis sieben Meter hoch, gedämpft gelb-grün gefärbt, mit dunkel rötlichen Stacheln.

Die Senita, der ich allerdings nur zweimal begegnet bin – sie ist selten –, ähnelt dem Organ Pipe, doch sind die Enden ihrer ältesten und größten, der Länge nach grob geriffelten Arme mit einem grauen, weich und fein erscheinenden Flaum bedeckt. Aber der Anschein täuscht. Der »Flaum« besteht aus dicht gedrängten, dünnen, sehr spitzen Stacheln.

Die Papago-Indianer, denen heute östlich des Organ Pipe-Schutzgebiets eine große Reservation eingeräumt ist, haben die Früchte des Saguaro und besonders die saftig süßen, roten Früchte des Organ Pipe gern geerntet und als Delikatesse verzehrt.

Es war schon zu spät im Jahr, als daß die stolze Yucca, hier allein die Seifenbaum (Soaptree) Yucca, mexikanisch die Palmilla, das Pälmchen, noch geblüht hätte. Doch reckten sich die anderthalb Meter hohen Fruchtständer, immer noch über die einer großen, stacheligen Kugel gleichenden »Kronen« steil in die Höhe. Die von der Spitze des Stammes wie lauter grüne Schwerter wegstarrenden langen Blätter, die, wenn sie absterben, noch lange braun und tot am Oberteil des Stammes abwärts baumeln – sie bilden in ihrer Feindseligkeit einen merkwürdigen Kontrast zu den strahlenden hohen Fackeln der Blütenständer mit der Fülle ihrer Blüten. Eine doppelarmige Yucca, weit überragt von zwei schlanken Ständern, an deren oberen Enden sich die Blüten drängen, ist wohl das Prächtigste, was die Wüste in ihren südlichen Berei-

chen überhaupt zu bieten hat. Allerdings sind auch die Blüten mancher grau, dürr und stachelig am nackten Boden hinkrauchenden Kakteen von manchmal ganz unglaubhafter, rührend zarter oder auch stolzer Schönheit.

Sehr lustig fand ich's, daß man auf der Fahrt ins Land der gewachsenen Orgelpfeifen über die Arizona-85 nur wenige Kilometer, bevor die ersten großen Kakteen auftauchen, ein hübsches, anscheinend wohlhabendes Städtchen passieren muß, das auf den unwahrscheinlichen Namen »Why« hört. Why hat im Englischen die gleiche Bedeutung wie unser Fragewort »Warum?« Bei »Warum« bläst eine große Mine hohe Rauchwolken in die Luft, hat Berge von Abraum neben sich aufgetürmt und scheint den Männern, die hier in der blachen, leeren Trockensteppe Kupfererz fördern und verarbeiten, reichliche Löhne zu zahlen, denn Why machte einen sehr behäbigen und zufriedenen Eindruck.

Aber warum Warum? Solche Fragen lassen mir keine Ruhe, und ich ging dem Problem gleich an Ort und Stelle auf den Grund – vor allem auch, weil ich mich nicht entsinnen konnte, vor zwanzig Jahren, als ich schon einmal hier auf der Fahrt zum Kitt Peak-Observatorium durchgekommen war, der Stadt Warum begegnet zu sein. Der Name wäre mir auch damals bestimmt aufgefallen.

Es fiel mir gar nicht schwer, festzustellen, wie der Name Why entstanden ist – und wieder konnte ich meine bereits sehr umfangreiche Sammlung verrückter, erheiternder, weit hergeholter amerikanischer Ortsnamen um einen weiteren vermehren.

Ursprünglich hieß der Ort Rocky Point Junction. Junction bedeutet Verbindung, Knotenpunkt, Kreuzung. Hier gabelt nämlich von der Arizona-85, die zu den Orgelpfeifen führt, die 86 ab, die weiter östlich die Gefilde erreicht, die von den gewaltigen Saguaros beherrscht werden. Rocky Point bedeutet lediglich »felsiger Punkt«, was nicht viel besagt, denn »felsige Punkte« gibt es in der amerikanischen Wüste zu vielen Tausenden. Den Leuten in der Gegend wurde es bald über, umständlich von Rocky Point Junction zu sprechen; sie redeten statt dessen denkbar kurz von »The Y«, dem Ypsilon, wobei die beiden oberen Arme des Y die an dieser Stelle sich trennenden Straßen Arizona-85 und 86 versinnbildlichten. Nicht schlecht und sehr bequem für den lo-

kalen Bereich, aber unmöglich für die Postbehörde, den »The Y« hatte sich bald so eingeführt, daß viele Postsendungen unbestellbar im Lande umherirrten; »Y« war unter den Ortsnamen Arizonas nicht verzeichnet. Die Post mußte die Sache in die Hand nehmen; so ging es nicht weiter.

Nun wird, wenn die Amerikaner (oder Engländer) das Alphabet aufsagen, der vorletzte Buchstabe y nicht Üpsilon ausgesprochen mit drei Silben, sondern wei (mit dem kurzen u-Vorschlag des englischen w, des »Doppel u«). Ypsilon/wei klingt aber genau so wie das Wort für Warum, das im Englischen why geschrieben wird. Also wurde Rocky Point Junction postalisch kurzerhand zu Why; das war noch kürzer als »The Y«. Und heute glauben auch die meisten Leute in Why, daß der Name ihres Ortes eben »Warum« bedeutet. Warum »Warum« Warum heißt, hat man vergessen.

Das Ei des Kolumbus wurde auf dem von Kolumbus entdeckten Kontinent wieder einmal neu entdeckt, diesmal von der Post.

19. Das Große Knie

Auf halbem Wege zwischen Lordsburg und Deming im Südwesten des Staates New Mexico würde ich die Kontinentale Wasserscheide überqueren müssen. Hinter mir zurück blieben dann die Flüsse und Ströme, die sich alle zu guter Letzt in den Großen, den Pazifischen Ozean ergießen. Alle Gewässer aber, denen ich auf der weiteren Fahrt nach Osten begegnen würde, strebten zum Atlantischen Ozean, dem für die Europäer heimatlichen Meer. Kein Zweifel also: Das Schild am Straßenrand mit der Aufschrift »Continental Divide« war der allererste Gruß, den der heimatliche Erdteil mir entgegenschickte – sehr weit entgegenschickte, das ganz gewiß, aber doch deutlich genug, um jene ein wenig alberne Mischung von Trauer und Freude in mir zu erwecken, die in jedem engagierten Reisenden aufwallt, wenn er einen Punkt seiner Reiseroute erreicht hat, an welchem er sich sagen muß: Von hier ab also nur noch der Abgesang! Ja, Trauer darüber, daß ein meist allzu kurzer, aber wunderbar erfüllter Lebensabschnitt unwiederbringlich vorüber ist – eine leise Freude, daß man sich wieder vertrauten Gefilden, Verhältnissen, Menschen nähert, mit denen man sozusagen in der Muttersprache verkehren kann, so daß man sich nicht mehr zu bemühen braucht, mit ungewohnten Umständen fertigzuwerden.

Nur selten passiert es, daß man gegen Ende einer großen und erregenden Reise eine solche Wegemarke passiert, die dem Fahrenden mit aller nur wünschenswerten Deutlichkeit zuruft: Aus der große Traum der Ferne, des unbändigen Schweifens, des vogelfreien Unterwegsseins! Der alte Ärger, die gewohnten Fesseln, die gierige Steuer, die Arbeit und des »Dienstes ewig gleichgestellte Uhr«, sie haben dir ein paar Wochen oder Monate Ferien gestattet; die sind vorbei; das Gummiband, das du weit und lang genug gedehnt hast, zieht dich wieder an

den Pflock zurück, an den das Schicksal dich geknotet hat – und du bist nicht imstande, ihn aus der Erde zu zerren.

Um schneller nach Osten voranzukommen, hatte ich mich der großen Interstate-10 anvertraut, jener südlichsten Autobahn in den Vereinigten Staaten, die, wenn sie erst in allen ihren Abschnitten vollendet sein wird, Los Angeles am Pazifischen mit Jacksonville in Florida am Atlantischen Ozean verbinden wird.

An Lordsburg war ich vorbeigefahren; dort gab es keinen Kundendienst für meinen Jeep Cherokee. Erst in Deming konnte ich versuchen, die American-Motors-Service-Station zu finden; es war höchste Zeit, mein Vehikel für die einigen Tausend von Kilometern durchsehen zu lassen, die ich noch abzufahren hatte.

Leer dehnte sich vor mir die breite, vierbahnige Straße über eine öde, wahrlich wüstenhafte Hochebene hinweg. Hatte mich das aus Westen über die Gebirgsbarrieren herüberquellende schlechte Wetter nach den leuchtenden Sonnentagen in den lockeren Hainen von Riesenkakteen doch wieder eingeholt? Die grauen Wolkenballen, unter denen ich ostwärts rollte, versprachen nichts Gutes. Die Gebirge, die sich bisher dicht an meine Straße herangedrängt hatten, waren spärlicher, vereinzelter, auch niedriger geworden, lagerten ihre langen Rücken an ferneren Horizonten als bisher – rauchblaue, schmale Gebilde wie Streifen aus feinstem tiefblauem Seidentuch mit glatten Kanten unten, unregelmäßig gebauschten oben. Die Straßenbauer hatten sicherlich keine Mühe gehabt, die Trasse der großen West-Ost-Magistrale über die flachen, blanken Hochebenen zwischen den Gebirgsstöcken auszulegen. An meiner Rechten waren in der Ferne die Pyramiden-Berge vorbeigeglitten. Sie wurden abgelöst von den Zedern-Bergen mit dem nicht unbeträchtlichen Flying Mountain, dem »Fliegenden Berg«. Und was sich da im Südosten langsam über die Kimm heraufschob, das mußten die Florida-Berge sein mit der Florida-Spitze, die immerhin noch 2.230 Meter Höhe erreicht.

Ich rollte einen kaum merklich gewölbten Sattel hinauf, auf dem ein mageres Heer von Wüstenkräutern und niedrigen Büschen sich unabsehbar dehnte. Keine Menschenseele weit und breit, kein Fahrzeug hinter mir oder vor mir. Ein Schild am Straßenrand tauchte in der Ferne

auf. Bald entzifferte ich sie also, jene ominöse Aufschrift »Wasserscheide des Kontinents«. Ich hielt an, sah mich um: Nichts, ein kahler, flacher Sattel – enttäuschend! Der kalte, freudlose Wind, der in den Büschen jenseits des Straßengrabens winselte, machte mich frieren.

Als ich schon ein paar Meilen weiter gefahren war, beschloß ich's noch einmal voller Trotz – der mich erheiterte, als er mir bewußt wurde –: Und wenn es kleine Kinder regnet oder Leichentücher schneit, zum Big Bend will ich hinunter und werde mir dort die Zeit lassen, die ich brauche! Mag mich der Winter hinterher erwischen, auf den Prärien oder bei den Großen Seen oder am Sankt Lorenz – das soll mir dann gleich sein.

Wenn auch anfangs noch bezweifelt, so hatte ich doch schon aus weiter Entfernung die scharfe Scharte im Gebirge als das angesprochen, was sie war: als den Santa Elena-Canyon des Rio Grande, den die Mexikaner Rio Bravo del Norte nennen. Früh schon war ich von Norden her, von Fort Stockton über Alpine, in das an seiner Nordflanke etwa zweihundertfünfzig Kilometer breite Big Bend-Gebiet eingefahren. Der Himmel hing voller mächtiger blaugrauer Wolken, die von einem kalten Wind ostwärts gejagt wurden. Aber es regnete nicht, die Luft war nach vergangenen Niederschlägen glasklar, als wäre sie gewaschen, was sie ja auch war.

Seit ich die flachen Hochebenen weiter im Norden verlassen hatte, war ich, der Texas-118 folgend, in ein immer enger zusammenrückendes Gewirr von gewaltigen Bergen, Felsenrücken, massigen Türmen und Kuppen eingedrungen, das die Straße zu vielen Kurven und Kursänderungen zwang, sie auch immer weiter aufwärts führte. Magere Steppe ringsum, gelegentlich mit kärglichem Graswuchs, einigen Kakteen, Ocotillos und Agaven mit hohen, längst abgeblühten Fruchtständern. Leere, Weite, menschenferne Wüsten-Einsamkeit, Berges-Einöde! Es fiel mir nicht schwer, mir vorzustellen, ich wäre der erste Mensch in dieser nackten Felsenwelt. Mit den grau und schwer darüber hinziehenden Wolken bot sie ein düsteres, gefährliches Aussehen, und es war mir beinahe so, als müßte ich all meinen Mut zusammennehmen, in sie hineinzufahren.

Es wollte mir nicht gelingen, diese weitgespannte Landschaft, die ich doch gut zu kennen meinte, wiederzuerkennen. Ich war zuvor im Sommer hier gewesen, vor einem Dutzend von Jahren etwa. Eine trockene, harte Hitze hatte damals über dem großen Land gelegen. Ein Glutwind wie aus dem Ofen hatte die Lippen spröde werden lassen. Ein glatter Felsblock, auf den ich mich hatte setzen und vorher mit der Hand von einigen darauf abgelagerten Kieseln hatte befreien wollen, war so heiß gewesen, daß ich mir die Hand verbrannt hatte. Ich hatte mich dann nicht auf ihm niedergelassen, aus Furcht, von unten angebraten zu werden.

Der Himmel hatte sich damals hoch und wolkenlos gezeigt, ein dunkelblaues, grenzenlos tiefes Meer erfüllt von solchem Übermaß des Lichts, daß es den Augen unerträglich war. Die dunkle Sonnenbrille war hier wahrlich kein modisches Attribut, sondern eine Notwendigkeit. Und kein Schatten irgendwo. Ich fuhr langsam weiter, um mich umsehen zu können. Irgendwo mußte ein vernünftiger Platz zu finden sein, an dem ich eine Zeitlang verweilen konnte. Der Wunsch, den Käfig des Autos für eine Stunde oder mehr zu verlassen und die künstliche Kühlung darin aufzugeben, hatte mich wie eine Art von Panik überfallen.

Mich verlangte danach, übermächtig, mich dieser gewaltsam strahlenden, gnadenlos glühenden Natur unmittelbar auszuliefern, sie ohne Schutz und Zwischenwand auf meiner Haut brennen, meinen Sinn und mein Herz von ihr prägen zu lassen. Denn um eine große Landschaft in ihrem innersten Wesen zu begreifen, dies erfordert als erstes, sich ihr für eine lange Zeitspanne auszuliefern, möglichst allein, möglichst ruhig; und man darf durch nichts abgelenkt sein, durch kein Gespräch oder irgendeine Verrichtung, irgend etwas, das im Augenblick getan werden muß; man darf nur und muß erfüllt sein von dem einen, alles andere überwindenden Wunsch, die Begrenzung des eigenen Ich fortzuwischen, in die große Natur zu verfließen, mit ihr eins zu werden und sie so ein für allemal zu begreifen.

Ich hatte sie schon eine Weile vorher erblickt: Abseits vom Wege, aber nicht weiter als zwanzig Schritt, reckten drei dicht beieinander stehende Giant Dagger, »Riesen-Dolche« – wir nennen sie Yucca – ihre

dichten, stachligen Blätterbündel von mehreren starken Armen in die trocken klare Luft; über sie hinaus hoben sich die dichten, hellweiß leuchtenden Blütenbüschel gleich hochgereckten schimmernden Fakkeln. Dort mußte etwas Schatten zu finden sein.

Ich stellte das Auto am Wegrand ab und ging vorsichtig über die harte, gelbe Erde zu der Gruppe von Yuccas hinüber, um nicht in die niedrigen Kakteen zu treten, die hier und da aus dem nur scheinbar toten Wüstenboden sprossen. Die »Prickly Pear«, der Kaktus »Stachlige Birne«, stand in goldgelben großen Blüten und der »Fishhook« Kaktus, der »Angelhaken«, prunkte mit seiner dunklen honigfarbenen und dichteren Blumenfülle. Ich meinte, stolzere, prachtvollere Blüten als die solcher Kakteen nie gesehen zu haben. Aber das war vielleicht eine Täuschung, bewirkt durch den Gegensatz zwischen den dornigen, bösartig abweisenden Kakteenstauden und den kunstvollen, geradezu leuchtenden Blüten.

Ach, man muß Glück haben in solchen Augenblicken, und ich hatte es: Die hohen Blütenwedel, die Stachelkuppeln darunter und die in abgestorbene Blätter gehüllten dicken Stämme der Yuccas warfen einen höchst einladenden Schatten unter sich. Ich streckte mich auf dem nackten Erdboden aus. Kakteen, die mich hätten stechen können, standen um Armeslänge entfernt; doch prangte dort ein Strawberry-Kaktus in so dichter Fülle seiner erdbeerfarbenen Blüten (daher Strawberry = Erdbeere), daß sein stachliger niedriger Leib gänzlich darunter verschwand.

Und um das Glück voll zu machen, blühte neben einem spindligen Ocotillo-Busch eine kräftige, anscheinend schon sehr betagte Agave. Sie hatte gut zweieinhalb Meter hoch einen schlanken Stamm in die Höhe geschossen, heraus aus dem Bündel ihrer harten, kräftigen Langett-Blätter am Boden. Von diesem Stamm strebten etwa hand- bis zweihandlange dünnere Seitenarme waagrecht ab, jeder ganz für sich allein und in eine andere Richtung weisend. Am Außenende jedes dieser Seitenarme saß zum Himmel gerichtet ein Blütengebilde, das einer nach oben gewendeten Sonnenblume ähnlich sah, lauter dicht gedrängte kleine Blüten, goldgelb, die viele feine gelbweiße Fäden aus dem runden Blütenpolster einzeln aufrecht reckten.

Die Sonne durchschimmerte die Blütenschalen, machte sie leuchten, als flammte in jeder dieser Schalen eine golden glimmende Glut und ließe feine Feuerstrahlen aufwärts züngeln. Achtzehn solche Feuerschalen zählte ich an dem hohen, mit der Feuerglut seiner Dolden sich in der Feuerglut des Sonnentages stolz behauptenden Pflanzenwesen der Wüste.

Gleich mir hatte sich eine rot und schwarz gebänderte Eidechse mit einem weißen Kragen um den Hals und einem langen, ganz dünn auslaufenden Schwanz in den Schatten der Yuccas zurückgezogen. Ob sie da schon gesessen hatte, als ich mich anschickte, mich auf dem warmen Boden auszustrecken, weiß ich nicht.

Ich entdeckte sie erst, als ich bereits lag und meine Augen nach einem Blick in die leise rustelnden Wipfel der Yuccas an den Stämmen abwärtsgleiten ließ. Da saß das spannenlange Tierchen auf einem Felsbrocken, auf den es seine langen, jeweils vier Fingerlein stützte, hatte den Echsenkopf ein wenig zur Seite gewendet und fixierte mich unverwandt aus schwarzen Knopfaugen; die Atemsäckchen am Hals blähten sich sachte; nichts sonst verriet, daß das völlig mit der Umgebung verschwimmende Tier überhaupt lebte; es saß da wie ein Zierat aus bemaltem Metall. Aber als ich es ansprach:

»Na, du verzauberter Königssohn, ich kann dich leider nicht erlösen«, da huschte es wie ein bräunlicher Blitz davon und war verschwunden, ehe ich meinen Satz beendet hatte; wahrscheinlich hatte es ein Vorurteil gegen Sentimentalität, besonders, wenn solche bei ältlichen Mitteleuropäern auftritt.

Etwas enttäuscht drehte ich den Kopf zur anderen Seite – und vergaß auf der Stelle Eidechsen, Yuccas und sogar die flammende Agave. Denn jetzt, vom Boden her und nicht mehr gezwungen, auf eine ziemlich elende Straße acht zu geben, erkannte ich sie in ihrer ganzen Herrlichkeit: die Chisos-Berge, dies merkwürdige Gebirgsmassiv, das wie eine riesige, hoch aufsteigende Insel über dem grenzenlosen Ozean der Wüste thront. Die graubraunen Wände leuchteten in starken Farben. Damals, als ich der Chisos zum erstenmal inne wurde, wußte ich es noch nicht, erlebte es erst Tage später, daß dort in der Höhe, wenn man aus dem Becken inmitten der Chisos zu den hohen Rändern hinaufsteigt

(Mount Emory, der höchste, erreicht 7.835 Fuß oder 2.388 Meter), beinahe so etwas wie richtige Wälder auftauchen, mit mexikanischen Pinyon-Kiefern und Wacholdern in den unteren, Espen, Ahorn, Zypressen und sogar Douglas-Fichten in den oberen und höchsten Lagen.

Ich bin später zur Südkanzel des Massivs, dem South Rim, hinaufgestiegen und habe weit über die zwar mageren, aber inmitten der Wüste erstaunlichen Wälder und weiter über die im Dunst der Ferne blau verschwimmenden Ödnisse der Provinz Chihuahua im Norden von Mexiko hinweggesehen – unter einem glühenden Himmel; doch hatte mich die Hitze wenig belästigt, war sie doch vollkommen trocken und sog den Schweiß von der Stirn fort, ehe er sich bemerkbar machen konnte.

Allerdings in der Tiefe des Chisos-Beckens, umringt von massigen Bergesklötzen, hatte es mir nicht gefallen. Ich war im Big Bend-Land in der zweiten Augusthälfte einpassiert, also auf der Höhe der Reisezeit. Es wimmelte im Becken um das einzige passable Gasthaus des ganzen Gebiets von Touristen – und wo sich Amerikaner in den Ferien zusammenfinden, wenn auch wie hier vielleicht keine hundert Leute, da herrscht Betrieb und Unruhe, und die Kinder toben und lärmen umeinander, daß empfindsamen Gemütern – wie dem meinen – angst und bange werden kann. Ich hatte mich also im Chisos-Becken, dem Ziel der meisten Big Bend-Reisenden, nicht lange aufgehalten, war über den Zugangspaß der Green Gulch, der »Grünen Schlucht«, unter dem viereckigen, wuchtigen Klotz der Casa Grande, des »Großen Hauses«, nordwärts wieder in die tiefer liegenden Wüstenweiten hinausgerollt und hatte mich über staubige Wege zwischen den Wänden der Chisos im Osten und den kahlen Abstürzen der Burro Mesa im Westen in die Schwemmland-Ebenen des Rio Grande nach Süden vorgetastet, die ich hinter den Castolon-Hügeln schließlich erreichte; dort wendete ich mich scharf nach Westen, um den in der Ferne schon erkennbaren Elena-Canyon anzusteuern. Zu meiner Linken blinkte der große Strom zwischen Gebüschen und Baumhainen verstohlen auf. Hier im Stromtal war es feucht, die Verdunstung von der Oberfläche des Wasserlaufes verbreitete Schwüle: Eine Flußoase in der Wüste!

Ja, damals schon hatte ich von weitem die gewaltige Scharte in dem ungeheuren Gesteinsblock erkannt, den Santa Elena Canyon, den der

Strom im Laufe der Jahrtausende in die Erdplatte gegraben hat, welche die Hochebenen der mexikanischen Provinzen Chihuahua und Coahuila trägt; sie bricht zu den amerikanischen Wüsten auf der Texas-Seite senkrecht Hunderte von Metern tief ab. Zwei weitere Gebirge hat der Strom im Bereich des Big Bend zu durchgraben, das Mariscal-Gebirge, wobei er den gleichnamigen Canyon bildet, und die lang im Osten der Chisos von Nord nach Süd sich aufwerfende Sierra del Carmen, das »Gebirge der Karmeliter«, die er im Bouquillas-Canyon zersägt.

Nun durchfuhr ich, spät im Jahr 1980, abermals die öde Senke zwischen den Chisos und der Burro Mesa*. Das Chisos-Gebirge, das mich damals gegen Ende des Sommers wie ein heroischer Traum gegrüßt hatte, war hinter tief hernieder reichenden, schweren Wolken nicht einmal zu ahnen. Dort oben regnete es sicherlich in Strömen; auf alle Fälle nebelte es dort so dicht, daß man gewiß keine zwanzig Schritt weit sehen konnte. Ich verspürte nicht die geringste Lust, mich in eine solche Waschküche zu begeben. Vielleicht schneite es auch in der Höhe – und Schnee konnte ich nach den Erfahrungen in den Stone Mountains, der Sierra Nevada und den San Francisco-Bergen durchaus entbehren.

Natürlich sagte ich mir, da oben muß es ja viel feuchter sein und viel häufiger regnen oder im Winter schneien als hier unten, denn da oben gibt es sogar Wälder und hier unten kommen nur Kakteen vor, Kreosot-Büsche und, wenn's hoch kommt, Yuccas oder Agaven, Bewohner der Wüste.

Bei mir in der Tiefe war die Fernsicht so klar, wie sie nur sein konnte. Um den Goat Mountain, den »Ziegenberg«, herum hatte sich mein Weg nach Süden gewendet, und schon tauchten weitere finstere Gefährten aus dieser Versammlung grober Felsenklötze auf, der Trap Mountain, der »Fallenberg«, und weiter im Hintergrund zu meiner Linken die völlig unverkennbaren beiden Felsenspitzen, die Mule Ears, die »Maultier Ohren«, und hinter ihnen, auch unverkennbar, der Round

* Burro ist das spanische Wort für »Esel«; mesa bedeutet Tisch, aber auch Hochebene; in Mexiko und im Südwesten der US wird mit Mesa eine sich über die Niederung mächtig erhebende Gebirgsplatte bezeichnet, die an der Oberfläche eine Ebene trägt, aber an den Kanten scharf und steil abfällt, also nur schwer zugänglich ist.

Mountain, der »Runde Berg«. Ich dachte mir, an allen diesen ungeschlachten, kahlen Riesen entspringen irgendwo Quellen, die nach ihnen benannt sind. Die Vegetation an ihren Hängen ist so dürftig, daß aus der Ferne kaum etwas davon zu erkennen ist. Und doch muß sie genügt haben, um den großen Viehherden der riesigen Ranches, die hier vor Jahrzehnten noch bestanden haben, so viel Nahrung zu gewähren, daß die langhornigen Rinder, die damals vorherrschten, satt wurden und verkauft werden konnten. Von den Langhorn-Herden vor hundert Jahren bis weit in dieses Jahrhundert hinein gibt es Dutzende von aufregenden Legenden – und erst recht von den unverwüstlichen Cowboys jener Zeit, die diese Herden der langgehörnten, wild blickenden »Stiere« zu betreuen hatten. (Das Wort »steer« bezeichnet im Amerikanischen nicht wie bei uns ein männliches, sondern ein verschnittenes Rind.)

Ich befand mich bereits in den Bezirken des »Big Bend National Park«, der den südlichsten Zipfel des mächtigen Big Bend-Gebiets umfaßt, etwa ein Fünftel des gesamten riesigen Dreiecks, das der Rio Grande hier einhegt. Also gab es hier im Süden keine gewerbliche, land- oder viehwirtschaftliche Nutzung der Steppen und Berge mehr. Das Land ist wie in allen US-»Parks« nur noch zum Anschauen da; und Geld verdient wird in ihren Bereichen nur noch in einigen wenigen staatseigenen Wirtshäusern, bei denen es dann stets auch einen Laden für Andenken, Proviant und Ausrüstung gibt; auch Benzin und Motorenöl wird dort feilgehalten. Statt der früher weit verstreuten und vielfach gar nicht zu entdeckenden Rinder bevölkern nun Touristen die der Viehzucht oder dem Bergbau entzogenen Gebiete, manchmal, wie etwa im Yellowstone oder Grand Canyon-National-Park in solcher Zahl, daß die Wildnis, die erhalten werden soll, sich in einen überlaufenen Bürgerpark verwandelt.

Die einzig sinnvolle Reaktion auf diese Entwicklung wäre diese: Da die bestehenden Nationalparks offenbar zu klein geworden sind, um in der Hauptreisezeit die Heere der Besucher zu fassen, sollten neue, wesentlich größere Gebiete als bisher der Nutzung entzogen, auch die bereits bestehenden Parks wesentlich erweitert werden. Darüber ist man sich in den Staaten bereits einig, und es ist auch einiges geschehen.

Doch hat der Beobachter den Eindruck, daß die wie in allen westlichen Ländern so auch in den Staaten unmäßig wachsenden bürokratischen, politischen und finanziellen Schwierigkeiten eine wirklich großzügige Erweiterung der Landschafts- und Naturschutzgebiete gefährlich verlangsamen, wenn nicht verhindern. Dabei ist im Gegensatz zum alten, engen Europa in den Staaten und erst recht in Kanada Platz genug vorhanden, der unzerstörten Wildnis für alle Zeiten eine gesicherte Freistatt zu gewähren, ohne daß wirklich wesentliche wirtschaftliche Interessen dabei zu kurz zu kommen brauchten.

Vielleicht gehört dem Big Bend des Rio Grande mein Herz seit langem so bedingungslos, weil er zu den entlegensten, weit aus dem Wege liegenden und wenig »entwickelten« Schutzgebieten gehört. »Entwicklung« in diesem Zusammenhang bedeutet stets mehr »Rummel«, mehr unerwünschte, wenn sicherlich auch notwendige behördliche Regulation und – mehr Menschen. Ich bin mir dabei der heimlichen Widersprüchlichkeit solcher Haltung durchaus bewußt: Es ist »des Schweißes (und des Geldes) der Edlen wert«, einer verstädterten, im Dunst und Gestank der Großstädte darbenden Menschheit einige große Fetzen unverdorbener, unverschmutzter, urtümlicher Natur zu erhalten. Aber indem man dies tut, schafft man zugleich ein Alibi dafür, daß in den hundertfach größeren Bezirken außerhalb solcher »Parks« der Schönheit, Würde und dem Reichtum der Natur mit geradezu ruchloser Bedenkenlosigkeit zu Leibe gegangen wird. Ist nicht die europäische Methode, die Natur zwar zu verwandeln und zu nutzen, zugleich aber nicht nur an einigen Stellen, sondern allgemein das Bild einer belebten und begrünten, einer gepflegten Landschaft zu erhalten, besser als die amerikanische Methode, die es, um nur ein Beispiel zu wiederholen, zugelassen hat, daß von den königlichen Beständen der Redwoods, die Jahrtausende brauchten, um heranzuwachsen, heute, nach wenigen Jahrzehnten, nur noch neun Prozent übrig geblieben sind – oder daß etwa durch das Strip Mining in Kentucky und West-Virginia, den radikalen Abbau von Kohle und Braunkohle im Tagebau, weitgespannte, einst herrlich schöne Hügelwelten mit lieblichen Tälern in unrettbar verschandelte Mondlandschaften verkehrt worden sind?

Doch im späten Herbst 1980 brauchte ich mir über dergleichen Pro-

bleme nicht den Kopf zu zerbrechen. Die wilde Welt im südlichen Big Bend-Gebiet gehörte mir ganz allein. Kein Gefährt überholte mich oder kam mir entgegen. Die Straße hatte sich gesenkt; ich rollte das mächtige Tal des Rio Grande entlang. Vor mir tauchte ein doppelkuppiger Berg auf; das mußte der Cerro Castellan sein, der »Kastilische Berg«. Er war es, denn die Straße schwang sich nun mit steigender Entschiedenheit zu Tal.

Die hohe, an ihrer Oberkante waagrecht begrenzte Bergwand, die vor mir um so höher aufstieg, je weiter ich mich talwärts bewegte, die Kante der riesigen Erd-Tafel, die mir gegenüber zum Stromtal abbrach, sie gehörte schon zu Mexiko.

Und da war sie also wieder, fest in meiner Erinnerung bewahrt, die tiefe Scharte in der Waagrechten der tausend Meter hohen Felsenwand: die gähnende Schlucht, die sich der Strom ins Gestein gegraben hat, der Santa Elena-Canyon!

Ein kurzes Stück weit vermochte ich zwischen der senkrecht neben mir aufragenden Felswand des Canyons und dem Uferrand des Stromes in die Schlucht hinein vorzudringen. Dann wurde der Streifen feuchten, aber festen Sandes zwischen Stein und Wasser immer schmaler und tauchte schließlich unter die hier sehr gemessen heranziehende Flut. Wenn ich trockene Füße behalten wollte, war einem Ausflug in den Canyon nun ein Ende gesetzt. Aber ehe ich mich auf meiner eigenen Spur zurückwandte, blieb ich noch ein paar Minuten stehen und blickte der Strömung entgegen in den gewaltigen Engpaß hinein, durch den der Strom in ruhiger Gelassenheit heranglitt; nur von wenigen sanften Wallungen überkräuselt und die wohl hundert Meter zwischen den Felswänden von Fels zu Fels lückenlos ausfüllend, doch ohne jeden Anschein von Ungeduld oder gar Ungestüm.

Doch zeigten mir unverkennbare Flutmarken an den Seitenwänden neben mir und erst recht gegenüber, daß ich bei Hochwasser, während der Frühlingsfluten also, da, wo ich staunend verharrte, am Grunde einer haushoch über mich hinweg brausenden Wassermasse stehen – oder genauer im Nu Hals über Kopf fortgespült und ertränkt werden würde. Aber selbst wenn ich mir solche Hochwasser noch so gewaltsam

und rücksichtslos vorstellte – es fiel mir doch schwer, den Geologen zu glauben, daß es dieses so friedlich mir entgegenrinnende Gewässer gewesen ist, das die wie mit einem riesigen Messer in den harten Fels geschnittene, abgrundhohe Schlucht des Santa Elena-Canyons ausgehöhlt hat – selbst wenn ich mir vorstellte, daß der Rio Grande viele hundert oder tausend Jahre Zeit darauf verwandt hat.

Damals, als ich Santa Elena zum erstenmal erlebte, hatte goldenes, heißes Sonnenlicht in lautlosen Kaskaden Strom und Schlucht und das weite Vorland der Flußebene überflutet, in welche der Strom hier austritt. Damals hatte ein blauer Sommertag seine durchsichtigen Banner wehen lassen, und der winzige Betrachter am Ausgang der Schlucht war berauscht gewesen wie von dem glanzvollen Finale einer klassischen Symphonie.

An diesem Tag aber, Anfang November, lag die gigantische Landschaft nicht mehr im rauschhaften Licht eines Wüstensommer-Sonnentages, sondern zeigte sich grau in ungebändigt wilder und abweisender Verschlossenheit. Mir gefiel sie so. Die finstere Selbstgenügsamkeit, mit der dies harte Wüstenland auf alle Fremden und gar Bewunderer zu verzichten scheint, ihnen gewissermaßen die Sprache raubt, alle Beschreibungen verspottet, schien mir seinem Wesen besser zu entsprechen als die überstarke, blendende Helle, in die es sich damals gebadet hatte.

Ich hatte die Ranger-Station* von Castolon links liegen lassen, ohne von ihr Notiz zu nehmen. Ich war so wunderbar allein an diesem grauen, winderfüllten Tag, wie ich es zuvor kaum zu hoffen gewagt hatte.

Die Straße hatte endgültig das Stromtal erreicht und folgte ihm stromauf. Der Rio Grande hatte sich, nachdem der Santa Elena-Canyon durchströmt war, gleichsam erschöpft aufatmend, in viele Arme

---

* Ranger: Im Amerikanischen heute die Wildnispolizisten in den National-Parks und sonstigen Schutzgebieten, die vor allem darauf zu achten haben, daß die natürlichen Verhältnisse in den Schutzgebieten nicht gestört werden, daß aber auch die Touristen sich nicht selbst durch ein der ungezähmten Wildnis nicht entsprechendes Verhalten in Gefahr bringen. Die Ranger sind zumeist erfahrene, sorgfältig ausgewählte Leute, die ihre oft schwierigen und gefährlichen Aufgaben mit Hingabe wahrnehmen. Das Wort »Range« bedeutet im Amerikanischen offene, freie, unberührte Natur. Open Range Cattle z. B.: in der offenen, durch Zäune nicht eingeschränkten Wildnis weidendes, halbwildes Vieh. Die »Texas Rangers« waren in vergangenen Jahrzehnten eine gefürchtete Polizeitruppe mit militärischem Charakter.

aufgeteilt und äderte nun flach und sachte über gelbe Sandbänke ostwärts, erholte sich ein wenig, ehe er sich weiter im Südosten, wohin sein Lauf strebte, vor dem Mariscal-Canyon zusammenraffen mußte, um mit gedrängten und nun wieder eiligen Wassern durch die Mariscal-Berge zu brechen und die Sierra San Vicente in ihrem Westen nach Norden zu umgehen. Doch erst, wenn er sich vierzig Kilometer nach Nordosten auch noch im Bouquillas-Canyon durch die Sierra del Carmen gezwängt hatte, war dem großen Strom die Freiheit gewährt, ohne weitere Behinderung seinem Ziel, den atlantischen Wassern im Golf von Mexiko, entgegenzustreben.

Aber Mariscal und Bouquillas waren noch weit. Wenn das Wetter mich nicht im Stich ließ, würde ich sie noch am gleichen Tage ansteuern. Sollte es aber in den Chisos wirklich so heftig regnen, wie es die schwere, über den Wällen, Graten und Gipfeln des Gebirges lastende Wolkenhaube vermuten ließ, so würden die Bäche aus der Höhe zum Rio Grande alle Wasser führen, vielleicht sogar gewaltsam abstürzen, meterhoch grobes Geröll vor sich herspülend. Der Weg von Castolon zum Mariscal Canyon, nach Talley oder Solis, und von da zum »Rio Grande Village« am Anfang des Bouquillas ist nur ein grober Autopfad, auf dessen Befahrbarkeit schon bei ruhigem Wetter kein Verlaß ist, erst recht nicht im späten Herbst, wenn vielleicht die von den Chisos- oder den Mariscal-Bergen herniedergurgelnden Wildwasser in tief ausgewühlten schlammigen Betten den ungewissen Weg kreuzen.

Vor diesen Seitenwegen war ich unmißverständlich gewarnt worden. »Primitive Wege!« so hieß es. »Sie werden nur gelegentlich und in weiten Abständen von den Rangers kontrolliert. Nach Gewittergüssen oder Regenstürzen im Gebirge werden sie unpassierbar.«

Dergleichen darf man sich, wenn man unbeschädigt aus solcher Reise hervorgehen will, nicht zweimal sagen lassen. Kühnheit ohne Vorsicht führt früher oder später zu irgendeiner Katastrophe, die im besten Fall kostbare Zeit kostet, im schlechtesten das Auto und sogar das Leben. Vorsicht ohne Kühnheit – dann soll man lieber zu Hause bleiben und sich dort, wo man Bescheid weiß, redlich nähren.

Die Straße zum Santa Elena-Canyon endet auf einem kleinen Plateau, von dem aus man tief in den Ausgang der ungeheuren Schlucht

hineinblicken kann. Natürlich ist dort auch eine Tafel angebracht, auf welcher eine fürsorgliche Behörde die unwissenden Touristen darüber belehrt, was alles über den Canyon geologisch und historisch zu sagen ist. Ich nahm den Text mit gebührender Hochachtung zur Kenntnis, allerdings ohne Wesentliches hinzuzulernen. Das hatte ich jedoch nur mir selber zuzuschreiben, denn ich pflege mich schon vorher darüber zu informieren, was mir bevorsteht, studiere auch die Karten gründlich; es hat sich offenbar bei mir ein Rest der längst zur Sage gewordenen deutschen Gründlichkeit erhalten. Allerdings weiß ich heute wirklich nicht, ob es sich für eine große Reise empfiehlt, sich vorzubereiten, oder ob man nicht besser ins Blaue hineinfährt. Oft entspricht die Wirklichkeit keineswegs dem, was man sich in seinen wohlfundierten und »gründlich« erarbeiteten Vorstellungen erhofft hat. Wenn man sich nichts zuvor vorgestellt hat, kann man nicht nur nicht enttäuscht werden, sondern kommt vielleicht aus beglücktem Staunen nicht heraus.

Doch hier, an diesem grauen, von schnell wandernden, großen Wolken überwölbten Tage gab es keine Enttäuschung. Riesenhaft tief, im Hintergrund ungewiß verdämmernd, gähnte mir die Kluft in den Felsenwänden entgegen, zur Rechten, auf der amerikanischen Seite die Mesa de Anguila, die »Mesa des Aals« – weiß der Teufel, wie sie in dieser dürren, felsigen Welt zu einem so ausgefallenen Namen gekommen ist –, zur Linken die Sierra Ponce, die schon zu Mexiko gehört; und dazwischen, abgrundtief zwischen senkrechten, ja überhängenden Wänden der Strom, ein wenig aufgestaut, so daß er die Schlucht von Wand zu Wand einnahm. Es war, als quölle das mächtige Gewässer unmittelbar aus der Tiefe der Erde und träte zwischen den Gigantenmauern aus gewachsenem Fels zum erstenmal ans Tageslicht.

Ich stand lange und starrte. Der Wind rustelte in den mannigfachen Büschen, die sich an dem steil unter meiner Aussichtskanzel abfallenden Hang bis zur Flußebene hinunter in lockeren Gruppen oder auch als Einzelgänger angesiedelt hatten. Im Gegensatz zur wüstenkargen Dürftigkeit weiter oberhalb zwischen den Bergen bewirkte hier die Feuchte von dem breit in der Tiefe auseinander rinnenden Gewässer einen reicheren Bewuchs der Uferhänge. Gleich nach seinem Austritt aus dem Canyon verlor der Strom seine Tiefe, floß weithin auseinander.

Es war wohl doch wahr: Nur der Strom konnte es gewesen sein, der seinen Namen mit Recht tragende Rio Grande, der die Felsenberge und Tafeln so bis auf den Grund zersägt hatte! Der bewegliche, formlose, scheinbar unbedingt nachgiebige Stoff, das rinnende Wasser, hatte im Laufe langer Spannen von Zeit das scheinbar absolut Feste, Starre, die gewaltige, felsige Kruste der Erde besiegt, hatte sich durch sie – wenn auch sehr langsam – hindurch gefressen. Sollte man daraus ableiten, daß auf die Dauer das Weiche, Fließende stets das Starre, Harte besiegt?

Ich wendete mich ab. Dergleichen Spekulationen bleiben belanglos. Verallgemeinerungen stimmen fast nie. Lieber machte ich mich auf, den Hang hinunter zu stolpern und soweit, wie es der Sandstreifen am Ufer gestattete, in den Canyon einzudringen. Sehr weit kam ich nicht; ich sagte es schon, war auch schließlich nur allzu gern bereit, wieder umzudrehen, denn das Gefühl, das mich da unten im engen Paß zwischen den himmelhohen Felswänden überfiel, den zuweilen verstohlen glucksenden Strom an meiner Seite, von unbestimmter Tiefe und voll von wandernden Wirbeln, den auf einen schmalen Ritz zwischen den Wänden geschrumpften Himmel über mir – der Anhauch von Furcht, diese grauen Wände könnten über mich herstürzen und mich zerquetschen, mich winziges Insekt in dieser gigantischen Welt, diese dumme, aber aus großer Tiefe aufbrodelnde Urangst war nun einmal nicht zu unterdrücken.

Ich war erleichtert, als ich die freie, offene Schwemmlandschaft vor dem Steilabfall der Sierra Ponce wiedergewonnen hatte.

Es war kaum noch zu bezweifeln, es würde wieder regnen. Ich stieg in einem weiten Bogen zu dem kleinen Plateau hinauf, wo ich meinen Wagen abgestellt hatte, und bemerkte schon von weitem, daß ich da oben Gesellschaft bekommen hatte. Neben meinem Auto war ein zweiter, ziemlich mitgenommen wirkender Jeep aufgetaucht. Hinter dem kleinen Unterstand aus braunen Brettern und Balken, der den Aussichtsplatz bezeichnete, trat der Fahrer des Jeeps hervor, ein Ranger oder ein Angehöriger der Grenzpolizei; ich kenne mich in amerikanischen Uniformen und Abzeichen nicht aus. Der hochgewachsene Mann mit einem breitkrempigen, graubraunen Filz auf dem schmalen Schädel, mit

hagerem Gesicht blickte mir keineswegs freundlich, eher mißtrauisch entgegen, als ich über den abschüssigen Hang herauf kletterte.

Nun, ich war mir im Augenblick keiner Schuld bewußt. Mein Auto stand auf einem mit P bezeichneten Abstellplatz. Ich war auch in den Stunden zuvor nicht zu schnell gefahren, hatte mich vielmehr an die auf den kurvigen Straßen vorgeschriebene herabgesetzte Höchstgeschwindigkeit gehalten, betrat also, aufatmend nach der Kraxelei, das Plateau ohne Gewissensbisse.

»Hallo, Sie! Wo kommen Sie her? Sie waren unten im Canyon, sind offenbar allein. Ihrer Autonummer nach sind Sie Kanadier, also weit von Ihrem Zuhause!«

Das war beinahe ein Verhör. Womit ich mich dem Uniformierten verdächtig gemacht hatte, ahnte ich nicht. Es war auch keineswegs irgendwie verboten, in einem kanadischen Auto durch die Staaten zur mexikanischen Grenze in Texas zu fahren und dort aussichtshalber am »Großen Strom« spazieren zu gehen. Ich ärgerte mich also und erwiderte ebenso kurz angebunden:

»Stimmt auffallend, Officer! Und?«

Ich mochte doch nicht ganz einem Schmuggler oder sonst verdächtigen Person ähneln. Der Beamte prüfte mich mit einem schnellen Blick von oben bis unten und machte Anstalten, einzulenken:

»So spät im Jahr noch Besucher aus Kanada, Ontario, zweitausend Meilen von hier, und allein, und steigen zum Fluß hinunter und dringen so weit in den Canyon ein, daß Sie von hier gar nicht mehr zu sehen sind. An dieser Grenze passiert so viel, daß jeder verdächtig ist, der sich ihr allein in einem starken Auto nähert. Sie können sich natürlich ausweisen, vermute ich?«

»Sie vermuten richtig, Officer.«

Ich schloß mein Auto auf und kramte meine Ledertasche mit den Ausweisen, Kreditkarten, Führerschein, Autolizenz und sonstigen Papieren hervor, durch die in der amerikanischen ebenso wie in der europäischen Welt der gesichts- und personlose Zeitgenosse überhaupt erst zum Menschen wird, und präsentierte meinen Paß.

Der Mann veränderte sich plötzlich:

»Sie sind deutscher Staatsangehöriger, und Ihr Visum ist ein Journa-

listenvisum auf fünf Jahre. So was! Auf Tour, nicht wahr, um über Big Bend zu berichten? Mein Name ist Schuber. Mein Großvater kam aus Bavaria.«

Wenn man an einem Amerikaner ein bißchen kratzt, kommt immer ein deutscher Großvater oder eine German Greatgrandmother zum Vorschein. Dieser Mann allerdings schien eine Menge von seiner Herkunft vergessen zu haben, er sprach seinen Namen nach amerikanischer Manier etwa wie Skjuber aus. Nun, wenn er ihn so verballhornte, so war das seine Sache.

Ich antwortete mit der Standardformel:

»Very glad to meet you« – »Sehr angetan, Sie zu treffen!«

Aber wenn dieser Mister Skjuber sich nun plötzlich umgänglich zeigte, so mußte ich die Stunde nutzen:

»Wenn ich hätte etwa Heroin schmuggeln wollen, Mr. Schuber, so hätte ich das wohl kaum im Canyon versucht. Dort kommt man nicht auf die andere Seite; gar kein Platz vorhanden, um drüben wieder an Land zu steigen. Und der Fluß ist im Canyon selbst jetzt bei Niedrigwasser sicherlich noch so tief, daß man ihn nur schwimmend überqueren könnte. Weiter stromab, überhaupt unterhalb des Big Bend, ist der Strom sicherlich so flach, daß man ihn an vielen Stellen einfach durchwaten kann.«

Er lachte ein wenig und wurde gleich wieder ernst:

»Das ist leider nur allzu wahr! Wir kriegen jedes Jahr Zehntausende von Mexicanos illegal ins Land. Kein Mensch weiß, wie viele es in Wirklichkeit sind. Einen oder zwei kriegen wir vielleicht im Durchschnitt zu fassen, und acht oder neun kommen durch, bieten sich bis weit nach Chicago hinauf als billige Arbeitskräfte an, unterlaufen alle Lohnvereinbarungen der Gewerkschaften und nehmen den Einheimischen die Arbeit weg, besonders den Negern, mit denen wir schon Ärger genug haben. Aber wenn man lange genug hier lebt und mit den Verhältnissen auf dem Südufer des Rio Grande vertraut wird, dann versteht man die armen Teufel schon. Da unten« – er wies nach Süden in den Canyon hinein – »haben viele nichts zu brechen und zu beißen.«

Der Mann namens Schuber oder Skjuber schien hinter seiner amtlichen Außenseite immerhin ein wenig Herz zu haben. Daß er von »ar-

men Teufeln« sprach, machte ihn mir beinahe sympathisch. Denn das sind sie wirklich, diese Mexicanos, die sich für geringes Entgelt anbieten. Ich sagte:

»Die Obst- und Gemüsepflanzer in Kalifornien bis hinauf nach Oregon und Washington – und hier in Texas ist es bestimmt nicht anders – würden ihren Salat und ihre Erdbeeren nicht so billig auf die amerikanischen Märkte liefern können, wenn sie die Mexicanos nach amerikanischen Tarifen bezahlen müßten. Ohne mexikanische Wanderarbeiter keine billigen Erdbeeren und keine Texas-Orangen.«

Und so verstrickten wir uns im Handumdrehen in die schwierige Frage, ob die Vereinigten Staaten sich des Ansturms ungelernter Arbeiter aus dem Nachbarland Mexiko erwehren sollen oder überhaupt erwehren können, denn die zweieinhalbtausend Kilometer lange Grenze zwischen den beiden Staaten, die fast auf ihrer ganzen Länge durch entlegenes Wüsten- und Steppenland führt, kann von amerikanischer Seite kaum wirksam überwacht werden.

Wir verstanden uns schließlich ganz ausgezeichnet. Ich hatte den Santa Elena-Canyon und das große Land des Big Bend, derentwegen ich viele tausend Kilometer gefahren war, so gut wie vergessen. Auch hier in dieser machtvollen Einsamkeit, inmitten dieses lautlosen Dreiklangs von Strom und Fels und Wolkenhimmel drängte sich die Gegenwart mit ihren banalen, dennoch mit fürchterlichem Sprengstoff geladenen Problemen in unsere eben erst aufkeimende Bekanntschaft. Schuber hatte wohl begriffen, daß ich nichts weiter als ein verspäteter Sightseer, ein »Aussichtsbetrachter«, war und nicht mit bösem Verdacht, welchem auch immer, behelligt zu werden brauchte. Er versuchte sogar, sein Verhalten zu erklären:

»Wenn der Strom so wenig Wasser führt wie jetzt, dann braucht man nicht einmal die seit alters üblichen Furten zu benutzen. Dann läßt sich das breite Wasser alle halbe Meile irgendwo durchwaten. Man braucht nicht einmal die Nacht abzuwarten. Rauschgift herüber zu schaffen, dazu bedarf es keiner großen Vorkehrungen. Und gerade an Stellen wie dieser, wo eine Straße bis unmittelbar an den Strom vorstößt und der Canyon Boote, die auf dem Strom herabkommen, lange verbirgt, wo andererseits auf dieser Seite mehrere Monate im Jahr sich häufig Frem-

de, manchmal sogar viele Fremde einfinden, da kann hier leicht ein Zwischenträger von der anderen Seite sich unter die Besucher mischen, seine wenig Raum einnehmende Schmuggelware, Heroin, Marihuana, Haschisch und Gott weiß was in einem der hier parkenden Autos abladen und ist in zehn Minuten wieder verschwunden und in weiteren zehn, wenn er will, wieder ›drüben‹ und außer Gefahr, entdeckt zu werden. Wir können ja nicht an jeder Felsecke einen Grenzwächter aufstellen, schon gar nicht Tag und Nacht. Und als ich daher« – er lachte offen und freundschaftlich – »ihr Auto mit der kanadischen Nummer bei meiner Kontrollrunde zwischen Candelaria und Bouquillas unverschlossen vorfand, so daß man schnell ein heißes Paket darin hätte abstellen können, da dachte ich mir, den Burschen sollte ich mir einmal etwas näher ansehen. Na ja, wie meistens bei unserem Geschäft: Fehlanzeige! Aber wenigstens habe ich dadurch eine nette Bekanntschaft gemacht.«

»Danke, Mister Schuber, das Vergnügen ist auf meiner Seite. Es tut mir natürlich leid, daß ich Ihnen nicht mit einigen Pfund Rauschgift dienen kann. Aber es steht Ihnen frei, meinen Wagen auseinanderzupflücken.«

Er lachte noch vergnügter:

»Ich habe mich natürlich schon darin umgesehen. Sie hatten ja nicht abgeschlossen. Aber Sie sehen, man darf sich nie darauf verlassen, irgendwo wirklich allein zu sein. Und ich muß schon sagen, der Inhalt Ihres Wagens hat mich nicht beruhigt; dazu war er viel zu auffällig unauffällig. Darauf aber, daß um diese unpassende Jahreszeit ein allein reisender Journalist aus Deutschland über Ontario an die Texas/Chihuahua-Grenze vorstößt, darauf war ich nicht gefaßt. Nichts für ungut!«

Ich erwiderte ebenso heiter:

»Gewiß nicht! War mir ein Vergnügen, von einem richtigen Grenzer für einen richtigen Schmuggler gehalten worden zu sein. Passiert einem nicht alle Tage. Ich habe auch großes Verständnis für Ihren Beruf; er ähnelt dem meinen. Sie sind auf Pülverchen oder Tränkchen aus, welche die graue Wirklichkeit vergessen machen, und ich auf stories, die das gleiche bewirken sollen; kein großer Unterschied, so scheint es mir.«

»So kann man es auch sehen, wenn man will. Aber stories sind nicht so gesundheitsschädlich.«

Ich war nicht ganz damit einverstanden:

»Gedrucktes, Wahres oder Erlogenes, hat schon mehr Unheil angerichtet als alles Rauschgift auf der Welt. Aber Gedrucktes ist durch die sogenannte Pressefreiheit geschützt, Rauschgift nicht; dabei ist Gedrucktes viel gefährlicher als Rauschgift oder Schmuggel. Und die angestellten Hüter der Ordnung haben es in beiden Fällen schwer. Wenn ich mir dies hier anschaue, den breiten Fluß, den Rio Grande, den Grand River, der die längste Zeit im Jahr so flach ist, daß man ihn durchwaten kann von Mexiko nach den Staaten, dann kann ich mir gut vorstellen, daß in dieser zum Schmuggel geradezu einladenden Gegend nicht nur Menschen sich herüberschmuggeln, was ja keine besonders wertvolle Ware darstellt, sondern daß auch profitablere Dinge ins Land gebracht werden. Denn die Richtung des Schmuggels weist ja wohl vorwiegend von Süden nach Norden, von Mexiko nach den Vereinigten Staaten und nicht umgekehrt, immer vom armen Land ins reiche; das ist nun einmal der Lauf der Welt.«

Mr. Schuber war nachdenklich geworden. Wir beide hatten keinen Blick mehr für die grandiose Landschaft, die ringsum, vor allem uns gegenüber aufgebaut war gleich der phantastischen Kulisse auf einer alle menschlichen Vorstellungen übersteigenden Opernbühne, einer solchen aber, die noch leer war und auf eine nie enden wollende Ouvertüre lauschte. Wir zwei verlorenen, winzigen Ameislein in dieser Gigantenwelt hielten unsere kleinen, kurzatmigen Sorgen natürlich für viel wichtiger als die sich über Aeonen dehnenden Herzschläge dieser uralten Gebirge, dieser scheinbar trägen Riesenströme, die sich doch – gemessen an der Gesamtdauer der Erdgeschichte – in kurzer Zeit tief durch den harten Fels gegraben haben. Santa Elena-Canyon, Mariscal, Bouquillas – meilentiefe Schnitte, senkrecht geführt, wie mit schärfstem Riesenmesser, die Kruste der Erde spaltend bis auf den Grund, damit das Wasser des großen Stroms ungehindert fließen kann; die großen Schollen der Erdoberfläche heben sich, verkanten sich, brechen zu riesigen Brocken auseinander mit scharfen Rändern, Gebirge wachsen hoch und werden wieder fortgewaschen vom Regen, vom Frost, der

Jahr für Jahr einen Millimeter wegsprengt, von Millionen Sandkörnchen, die der ewige Wind aus Westen gegen ihre Flanken bläst, um hier ein haardünnes Flitterchen wegzuhobeln, ein mikroskopisch feines Steinspänchen dort – und der Regen oder die Schneeschmelze spült sie in den Fluß und die Strömung nimmt sie mit in den Ozean, bis die Berge die Täler aufgefüllt haben und damit verschwunden sind, als hätte es sie nie gegeben. Aber der Strom ist immer noch da, rinnt und rinnt, denn die Feuchte, die der nie ruhende Wind vom Weltmeer herüberfrachtet, sucht mit buchstäblich Berge versetzender Sehnsucht den Weg zurück ins Meer und findet ihn trotz aller Hindernisse und ist nicht aufzuhalten. Wüsten breiten sich aus und werden wieder zu abflußlosen Sümpfen unabsehbar – oder umgekehrt. Die abertausend Arten der Tiere und Pflanzen kommen und gehen, beharren erdzeitalterlang und verschwinden wie ein Rauch, der zerblasen wird. Gebirge quellen auf, werden hochgedrückt von den gegeneinander pressenden Platten der Erdoberfläche, der schon dutzendfach geborstenen, weil das Felsenpanzerkleid unseres Planeten mit der Zeit dem sachte schrumpfenden Himmelskörper, auf dem wir wohnen, ohne eine bleibende Statt darauf zu haben, nicht mehr dicht anliegt, sondern wohl oder übel Falten schlagen muß. Und zuweilen, wenn die Oberfläche sich unter ständig zunehmender Spannung und Pressung nicht mehr zu halten weiß, bricht die Qual der gepeinigten Erde nach außen durch, schafft sich Luft und speit glühende Lava, Asche und giftige Gase meilenweit in den Raum, wo sie dann um die ganze Erde wandern, nicht nur einmal sie umkreisend, sondern viele Male – ehe sie verhauchen oder als feiner Staub herniedersinken.

So war ich mit einemmal ins Phantasieren geraten, war mir dunkel bewußt geworden, daß wir zwei ältlichen Männer auf der Felsenkanzel über dem Rio Grande angesichts des gähnenden Eingangs zur umdunkelten Schlucht des Santa Elena, umgeben von kahlen, kantigen Gebirgen, nicht sehr viel mehr waren als zwei Eintagsfliegen in einer Bahnhofshalle – oder besser, wenn ich an die ragenden Wände der Sierra Ponce mir gegenüber denke – in einer Kathedrale!

Ob mein neu gewonnener Bekannter von einer ähnlichen Empfindung angewandelt wurde, wie sie mich plötzlich überfallen hatte, weiß

ich nicht. Auf alle Fälle entstand in unserem munter sprudelnden Gespräch mit einemmal eine Pause, die uns aber, wie es regelmäßig geht, schnell nervös machte. Man geniert sich, abseitigen, nicht normalen Gefühlen Raum gegeben zu haben. Aber gerade diese schnell vorüber huschende Verlegenheit brachte uns einander näher.

Schuber drückte mit dem Daumen seinen eindrucksvollen Hut mit dem Lederband weiter in den Nacken. Er räusperte sich umständlich und nahm den entglittenen Faden wieder auf:

»Ich sage mir das manchmal, damit ich es nicht vergesse: Dies Land um den Big Bend sieht heute so leer aus, besonders hier im Schutzgebiet, daß man meinen könnte, es wäre hier immer so gewesen, so leer und tot, bloß von ein paar Coyoten und Klapperschlangen bewohnt, wenn man dabei überhaupt von ›bewohnen‹ reden kann. Aber wissen Sie, Mr. Johann, ich bin nun schon eine Reihe von Jahren in dieser gottverlassenen Gegend stationiert und habe mich – es blieb mir gar nichts anderes übrig – im Lauf der Zeit mit der Vorgeschichte dieser entlegendsten Ecke der United States bekannt gemacht – und die alten Leute erzählen einem ja gern von ihrer eigenen Vergangenheit und auch von dem, was sie selber früher irgendwann von noch Älteren erzählt bekommen haben. Und da merkt man dann, daß in diesen jetzt so stillen Steppen und Gebirgen – die Chisos sind heute überhaupt nicht zu sehen – vor gar nicht allzu langer Zeit der Teufel los gewesen ist. ›West of the Pecos‹, das bedeutete vor einigen Jahrzehnten jenen Teil von Texas, wo man sich als anständiger, wohlerzogener und gesetzestreuer Bürger lieber nicht aufhielt, wo man sogar Kopf und Kragen riskierte, meistens ohne recht zu wissen, warum. West of the Pecos! Wer sich hier – denn das Big Bend-Land ist ja durchaus west vom Pecos – niederließ, der mußte seine besonderen Gründe dafür haben, und es war unpassend, manchmal sogar gefährlich, danach zu fragen. Wissen Sie, Mr. Johann, nirgendwo in den Staaten schwirren auf so vergleichsweise engem Raum so viele wilde Geschichten im Hintergrund umher wie in diesem Winkel am Big Bend. Und nur ein kleiner Teil davon ist bisher aufgeschrieben. Lohnt sich vielleicht auch gar nicht. Übrigens, wo wollten Sie denn heute noch hin?«

Die Zwischenfrage erfolgte ganz plötzlich. Auch ich schob mir mei-

nen – nicht so texanisch breitkrempigen – Hut aus der Stirn, mußte überlegen, antwortete zögernd:

»Ja, zum Mariscal und weiter zum Bouquillas und dann zurück nach Stockton.«

»Nach Stockton? Was Sie sagen! Da muß ich heute abend auch noch hin. Muß mich morgen früh dort bei meiner Dienststelle melden. Haben Sie schon ein Quartier?«

»Ja, im Best Western Sands Motel.«

»Der einzige ordentliche Platz in der Stadt, da wohne ich auch. Der Weg zum Mariscal – ich kann Ihnen nur abraten; es könnte Ihnen passieren, daß Sie in einem der Arroyos hoffnungslos hängenbleiben – und da kommt womöglich erst in zwei Wochen oder im nächsten Frühling jemand vorbei. Zum Bouquillas haben Sie keine Schwierigkeiten. Aber bis dahin regnet es längst und Sie sehen gar nichts. Nach Stockton von hier, hundertfünfzig Meilen, zweihundertvierzig Kilometer, wie die Kanadier jetzt rechnen. Wir kommen sowieso in die Nacht hinein. Wenn Sie nichts Besseres vorhaben – wir könnten zusammen zu Abend essen und vielleicht einer Flasche den Hals brechen –?«

Es wäre ein Verstoß gegen die wichtigsten Regeln meines Handwerks gewesen, wenn ich dieser Einladung nicht gefolgt wäre. Dieser Mr. Schuber war mir immer sympathischer geworden; er steckte sicherlich voller Geschichten. Und erzählte Geschichten habe ich von jeher viel lieber als er-lesene.

Doch ich glaube, es wäre verkehrt und Verschwendung von Zeit und Platz, nun in allen Einzelheiten mein langes Nachtgespräch mit dem sehr belesenen und wohlinformierten Grenz- und Zollwächter Joseph Schuber – sprich Skjuber – wiederzugeben. Er war in der Tat voll von alten und neuen Geschichten, wenn er auch manches berichtete, was ich schon wußte. Hatte ich mich doch schon seit Jahren mit dieser weitab vom üblichen Wege liegenden Wüstengegend beschäftigt, die wie die allermeisten »Wüsten« dieser Erde keine absolute Wüste ist, wenn man's genau nimmt. Als »Wüste« wird in Amerika ein Landstrich angesprochen, der nicht mehr als vier Zoll, das heißt rund zwölf Zentimeter Niederschlag im Jahr empfängt. Selbst im Todestal gibt es Pflanzen-

wuchs. Der Boden darf nur nicht allzu sehr versalzen sein und nicht aus lockerem Dünensand bestehen, den der Wind in ständiger Bewegung hält.

Ich will also lieber vom Big Bend des Rio Grande, der auf der mexikanischen Seite Rio Bravo del Norte genannt wird, sich aber weder um den einen noch den andern stolzen Namen kümmert, berichten. Mr. Schuber bot mir Gelegenheit, wenigstens einen meiner Informanten auftreten zu lassen, womit ich aber zugleich auch meinen Dank an viele andere wenigstens angedeutet haben will.

Ich frage mich oft, warum von einem dürren und abweisenden Land, wie dem am Big Bend, eine solche Lockung und Verzauberung ausgehen kann, wie z. B. ich sie schon spüre, wenn ich nur seinen Namen ausspreche. Es geht mir nicht allein so. Jener vorzügliche Mr. Schuber, dessen Vorfahren aus Bavaria stammten, gehörte ganz und gar in den wahrscheinlich relativ sehr engen Kreis von Leuten, die der Faszination erlegen sind, die von dem großen Strom ausgeht: Den in vollem Wortsinn unglaublichen Schluchten, die er in die Felsgebirge gegraben hat, und von den wahrhaft grandiosen Gipfeln, Wänden, den tief gebuchteten Tälern, den unendlichen Sichten von den vielen Paßhöhen, welche der Rio Bravo in seinem gewaltigen, nach Süden zugespitzten Dreieck wie ungebärdige wilde Langhorn-Stiere in einem Tausende von Quadratmeilen umfassenden Pferch vereinigt hat, ob sie es nun wollen oder nicht.

Aber die vergleichsweise wenigen Reisenden, die sich in diesen abgelegenen Winkel der USA verirren, werden wohl alle, wenn sie wieder in New York, Chicago oder San Francisco ihren Geschäften nachgehen, noch lange von einer unbestimmten Sehnsucht beunruhigt werden, abermals und nicht zum letztenmal die Grafschaften Presidio und Brewster, die das Big Bend-Land umfassen, wiederzusehen, sich zu verlieren in der scheinbar grenzenlosen Weite, der grandiosen Leere und dem dunklen Frieden dieser Gebiete, über denen eine schwermütige Gelassenheit, ein erhabener Gleichmut zu schweben scheint, ein Saum von verhalten strahlenden, goldfarbenen Lichtern.

Man hat, besonders in vergangenen Jahren, die USA das Land der Individualisten genannt, wo jeder machen kann, was er will, solange er

die Nachbarn – soweit überhaupt vorhanden – nicht belästigt. Wenn das für die Gesamtheit der Staaten gilt oder galt, dann ist das Big Bend-Gebiet in Texas die amerikanischste Gegend ganz Amerikas. Denn hier um die und in den Chisos-, den Del Norte- und Santiago-, den Davis-, Chinati und Del Carmen-Gebirgen, in diesem freien, zügellosen Land »westlich des Pecos« (des großen, von Norden heranstrebenden Nebenflusses des Rio Grande, der vor nicht allzu vielen Jahrzehnten den schon einigermaßen geordneten, »unter das Gesetz gezwungenen« Teil von Texas von seinen im Wortsinne »wilden« Landstrichen weiter im Westen – eben vom Big Bend-Gebiet – trennte), hier unter hohem Himmel und in sehr leichter Luft, mit Hunderten von Verstecken und kaum zu entdeckenden Schlupfwinkeln und einer nicht zu verschließenden Grenze zu den leeren Nordprovinzen, das wildeste Mexiko zum Greifen nahe und leicht zu erreichen: Hier tat sich von jeher ein Paradies für Einzelgänger auf. Und daran hat sich auch heute noch nicht viel geändert, wenn man auch nicht mehr damit zu rechnen braucht, Wegelagerern, Desperados jeder Art, in den Weg zu laufen.

Vor hundert Jahren wurde das Big Bend-Land vom übrigen Texas durch den Schienenstrang einer der Eisenbahnen, die im amerikanischen Westen vielfach Geschichte gemacht haben, abgegrenzt, in diesem Fall der Southern Pacific, die es unternahm, die großen, aus der alten spanischen Zeit in die Gegenwart hinüberwachsenden Städte San Antonio im Osten mit El Paso im Westen zu verbinden und sich von wüstenwilden Landschaften dazwischen, denen des Big Bend, nicht schrecken zu lassen. An diesem Schienenstrang entstanden die Städte, besser Städtchen, mit denen bis zum heutigen Tage der Big Bend aufzuwarten hat, nur drei an der Zahl, von Westen nach Osten Marfa, mit nicht einmal dreitausend Einwohnern, Alpine, die stolze und reiche Siedlung mit sechstausend Bewohnern und dem noch stolzeren Sul Ross State College, und schließlich Marathon, das es, so wichtig es in der Vergangenheit gewesen sein mag, heute nicht einmal mehr auf tausend Einwohner bringt.

Wie leer das Big Bend-Land außerhalb dieser drei städtischen Siedlungen sich bietet, läßt sich daraus ablesen, daß die beiden Counties (Grafschaften), die das Big Bend-Gebiet bilden, insgesamt nur ca.

13.000 Einwohner zählen. Rechnet man die Bewohner der Städte ab, so bleiben etwa dreitausend Seelen übrig, die sich auf die rund zwanzigtausend Quadratkilometer des Big Bend-Gebiets verteilen, was einer Durchschnittsdichte von 0,15 Menschen pro Quadratkilometer gleichkommt. Mit anderen Worten: auf hundert Quadratkilometern des Big Bend-Landes (von den drei »Städten« abgesehen) wohnen fünfzehn Menschen. Eine so geringe »Dichte«, besser »Dünne« der Besiedlung können wir uns im engen Europa gar nicht vorstellen.

Sicherlich besteht einer der großen Reize dieses großen, wilden und harten Landes darin, daß sich Grundzüge des amerikanischen Westens besonders deutlich in seiner Natur und auch im Wesen seiner Bewohner offenbaren, und daß die Big Bend-Region tief ins Mexikanische hinein vorstößt, was mit zur Folge hat, daß sich hier anglo-amerikanische und spanisch-indianische Besonderheiten miteinander vermischen. Sie vermischen sich, aber sie vereinen sich nicht, sie bleiben getrennt, da sie zu verschieden voneinander sind. Allein schon an den Ortsnamen läßt sich viel erkennen; da steht der Agua Fria-Berg neben dem Hen Egg-Berg, der – spanisch – Kaltwasser-Berg, neben dem – englisch – Hühnerei-Berg, fließt der Maravillas-Fluß (spanisch: Wunder, Staunen) neben dem Calamity-Fluß (englisch: Unheil, Elend).

Die beiden Arten von Amerikanern, die, die nördlich des Rio Grande zu Hause sind, und die, die sich südlich davon auf kargem Boden durchzuschlagen versuchen, kamen nie recht miteinander aus und verstehen sich auch heute noch nicht besonders gut. Und beide verstanden sich sehr schlecht mit den kriegerischen Indianern, die sich im Big Bend-Land als die angestammten Herren fühlten, den Comantschen und den Apatschen (wenn man diese Namen ein wenig eindeutschen will). Der Rio Grande bildete keine undurchlässige Grenze zwischen dem spanischsprechenden, aber halb oder ganz indianischen Mexiko und dem englischsprechenden Texas, das seit dem Vertrag von Guadaloupe-Hidalgo wenigstens auf dem Papier ein Teil der Vereinigten Staaten geworden war. Die Mexikaner hofften, daß die blutigen Raubzüge der Comantschen vom Big Bend bis in die Provinz Durango hinunter von den Amerikanern unterdrückt werden würden, waren doch die Amerikaner nun für ihre neuen Untertanen, eben die Comantschen,

verantwortlich. Aber die Indianer wußten nichts von dem Vertrag, den Mexiko und die Vereinigten Staaten 1848 geschlossen hatten. Die Apatschen des Big Bend-Gebietes huldigten nach wie vor der unfreundlichen Sitte, jeden Weißen, jeden Fremden überhaupt, seiner Kopfhaut zu berauben, der sich in das große Dreieck des Big Bend vorwagte. Und die Raubzüge der Comantschen ins Mexikanische hinein wiederholten sich so regelmäßig Jahr für Jahr, daß die Heerstraße dieser wilden Steppenreiter, die von den Prärien im Norden auf die Südspitze des Big Bend-Gebietes zielte, der »Comanche War Trail«, der »Comantschen Kriegspfad«, heute noch erkennbar ist; er bildet auf der mexikanischen Seite die Grenze zwischen den mexikanischen Provinzen Chihuahua und Coahuila.

Die Amerikaner hatten jahrzehntelang alle Hände voll zu tun, mit den Indianern fertig zu werden. Noch 1882, als die Southern Pacific den Schienenstrang von San Antonio nach El Paso legte, mußten amerikanische Soldaten jede Meile der Trasse, die für das Dampfroß ausgelegt wurde, von den Indianern freikämpfen. Erst die Eisenbahn besiegelte den Untergang der Indianer, die seit dem Jahre 1536, in welchem die ersten Spanier von Süden her ins Big Bend-Land vorzudringen versuchten, das Gebiet gegen die Weißen ebenso erbittert wie erfolgreich behauptet hatten.

Als dann aber einer der letzten großen Häuptlinge der Apatschen, Magoosh, von New Mexico im Westen des Big Bend-Gebiets mit einer Horde von wilden Kriegern einfiel, um die wenigen amerikanischen und mexikanischen Rancher, die sich im Großen Knie des Rio Grande niedergelassen hatten, auszurauben und zu erschlagen, kam ihm und seinen Reitern vom fernen Horizont her ein schwarzes, riesiges Ungetüm entgegen, blies dicke, schwarze Rauchwolken in die Luft, rasselte, fauchte und kreischte entsetzlich. Diesem fürchterlichen Zauber der Weißen fühlten sich die Indianer nicht gewachsen. Sie warfen ihre Pferde herum und flohen vor dem Grausen erregenden Untier, nicht landein, sondern entlang dem Schienenstrang; sie hatten es eilig, die nächste Siedlung der Weißen zu erreichen und sich dort zu ergeben. Magoosh keuchte, daß er und die Seinen von einem schwarzen eisernen Pferd verfolgt würden, dem die indianischen Gäule nur mit Müh und

Not entgangen wären. Nie wieder wollten er noch seine Männer den entsetzlichen magischen Gewalten der Weißen Widerstand leisten!

In der Tat, die Indianer sind so ganz und gar aus dem Big Bend-Land verschwunden, daß man weder die Berichte vom »Comantschen Kriegspfad« noch von den gnadenlos skalpierenden Apatschen heute noch glauben möchte. Und doch ist es gerade erst hundert Jahre her, daß ihnen allein die weiten Gebiete um die Chisos-Berge gehörten. Heute erinnert nur noch das »Fort Davis National Monument« am Nordrand des Gebiets daran, daß von dieser 1854 unter schweren Kämpfen gegründeten Wildnis-Festung her das Land allmählich »befriedet«, das heißt für die langsam einsickernden weißen Siedler, Viehzüchter, Prospektoren und Händler gesichert wurde – und damit die Indianer ihrer »älteren Rechte beraubt« worden sind.

Dies darf nicht allzu anklägerisch verstanden werden, denn die Indianer selbst fanden es auch unter sich ganz selbstverständlich, daß der stärkere Stamm den schwächeren vertrieb, ausplünderte und ausrottete, wo sich eine Erfolg versprechende Gelegenheit dafür anbot. Die Comantschen hatten die – schwächeren – Apatschen von jeher drangsaliert, wo sie nur konnten. Heute ist weder von dem einen, noch von dem anderen Stamm eine Spur im Big Bend-Land zurückgeblieben. Statt dessen vermehren sich nun wieder – besonders in dem zum Wildnis-Museum erhobenen Big Bend National Park – die alten Räuber, die schon vor den Amerikanern, den Texanern, den Mexikanern, den Indianern und den Anasazi hier ihr Wesen oder Unwesen trieben: der Puma (Silberlöwe, Berglöwe), der Coyote und sogar ein paar Bären. Der einstmals gefürchtete Lobo-Wolf (Wald- oder Grauwolf) wird nicht wiederkehren, er wurde gründlich ausgerottet. Am gefährlichsten von allen tierischen Räubern ist der Gold-Adler (Golden Eagle), ein wunderbares Tier mit einer Spannweite der Flügel von zwei bis zweieinhalb Metern. Die Adler haben in der Lammzeit den Schafzüchtern schwere Verluste zugefügt, holten sich jeden Tag ein eben geborenes Lamm aus den großen Herden im Norden des Big Bend-Gebiets. Auch Antilopen und Kälber fallen zuweilen den Adlern zur Beute. Die Adler haben Jahrzehnte hindurch die Schafzucht im Big Bend zu einem sehr riskanten Geschäft gemacht, so groß waren die Verluste, die sie den

Herden in der Lammzeit zufügten. Aber seit man die gefiederten Räuber mit kleinen Flugzeugen verfolgt und systematisch in der Höhe abschießt, können die Schafzüchter ruhiger schlafen.

An klaren Tagen kann man die Adler, fast stets zu zweien, ihre hohen Kreise ziehen sehen, im Aufwind vor einer Berglehne, mit ausgebreiteten Flügeln, winzig anzuschauen, aber sehr scharf gezeichnet und in der Silhouette unverkennbar. Bis dann einer von ihnen plötzlich die Flügel an den Leib faltet und schneller als ein fallender Stein zur Erde hinunterstößt – und damit gewöhnlich den Blicken entschwindet. Ein Kaninchen, eine Schlange oder gar ein Lämmchen muß dann sein Leben lassen, um das Leben der Adler und ihres überaus gefräßigen Nachwuchses zu erhalten.

Der Rio Grande in seinem Big Bend ist – sieht man genauer hin – von jeher eine »brennende Grenze« gewesen, und ist es auch heute noch, da es den Amerikanern nicht gelingen will, ihr Staatsgebiet wirksam gegen den ständigen Übertritt von illegalen Einwanderern aus Mexiko abzuschirmen.

Am schlimmsten mag es am Big Bend zugegangen sein, als die Leute in Mexiko die spanische Herrschaft, die dort gut drei Jahrhunderte bestanden hatte, abschüttelten und sich selbständig machten, ohne sich recht darüber einig werden zu können, wer nun eigentlich das der Mehrzahl seiner Bevölkerung nach immer noch indianische, wenn auch oberflächlich christianisierte Land regieren sollte. Die Spanier hatten den Indianern noch einigen Respekt abgenötigt; vor den Mexikanern fürchteten sie sich überhaupt nicht, verachteten sie und zogen ihnen nur deshalb nicht die Skalpe vom Schädel – wenigstens nicht allen –, weil sonst niemand übrig geblieben wäre, der die langhornigen Rinder herangezogen hätte, von denen die Apatschen ebenso wie die Comantschen sich Jahr für Jahr ihren Anteil raubten.

In der mexikanischen Zeit des Big Bend-Landes (1821–1848) mußten die mexikanischen Gouverneure und Kommandanten erkennen, daß sich die grobschlächtigen Kerle, die langsam, aber in ständig steigender Zahl an den Rio Grande von Osten heranrückten, von den berittenen Indianern nicht einschüchtern ließen wie die allermeisten ihrer mexikanischen Untertanen. Deshalb heuerte der Oberste Militär von

Chihuahua eine Schar von Amerikanern an, die auf dem Wege nach Kalifornien waren, um dort nach Gold zu suchen oder sich auf andere Weise für den weiten Weg von Kentucky und Tennessee zu entschädigen. Der mexikanische Kommandant bot den Glücksrittern eine solche Gelegenheit: Sie sollten für Chihuahua im Big Bend-Gebiet indianische Skalpe, die der gefürchteten Apatschen, jagen. Er bot hundert Dollar für den Skalp eines Apatschen-Kriegers, fünfzig für den einer Squaw und fünfundzwanzig für den eines Apatschen-Kindes. Die Gringos aus dem Norden machten eine Menge Geld, zogen aber ab, noch ehe sie alle Apatschen massakriert und ihrer Skalplocken beraubt hatten. Natürlich nahmen die Apatschen, als die Americanos ihnen nicht mehr nachstellten, an den armseligen mexikanischen Siedlern blutige Rache.

Weiter wird erzählt, daß in der Blütezeit des Krieges aller gegen alle – Amerikaner gegen Mexikaner und Indianer, Mexikaner gegen Indianer und Amerikaner, Apatschen gegen Comantschen, Amerikaner und Mexikaner – und umgekehrt! – der Gouverneur einen als besonders treffsicher und furchtlos bekannten Lederstrumpf, einen der allgegenwärtigen und unverwüstlichen Söhne der Grünen Insel Irland, in seine Dienste nahm und ihm die nur von einem Iren zu bewältigende Aufgabe übertrug, alle noch übrig gebliebenen Apatschen abzuschießen. Er sollte nach Skalpen bezahlt werden. Der Ire machte sich ans Werk und das so erfolgreich, daß er schließlich an die dreißigtausend Dollar einzufordern hatte, ein Vermögen für die damalige Zeit. Doch zog er den kürzeren. Der Gouverneur sah sich die Skalpe genauer an und entdeckte, daß sie längst nicht alle von indianischen Köpfen stammen konnten, sondern einst auf mexikanischen gewachsen waren. Mexikaner sind zwar auch Indianer, wenn sie sich auch vielfach mit Spaniern mischten, und ihr Haar ist genau so tiefschwarz, wie das der wilden Indianer, in diesem Fall der Apatschen. Aber an der Haartracht oder am Schnitt mochte der Gouverneur erkannt haben, daß der Killer es mit der Auswahl seiner Skalp-Lieferanten nicht sehr genau genommen hatte und sich seine Skalplocken dort verschafft hatte, wo sie am leichtesten einzuheimsen gewesen waren. Es wird nicht berichtet, ob der irische Indianertöter die eigene Haut unversehrt hat in Sicherheit

bringen können. Ich nehme jedoch an, daß ihm das gelang. Die Iren sind zäh und schlagen sich immer durch.

Erst als das Big Bend-Land amerikanisch geworden und der Rio Grande von El Paso ab bis zum Golf von Mexiko, wo er bei Brownsville im Salzwasser vergeht, zur Grenze erklärt worden war, zogen auch im Big Bend-Gebiet allmählich Ruhe und Ordnung ein, wie sie von den Amerikanern verstanden wurden. Die Hauptrolle bei der Befriedung des Landes spielte dabei das schon erwähnte Fort Davis am Nordrand des Big Bend-Landes. Das heute wiedererstandene Fort, das man nicht missen sollte, wenn man sich mit dem Big Bend vertraut machen will, wurde unweit des Oberlaufs des Limpia-Baches errichtet, der nach Norden dem Pecos-River zustrebt.

Dort steht noch heute am Fuße eines Hügels zwischen Bach und Fort ein Gedenkstein aus Granit; die Inschrift lautet:

»Here lies Indian Emily, an Apache girl, whose love for a young officer induced her to give warning of an Indian attack. Mistaken for an enemy she was shot by a sentry but saved the garrison from massacre.«

Auf deutsch: Hier liegt Indianer-Emilie, ein Apatschen-Mädchen, dessen Liebe zu einem jungen Offizier sie bewog, vor einem Angriff der Indianer zu warnen. Sie wurde fälschlich für einen Feind gehalten und von einem Wachtposten erschossen, doch bewahrte sie die Garnison vor einem Blutbad.

Dieses kleine Denkmal erhält die Erinnerung an eine alte Geschichte wach, die zwar ein wenig sentimental anmutet, was ihr aber nichts von ihrem Gehalt an historischer Wahrheit nimmt:

Während des blutigen amerikanischen Bürgerkrieges der Südstaaten gegen die Nordstaaten (1861–1865) war Fort Davis nicht bemannt. Texas hatte sich für die Sache der Südstaaten entschieden, und die Soldaten wurden anderswo dringender gebraucht als im Big Bend, wo sie nur ein paar amerikanische und mexikanische Siedler und Rancher vor den Indianern zu schützen hatten. Die Apatschen nahmen die Gelegenheit sofort wahr und verschanzten sich wieder in ihren alten Hochburgen in und um das Chisos-Gebirge, entschlossen, der zäh fortschreitenden Inanspruchnahme ihrer alten Jagdgründe durch die Weißen ein Ende zu bereiten.

1867 wurde Fort Davis abermals von amerikanischen Truppen besetzt, um die Indianer erneut unter Kontrolle zu bekommen. Die Indianer dachten nicht daran, den Kampf aufzugeben; sie hatten sich bereits wieder als die Herren des Landes gefühlt. Eines Morgens griffen sie die Siedlung und Fort Davis überraschend mit großer Übermacht an und erkämpften sich im Nu mit gellendem Geschrei den Zugang zu den wenigen Gassen der Siedlung und des Forts.

Glücklicherweise hatte sich am Abend zuvor bei dem Fort eine größere Kolonne von Frachtwagen mit vielen Kutschern und Wächtern eingefunden, die auf dem Wege nach Chihuahua waren und unter den Wällen und Palisaden des Forts einen Rasttag einlegen wollten. Die Besatzung der kleinen Wildnisfestung war also durch einige Dutzend kampferfahrener, bewaffneter Männer verstärkt – wovon die Indianer nichts gewußt hatten. Nach kurzem Gefecht schon fiel die Entscheidung. Die Apatschen erlitten schwere Verluste und wandten sich schließlich zu kopfloser Flucht. Entgegen ihrer sonstigen Regel ließen sie sogar ihre Verwundeten in den Straßen der Siedlung und des Forts liegen.

Unter den Opfern des Scharmützels befand sich auch ein junges indianisches Mädchen, das die Indianer als eine Art lebenden Talisman mit in den Kampf genommen hatten. Das armselige, waffenlose Kind dauerte eine Mrs. Easton, die ihrem Sohn, einem amerikanischen Offizier der Garnison, im Fort die Wirtschaft führte; sie nahm sich des verletzten Mädchens an und pflegte es gesund, gab ihr auch einen neuen Namen, nannte sie Emily.

Der jungen Indianerin gefiel es unter den Weißen (wozu es ja in der amerikanischen Frühgeschichte durchaus eine ganze Reihe von Parallelen gibt).

Indian Emily, wie sie bald allgemein genannt wurde, blieb im Hause der Eastons, machte sich nützlich und gehörte schließlich mit zur Familie. Wir wissen nicht, ob es die Dankbarkeit gegenüber Mrs. Easton oder eine verhalten keimende Liebe zu Tom Easton, dem Sohn, gewesen ist, von der Indian Emily zwei Jahre lang an das Fort gefesselt wurde. Wir wissen nur, daß sie eines Nachts aus Fort Davis verschwand und auch nicht wiederkehrte; am Tag zuvor hatte sich Tom Easton mit einer

Mary Nelson verlobt, einem schönen Mädchen, das einige Wochen zuvor in der Siedlung mit ihren Eltern zugezogen war.

Die Indianer dachten nicht daran, sich endgültig geschlagen zu geben. In aller Heimlichkeit bereiteten sie einen zweiten Angriff vor, verhielten sich aber nach außen hin ruhig. Im Fort meinte man, die Indianer hätten endgültig darauf verzichtet, sich durchzusetzen. Der kommandierende Offizier hielt es für ausreichend, des Nachts einige Posten aufzustellen, die notfalls Alarm schlagen würden, obgleich man wußte, daß die Indianer gewöhnlich beim Morgengrauen mit falkenhafter Schnelle wie aus dem Nichts angriffen.

Einer dieser Wachtposten schlief nicht in einer mondlosen Nacht. Er erkannte im blassen Sternenlicht einen Schatten, der leichtfüßig dem Tor des Forts zueilte. Das war nicht erlaubt. Er rief sein »Halt! Stehenbleiben«. Und als dies nichts fruchtete, riß er sein Gewehr an die Backe und feuerte. Der Schatten stieß einen Schrei aus und sank in sich zusammen. Dem Soldaten fuhr ein kalter Schrecken ins Herz, denn der Schmerzensschrei war unverkennbar aus einem weiblichen Munde gedrungen.

Der Schuß hatte die Garnison geweckt. Man brachte das verwundete Mädchen, glücklicherweise – für den Schützen – »nur« eine Indianerin, in das kleine Lazarett des Forts. Im Licht der Kerzen erkannten die Männer, daß sie in der tödlich Verletzten jene Indian Emily vor sich hatten, die bei Mrs. Easton gedient hatte. Mrs. Easton, die schnell herbeigerufen worden war, versuchte die keineswegs vergessene Indianerin zu trösten, wollte wissen, warum sich Emily der Gefahr ausgesetzt hatte, von den Posten entdeckt zu werden. Die Sterbende flüsterte:

»Bei Morgenlicht meine Leute kommen, alle hier zu töten. Ich habe unsere Krieger bei der Beratung belauscht. Ich bin wiedergekommen, euch alle zu warnen, damit Tom nicht sterben muß!«

Mit ihrem nicht zu stillenden Blut rann ihr Leben davon. Um jenes Tom Easton willen, der eine andere geheiratet hatte, war sie der Rache ihres Volkes zuvorgekommen und hatte ihre Leute zu einer zweiten Niederlage verdammt – von der sie sich dann nicht mehr erholten. Als die Indianer am nächsten Morgen angriffen, wurden sie so heiß empfangen, daß schon beim ersten Ansturm die Hälfte der Indianer von

Schrapnells und Gewehrkugeln vom Pferd gefegt wurden. Einen zweiten Ansturm gab es nicht. Die Weißen waren anscheinend den Indianern stets um einen Schritt voraus. Die Indianer mußten einsehen, daß gegen die alles wissenden und stets kampfbereiten Americanos kein Kraut gewachsen war.

In der Tat, es war kein Kraut gegen den unablässig nachdrängenden Weißen Mann gewachsen. Wenn auch das Texas »west vom Pecos« – und das Big Bend-Gebiet insbesondere – noch lange in dem Rufe stand, ein gefährliches und höchst ungastliches Terrain zu sein, so fanden sich doch Männer genug, die gerade deshalb hier ihre »große Chance« suchten. Die großen Ranches von heute gehen zu einem großen Teil auf solche wagelustige Einzelgänger zurück, die sich hundert Quadratkilometer absteckten und erklärten: »Dies ist mein – und wenn es trotzdem jemand beansprucht, so bekommt er es mit mir zu tun!«

Drüben, das Land Mexiko, kam nicht zur Ruhe. Die Revolutionen, Umstürze, der Straßenraub größten Stils nahmen kein Ende. Das halbwilde Vieh von den großen Besitzungen verlief sich, da die Vaqueros, die mexikanischen Cowboys, zu den Revolutionären stießen und die spanischen Herren, so weit sie nicht totgeschlagen wurden, ihr Heil in der Flucht suchten. Die Viehherden zerstreuten sich auch über den Rio Grande ins Amerikanische hinüber, soweit sie nicht von den Rebellen übernommen und verschleudert wurden, wofür allein die Leute von der Nordseite des Rio Grande als Aufkäufer in Frage kamen. Und Jungtiere, die noch kein Brandzeichen trugen, durften ohnehin von jedermann, der sie einfing, gebrandet und damit als Eigentum beansprucht werden. Wer also die wüsten Verhältnisse in diesem Grenzland neben einem jahrzehntelang brodelnden, mehr oder weniger gesetzlosen Nachbarland ohne große Bedenken zu nutzen wußte, der konnte den Grundstein zu einem soliden Besitz an Land und Vieh legen. Manch einer war erfolgreich. Seine Enkel und Urenkel gehen auf das College in Alpine und später auf die Universität in Austin oder San Antonio, spielen eine Rolle in den Verbänden und in der Politik. Nach den Anfängen der großen Vermögen in den achtziger und neunziger Jahren des vorigen Jahrhunderts fragt längst niemand mehr.

Um die Jahrhundertwende bis über den Ersten Weltkrieg hinaus verwandelte sich das wilde Land im Big Bend in ein Rückzugsgebiet für mexikanische und amerikanische Banditen, die mindestens ebenso gefährlich, wenn nicht gefährlicher waren, als es in den Jahrzehnten zuvor die inzwischen sehr nachdrücklich »befriedeten« und aus dem Land gewiesenen Indianer gewesen waren. Die ordentlichen Leute im Lande, die auf ihren einsamen Ranches nur auf sich und ihre wenigen Viehhirten angewiesenen Schaf- und Rinderzüchter, hatten einen schweren Stand. Die Staatengrenze nahm niemand recht ernst, und die blutigen Auseinandersetzungen flackerten hinüber ins Mexikanische und herüber ins Texanische, und es bedurfte wahrlich eisenharter Sheriffs, oft genug auch des regulären Militärs, um mit den Räuber- und Schmugglerbanden, die sich in den Bergen unauffindbar verbergen konnten, einigermaßen fertigzuwerden. Auf der mexikanischen Seite loderte der Aufruhr jahrelang und züngelte unablässig bei Ruidoso, bei Presidio, bei Lajitas, bei Bouquillas über den Rio Grande ins Big Bend-Gebiet hinüber. Auf der mexikanischen Seite hatte der berüchtigte Pancho Villa, halb Räuber und »Befreier der Armen«, halb Revolutionsgeneral das Heft in der Hand, schlug sich, meistens erfolgreich, mit der sogenannten mexikanischen Armee herum, aber kümmerte sich nicht viel um amerikanische Rechte oder Ansprüche.

Mit List und rücksichtsloser Tatkraft drängte Pancho Villa eine ganze mexikanische Armee, die sich in grotesker Panik selbst große Verluste zugefügt hatte, bei Presidio über die Grenze ins Texanische, wo sich die Armee einschließlich ihres Generals Mercado aufatmend den Amerikanern ergab, denen nichts anderes übrig blieb, als sich dieser »Armee« von etwa 3.500 Regulären und über tausend dazugehörigen Frauen und Kindern und weiteren nicht gezählten Hunde, Ziegen und Hühner anzunehmen. Im Januar 1914 wurde das ganze Aufgebot nach Marfa in Marsch gesetzt, an die hundert Kilometer zu Fuß, um dort über die Southern Pacific nach El Paso in ein Internierungslager gebracht zu werden. Die Amerikaner sorgten dafür, daß die Leute gut zu essen bekamen, und das armselige Soldatenvolk aus Mexiko meinte, daß es ihm noch nie so gut gegangen wäre wie in der Internierung durch die Amerikaner.

Ein paar tüchtige Amerikaner sind bei dieser Verhaftung einer ganzen Armee reich geworden, das waren die Rancher Zack und Joe Miller. Sie kauften für nur 45.000 Dollar die gesamte Ausrüstung der Truppen des Generals Mercado, wozu die mexikanische Regierung in Mexico City sogar ihre Zustimmung gab. Gewehre, Kanonen, Munition, Proviant, Ausrüstung, Pferde, Esel, Maultiere, Sättel, Geschirre, viele Karren und Wagen gehörten im Handumdrehen den Millers. Es wird glaubhaft berichtet, daß die Millers insgesamt 65.000 Dollar aus dem Verkauf erzielten, also mit einem Verdienst von 20.000 Dollar nach Hause fahren konnten – für die damalige Zeit, in welcher der Dollar noch so gut wie Gold war, ein schöner Batzen schnell verdienten Geldes.

Auf diese Weise könnte man ein Buch lang wilde und heitere, bösartige und spannende Geschichten aus dem Big Bend-Land erzählen. Die Nachfahren der alten Haudegen und Glücksritter sind längst ehrbare Amerikaner geworden, bewohnen schöne, komfortable Landhäuser in Alpine oder Fort Stockton und ebenso angenehme auf ihren königlich weiträumigen Ranches. Es gibt keine Banditen mehr im Big Bend. Was von den Indianern noch übrig ist, wurde in weit entfernte Reservationen eingesperrt. Pancho Villa wurde auf beiden Seiten des Rio Grande zur Legende. Die mexikanischen Bauern glauben auch heute noch daran, daß der Räuberhauptmann, der ihre Sache zu der seinen gemacht hatte, die magische Kraft besaß, sich in einen großen Hund zu verwandeln, der die gegnerischen Generäle notfalls in die Waden biß und sie kampfunfähig machte. Aber wenn auch Mexiko inzwischen zur Industrie- und Erdölmacht aufgestiegen ist, so geht es den armseligen Peones in Coahuila oder Chihuahua nicht viel besser als früher; sie versuchen scharenweise, sich über den Rio Grande in die gelobten Estados Unidos hinüberzuschmuggeln, wo man zwar genauso schuften muß wie daheim, aber wenigstens gute Dollars dafür bekommt.

Auch die romantischen Longhorns sind dahingeschwunden. An ihre Stelle sind Hereford-Rinder getreten, die viel schneller fett werden und viel schmackhaftere Steaks liefern. Die Herefords würden die langen Märsche zur Eisenbahn gar nicht ausgehalten haben, während die zähen Longhorns sie mühelos überstanden; diese waren hinterher nicht

wesentlich magerer als vorher, während die hochgezüchteten Herefords leicht »vom Fleisch fallen«. Aber heute brauchen sie nicht mehr zu marschieren wie die Longhorns, von Cowboys der legendären alten Sorte bewacht und getrieben, sondern werden mit großen Viehtransportern an die Bahn oder gleich in die Schlachthäuser nach El Paso oder Dallas gekarrt.

Es versteht sich beinahe von selbst, wenn man ein wenig von den Vorurteilen im amerikanischen, manchmal wirklich ziemlich »wilden« Westen um die letzte Jahrhundertwende weiß, daß die Männer, die sich im Großen mit der Aufzucht von Rindern beschäftigten, in bitterer Feindschaft mit jenen andern, ebenso unverdrossenen und risikofreudigen Männern lebten, die sich der Produktion von möglichst vielen Schafen, beziehungsweise ihrer Wolle widmeten, die an den Rücken, Flanken und Bäuchen dieser geduldigen Tiere erstaunlicherweise immer wieder nachwächst, wie oft sie auch abgeschoren wird.

Von dieser merkwürdigen Feindschaft zwischen Rinderleuten und Schafleuten erzählen auch die Geschichten aus der Frühzeit des Steens Mountain Landes, des Hochlands im zentralen Arizona und des nördlichen Nevada. Ich habe nicht dahinter kommen können, ob diese Feindschaft reale, mit dem Verstand zu erfassende Ursachen hatte, oder ob sie lediglich auf den unleugbaren Tatbestand zurückzuführen ist, daß Männer, die ihr Leben lang mit halbwilden Rindern und entsprechend beweglichen, leichtfüßigen Pferden umgehen, nach Temperament und Charakter ganz anders geartet sein müssen als solche, die mit den geduldigen Schafen verkehren, Tieren, die man selbst in großen Herden mit ein oder zwei klugen Hunden zusammenhalten kann, die sich dem Scherer willig ergeben und stillhalten, ohne daß man sie mit dem Lasso fangen und werfen muß, wenn ihnen die kostbare Wolle heruntergeschoren wird, Schafe, die zu fünfhundert oder mehr Tieren von einem einzigen Hirten, der nicht einmal beritten zu sein braucht und des Nachts ganz allein in seinem fahrbaren Häuslein neben seinen Tieren und mit ihnen schlafen kann, ohne je fürchten zu müssen, aus seiner Herde angegriffen und auf die Hörner genommen zu werden.

Die Rinder der Steppe sind ihrer Natur nach – besonders waren es die bösartigen Longhorns der Vergangenheit – so verschieden an Charak-

ter von den Schafen der Steppe, daß auch die Männer, die sich ihre Zucht und Pflege angelegen sein ließen, ganz verschieden geartet sein mußten. Wenn sie es nicht von Anfang an waren, dann wurden sie es mit der Zeit, denn die Lebens- und Wesensart der Tiere, an die sie sich vierundzwanzig Stunden am Tag gebunden fühlten, wirkte auf ihre eigene menschliche Natur prägend zurück – worüber sich, nebenbei gesagt, lange spintisieren und philosophieren ließe.

Im Big Bend-Land änderte sich die notorische Feindschaft zwischen den Rinderleuten und den Schafleuten erst, als einer der »Cattle Kings«, der »Viehkönige«, im Big Bend aus der Reihe tanzte und es unternahm, auf seinem Gott allein weiß wie errungenen riesigen Landbesitz nicht nur Rindvieh, sondern auch Schafe zu züchten, allerdings getrennt auf verschiedenen Sektionen seines Landes. Und da er sich für die Wartung seiner Rinder ganz andersgeartete und geschulte Reiter aussuchte, als es die Hirten waren, die sich seiner Schafherden annahmen, da er von Anfang an den Cowboys einerseits, den Sheepherders, den Schafhirten, andererseits jede Gelegenheit nahm, ihre gegenseitige Verachtung tätlich werden zu lassen, so hatte er großen Erfolg, wurde ein sehr reicher Mann und also ein Vorbild (denn wer will schließlich nicht reich werden, in Amerika wie in Europa!). Sein Name ist im Big Bend unvergessen; er hieß Milton Faver. Seine Idee war ganz einfach die, das karge Grasland und Kaktusland auf seinem riesigen Landbesitz im Big Bend besser zu nutzen als bisher, denn Schafe gedeihen noch auf Weiden, die für Rindvieh schon zu mager sind, und wo Schafe den Pflanzenwuchs sauber abgefressen haben, da kann sich dann Gras entwickeln, das den Rindern behagt. Vielleicht hatte Milton Faver nur diesen einen originellen Einfall in seinem Leben – und brauchte für den Rest seines Lebens sich nur noch damit befassen, die Erträge dieses einen Geistesblitzes aufzurechnen.

Heute haben sich Vieh- und Schafzüchter im Big Bend längst wieder miteinander versöhnt. Die meisten von ihnen sind nach Milton Favers ebenso einleuchtendem wie lukrativem Vorbild – bringen die Rinder nichts ein, tun es wahrscheinlich die Schafe und umgekehrt – heute sowohl Rinder- wie Schafzüchter – und daß sie gut verdienen, sieht man an den schönen Villenvierteln in Alpine, Marathon oder Fort Stockton

und auch an der aus privaten Spenden entstandenen und erhaltenen Stätte höherer Bildung, dem sehr feudal anmutenden Sul Ross State College in Alpine.

Nun wäre aber das wunderbare Wüstenland im Big Bend* des Rio Grande nicht ein so echtes Amerika wie es ist, und noch echter der »ferne« oder »wilde Westen« der Vereinigten Staaten und das auch noch in Texas, dem Staat der »Zehn Gallonen-Hüte«, der auftrumpfenden Angeberei (»In Texas ist bekanntlich alles besser, breiter, größer und dollarträchtiger als anderswo in den Staaten!«) und der Silbersporen, wenn es dort nicht auch noch in und nicht nur über der Erde Schätze und Wunder gäbe, nach denen man etwa im armen, alten Europa lange suchen muß.

Wertvolle Mineralien wurden gefunden und werden auch jetzt noch abgebaut: Silber, Kupfer, Blei, Kohle, Marmor, Uran, Zink; auch Pottasche in großen Mengen, eines der für die Ernährung der Pflanzen so unentbehrlichen Kaliumsalze. Eine besondere Rolle hat im Big Bend der Zinnober gespielt, das leuchtend rote Mineral, dessen Farbe im Englischen Vermilion genannt wird, ein Wort, das in unzähligen amerikanischen und kanadischen geographischen Bezeichnungen vorkommt. Zinnober ist eine Quecksilber-Verbindung und, soweit ich weiß, der einzige in der Natur vorkommende Lieferant für dieses »flüssige« Metall.

Es gibt verschiedene Berichte – oder Legenden – darüber, wie der erste Klumpen reinen Zinnobers, also hochgradigen Quecksilber-Erzes, in den Besitz eines Weißen Mannes gekommen ist. Schon 1840 soll ein »Indian Trader«, ein Händler, der mit den Indianern, in diesem Fall mit den Comantschen, Geschäfte machte, den ersten Zinnoberblock gegen ein gutes Leder-Lasso eingetauscht haben. Der Name dieses Indian Trader ist mit »von Römer« überliefert. Das kann in einer englisch

---

* Big Bend – soll man im Deutschen der, die oder das Big Bend sagen? Diese schwierige Frage taucht stets auf, wenn englische Hauptwörter im deutschen Text auftreten. Ich habe mich für »der« Big Bend entschieden, wobei ich an »der« Bogen, oder »der« Haken denke. Man könnte auch »die« Bend sagen, wenn man bend lieber mit »Krümmung«, »Biegung« oder »Kurve« übersetzen will.

sprechenden Welt nicht erfunden sein, und dieser von Römer muß also ein Deutscher gewesen sein (womit wieder einmal bestätigt wird, was ich schon seit vielen Jahren und vielen Erfahrungen glaube behaupten zu müssen: In welcher entlegenen Gegend dieser Erde man auch nachforschen mag, wer von europäischer Seite dort den Anfang gemacht hat, man wird unter den allerersten mit großer Wahrscheinlichkeit auch einen Deutschen entdecken). Wer dieser von Römer gewesen ist und was ihn an den Terlingua, einen linken Nebenfluß des Rio Grande gerade außerhalb und westlich des heutigen National-Parks, verschlagen hat, wird wohl nie mehr zu erkunden sein.

Aber 1840 war es noch zu früh, um amerikanische Unternehmer zu verlocken, in einem so entlegenen, damals praktisch herren- und gesetzlosen Wüstenland Geld zu investieren, um Quecksilber zu produzieren. Die Zinnober-Vorkommen am unteren Terlingua wurden von Weißen zum zweitenmal entdeckt (die Indianer hatten sich schon seit Jahrzehnten mit dem roten Gestein angemalt, wenn sie in den Krieg zogen, ihre liebste Beschäftigung), als 1892 ein Schaf- und Ziegenhirte sich aus lauter Langeweile ein besonders rotes Stück dieses Gesteins abbrach und später einigen Freunden zeigte, die klug genug waren, die Probe verschiedenen Bergbau-Fachleuten im Staate New Mexico vorzulegen. Diese erkannten den Wert des Gesteins vom Terlingua-Fluß sofort und verkauften schließlich ihre und des Ziegenhirten Wissen um die Fundstellen am Terlingua für 125.000 Dollar an die Minen-Gesellschaft des Tom Golby und John Sharp, denen sich später die Brüder Normand aus Marfa anschlossen.

Um die Jahrhundertwende bemächtigte sich auf nicht ganz durchsichtige Weise ein knochenhart gesottener Yankee aus den Neu-England-Staaten im amerikanischen Nordosten namens Howard E. Perry der Quecksilber-Gewinnung im Terlingua-Distrikt, ließ seine ausnahmslos mexikanischen Arbeiter für einen Dollar am Tag arbeiten und das, ohne ihnen je einen Sonn- oder Feiertag zu gewähren, also 365 Tage im Jahr. Die ausgezeichnete Kennerin des Big Bend-Landes, Virginia Madison, hat errechnet*, daß es diesen überaus tüchtigen Mr.

* vergl. Virginia Madison, »Big Bend Country« by October House Inc., New York 1968.

Perry im Durchschnitt (z. B. im Jahre 1917) 547 Dollar kostete, einen seiner zweihundertfünfzig Minenarbeiter und -angestellten zu bezahlen, daß dafür jeder dieser Arbeiter im Schnitt 4.381 Dollar Quecksilber produzierte. Kein Wunder, daß Mr. Perry nach vierzig Jahren segensreicher Tätigkeit im Big Bend sich als vielfacher Millionär ins Privatleben zurückziehen konnte, was ihm allerdings nur noch für weitere zwei Jahre vergönnt war – der gleiche Mr. Perry, der ursprünglich zu Fuß mit ärmlichem Gepäck, das ihm ein Esel hinterhertrug, ins Land gestolpert war – allerdings mit einem papiernen, wenn auch nur zweifelhaft verbrieften Anspruch (ererbt oder für 300 Dollar erkauft) auf ein Stück Land mit reichen Zinnober-Vorkommen in der Tasche; noch heute weiß man nichts Genaues darüber. Aber die Gewinnung von Quecksilber im Terlingua-Distrikt geht weiter. Immerhin: Die Zeiten der Ein-Dollar-pro-Tag-und-das-356-Tage-im-Jahr-Löhne sind auch am Terlingua für alle Zeiten vorbei. Auch in Amerika kehren die profitablen Zustände eines Kapitalismus, an denen sich ein rauschbärtiger Karl Marx grimmig erfreuen würde, niemals wieder.

Unter all den guten Dingen, die der dürre Boden des Big Bend-Gebiets in den vergangenen hundert Jahren hergegeben hat und weiter hergibt, fehlt eines, das die Phantasie der Prospektoren, der Sucher von wertvollen Mineralien, von jeher am meisten beflügelte und sie zu unwahrscheinlichen Strapazen ermunterte, das Gold.

Wir können im alten Europa kaum nachfühlen, was das Wort »Gold« in der Erforschungs- und Entwicklungsgeschichte Amerikas bedeutet hat. Denn in Europa ist der Boden in den vergangenen Jahrtausenden längst hundertmal umgewühlt worden, und jedermann weiß, daß man nicht reich werden kann, selbst wenn man noch so eifrig nach kostbaren Metallen fahndet und dabei seinen ganzen Gemüsegarten umschaufelt. Die europäische Erde gibt nichts mehr her.

Anders war – und ist es – in Amerika. Die Geschichte der Europäer in Amerika wäre sicherlich ganz anders verlaufen, wenn es nicht das Gold gewesen wäre, das die weißhäutigen Amerikafahrer in die entlegensten Winkel des Kontinents gelockt hätte, wobei sie weder Tod noch Teufel, weder Indianer noch wilde Tiere, weder Hunger noch Durst, weder glühende Sommer noch eisige Winter abhielten, sich weiter und

weiter nach Westen und Norden voranzukämpfen. Das gilt für den kanadischen Westen und Nordwesten ebenso wie für den amerikanischen.

Die Spanier in Mittel- und Südamerika hatten es verhältnismäßig einfach, zu Gold zu kommen. Sie brauchten Gold und Silber lediglich den Indianern abzunehmen, die es zuvor schon in großen Mengen gewonnen hatten; alte, hohe Kulturen gingen dabei zugrunde, blutrünstig martialische wie die der Azteken, sonderbar staats-kommunistisch anmutende, sanftere wie die der Inkas.

In Nordamerika mußten die Weißen selbst das Gold aus den Bächen und Flüssen oder das Golderz aus den Bergen herausfiltern, wozu übermäßig viel Geduld, Zähigkeit und vor allem die Bereitschaft gehörten, jede Mühe und Entbehrung auf sich zu nehmen, in der Hoffnung, daß irgendwann und irgendwo doch noch der »big strike«, der »große Treffer« glücken würde.

Sieht man genauer zu, so ist der Westen Nordamerikas zuerst durch den Pelzhandel erschlossen worden. Die Suche nach wertvollen Pelzen, vor allem solchen des Bibers, die von den indianischen Jägern und Fallenstellern einzuhandeln waren, führte die Franzosen aus dem kanadischen Osten, dann die Schotten und schließlich die neu entstandenen »Amerikaner« bis ans Felsengebirge und schließlich dann auch darüber hinaus.

Als der Pelzhandel erlahmte, tauchte das Gold als neuer Motor der großen Wanderung nach Westen auf. Die Suche nach neuem Land, die schließlich alle anderen Bewegungen in sich aufsog, wäre nicht so schnell vorangekommen, wenn ihr nicht die Goldsucher in vielen Fällen den Weg bereitet hätten.

Wer sich einmal der Suche nach dem gelben Metall ergeben hatte, der kam oft genug für den Rest seines Lebens nicht davon los, besonders dann nicht, wenn ihm anfangs ein kleiner Erfolg beschert worden war.

Es gibt Dutzende von Anekdoten und heiteren Erzählungen, in denen die nie verzagende Hoffnung der echten Goldsucher, der Prospektoren – um den amerikanischen Ausdruck zu gebrauchen – verspottet wird, eines Tages doch noch über einen Klumpen schieren Goldes zu stolpern, sei es in der Wüste, im Urwald, im Gebirge oder in der Tundra.

Virginia Madison gibt eine besonders hübsche Geschichte dieser Art wieder, deren verschmitzter Humor mehr über das Wesen des »prospecting«, des Goldsuchens und der dazugehörigen Prospektoren, aussagt als lange Erklärungen:

Ein Prospektor klopft an das Perlentor des Himmels und verlangt Einlaß. Als Sankt Petrus hört, wen er vor sich hat, zieht er eine saure Miene und erklärt: »Prospektoren werden nicht mehr aufgenommen. Irgendwer hat den Prospektoren, die sich schon hier oben eingefunden haben, erzählt, daß die Straßen in der Ewigen Seligkeit mit Gold gepflastert sind. Seitdem ist keine Straße mehr zu benutzen, da die Prospektoren alle Wege und umgewühlt haben, um an das Gold zu kommen.«

»Oh, laß mich nur herein, Petrus!« erwidert der Neuankömmling. »Ich war selber Prospektor und weiß ein absolut sicheres Mittel, dir sämtliche Prospektoren, die du schon im Himmel hast, innerhalb einer halben Stunde wieder vom Halse zu schaffen.«

St. Petrus läßt sich überreden und, siehe da, in einer halben Stunde hat sich hinter dem Himmelstor schon eine lange Schlange von lauter ehemaligen Prospektoren gebildet, die alle ungeduldig verlangen, von Petrus wieder aus dem Himmel herausgelassen zu werden.

Sankt Petrus streicht einen nach dem andern in seinem Register, Abteilung Prospektoren, wieder aus und ist froh, die Unruhestifter samt und sonders wieder loszuwerden. Sehr erstaunt aber zeigt er sich, als sich ihm als letzter der Goldsucher, die nicht mehr im Himmel verbleiben wollen, jener Prospektor präsentiert, der ihm versprochen hatte, alle seine ehemaligen Berufskollegen aus dem Himmel hinauszuspedieren und der diese Zusage auch großartig eingelöst hat. Petrus will zunächst wissen, wie dieser erst vor kurzem eingetroffene letzte Himmelsanwärter, den er eigentlich gar nicht hatte aufnehmen wollen, es fertiggebracht hat, die anderen Prospektoren so schnell und so vollzählig wieder loszuwerden.

»Das war ganz einfach, heiliger Petrus«, antwortet der Biedere. »Ich habe unter ihnen ein Gerücht in Umlauf gesetzt, das ich mir aus den Fingern gesogen habe. Ich brauchte nur zu erzählen, ich hätte gehört, daß unten in der Hölle sehr ergiebige Goldsände entdeckt worden wären, und schon ließen die Brüder alles stehen und liegen und machten

sich auf, dem Himmel zu entfleuchen und in der Hölle ihr Glück zu versuchen.«

Petrus kratzt sich am Schädel und meint:

»Na ja, ich bin ja ganz froh, daß wir die Kerle los sind, wenn auch die Methode, die du angewandt hast, nach unseren himmlischen Begriffen nicht sehr korrekt war. Aber was ist mit dir? Du bist ja nun im Himmel. Du wolltest doch so dringend hinein. Du willst doch nicht etwa wie die andern gleich wieder hinaus?«

»Doch!« Der Befragte lächelt verlegen. »Ich möchte lieber wieder hinaus!«

»Ja, aber wieso denn?«

»Ach, die Sache ist nämlich so, heiliger Petrus!« – der graubärtige Prospektor ist ganz betreten. »Ich habe nicht sehr viel Glück gehabt mit meiner Goldsucherei. Man soll ja keine Chance verpassen. Ich gehe lieber. Vielleicht ist doch was Wahres dran an dem Gerücht von dem großen Goldfund in der Hölle.«

Daraufhin trabte er schleunigst hinter den andern her, die schon außer Sicht geraten waren.

In einem Land wie in Big Bend, so weit, so wild, so voller Rätsel, Schlupfwinkel, Trugbilder und tiefer Canyons – in einem solchen Land sollte kein Gold zu finden sein, wo man doch mit Sicherheit Silber und Quecksilber und manches andere gefunden hatte? Das konnte nicht wahr sein!

Und bis zum heutigen Tage sind die Wundergläubigen nicht alle geworden, die den alten Geschichten von vergessenen oder verloren gegangenen Goldminen nachlaufen und auf eigene Faust in den Bergen und Schluchten umherstöbern, um vielleicht doch von einem Tag zum andern ihr Glück zu machen.

Am hartnäckigsten hat sich seit dem vorigen Jahrhundert die Kunde von der »Lost Nigger-Mine«, der »verloren gegangenen Nigger-Mine« im Big Bend gehalten. Und die Leute sagen noch heute wie jener Prospektor im Himmel: »Da muß doch wohl etwas Wahres dran sein!«, obgleich wahrscheinlich im Laufe der Jahrzehnte mehr Geld dafür ausgegeben worden ist, die »Lost Nigger-Mine« wiederzufinden, als sie er-

bringen wird, wenn sie je wiedergefunden werden sollte. Mit diesem Goldfund hat es folgende Bewandtnis:

Im Jahre 1884 lief den Brüdern Reagan, die im westlichen Texas am Pecos-River eine große Vieh-Ranch bewirtschafteten, ein halb verhungerter, halb nackter Neger-Indianer-Mischling, ein Mestize also, zu, der verzweifelt in gebrochenem Englisch um einen Bissen zu essen und, wenn möglich, um Arbeit bat. Er konnte weder lesen noch schreiben, aber er konnte reiten, wie sich herausstellte, und da die Reagans gerade einen Wrangler brauchten, einen Pferdeknecht für ihre Cowboys und die Schar der dazugehörigen Gäule, so stellten sie diesen Bill Kelley, wie er vorgab zu heißen, bei sich ein, obgleich dieser Name im Ernst weder mit den schwarzen noch den indianischen Vorfahren des jungen Mannes (solchen vom ruhmreichen Stamm der Seminolen) etwas zu tun haben konnte. Bald hieß der neue Wrangler einfach Nigger-Bill.

Die Reagans nahmen Nigger-Bill, der sich inzwischen bewährt hatte, ins Big Bend-Gebiet an den San Francisco-Creek mit, als sie ihre Ranch vom Pecos in die leeren Landschaften weiter westlich verlegten.

Eines Tages machte sich Lee Reagan mit Nigger-Bill auf den Weg zum Rio Grande, um am Ostende der Maravillas-Berge, der »Wunder Berge«, nach Pferden zu suchen, die aus der Pferdehürde der Ranch ausgebrochen waren. Doch wollte es den beiden Männern zunächst nicht gelingen, die abhanden geratenen Ranch-Pferde in der grenzenlos scheinenden Bergeinsamkeit ausfindig zu machen.

Als sich die beiden Männer nach langen Ritten in jeweils verschiedenen Richtungen abends am Lagerfeuer müde und abermals enttäuscht wiedertrafen, überraschte Nigger-Bill seinen Boss mit der Nachricht:

»Mr. Lee, da drüben, ostwärts von hier, hab' ich Gold gefunden.«

»Ach was, Bill«, erwiderte der schlechtgelaunte Rancher, »was verstehst du von Gold!«

»Sie können mir glauben, Mister Lee, bloß eine halbe Meile von hier! Eine ganze Menge Gold!«

»Blödsinn! Laß mich mit deinem Gold zufrieden! Die Pferde müssen wir finden! Gold – dummes Zeug!«

»Komm' nur mit, Mister Lee! Da ist ein kleiner Canyon, und überall darin liegt Gold herum!«

»Mein Junge, du spinnst! Hättest ja eine Probe mitbringen können!«

Bill gab niedergeschlagen zu:

»Das ging ja nicht, Mister Lee. Gold in der Tasche zu tragen, das bringt einem Nigger Unglück. Gold ist nur für Weißen Mann.«

Lee Reagan war viel zu müde und zu verärgert, als sich noch weiter mit den Hirngespinsten seines Wranglers abzugeben. Und die übrigen Reiter auf der Ranch lachten Nigger-Bill später erst recht aus. Keiner wollte ihn ernst nehmen.

Eine Woche später nahm sich Nigger-Bill Urlaub und machte sich auf den Weg nach San Antonio. In Dryden erreichte er die Southern Pacific und fuhr mit dem Zug. Unterwegs kam Bill mit dem Zugschaffner ins Gespräch, einem gewissen Lock Campbell, und verehrte ihm einige Proben des Gesteins, das nach seiner Meinung Gold enthielt; er hatte also inzwischen seine Angst davor, als Neger Gold in der Tasche zu tragen, überwunden, war er doch auch zur Hälfte Seminole – und Indianer brauchen keine Furcht vor dem gelben Metall zu haben.

In San Antonio fand Nigger-Bill noch einen zweiten Mann namens Fisher, der sich für seine Gesteinsproben interessierte. Nigger-Bill Kelley war die Sache los, die ihn beunruhigt hatte, und fuhr wieder nach Dryden zurück.

In Dryden traf Bill auf die Brüder Reagan, die dort Vieh verladen hatten, und meldete sich zur Arbeit. Die Reagans mit ihren Leuten hatten sich noch einige Tage in Dryden aufzuhalten, gerade noch lange genug, daß Nigger-Bill von einem langen Telegramm aus San Antonio erreicht wurde. Jener Mann namens Fisher drängte Bill Kelley, ihn in Dryden zu erwarten, damit Bill ihm die Fundstelle der Erzproben zeigen könnte, es wäre sehr wichtig!

Nigger Bill konnte nicht lesen und mußte sich das Telegramm von Frank Reagan erklären lassen. Es kam also heraus, daß Nigger-Bill sich doch noch Gesteinsproben aus dem »Kleinen Canyon« beschafft und sie in San Antonio weitergegeben hatte.

Fisher hatte sein Telegramm an Nigger-Bill so dringlich gemacht, daß jetzt auch die Reagans Lunte rochen. Sie bedrohten ihren Pferdeknecht, den Wrangler Nigger-Bill Kelley; dem armen Kerl blieb gar nichts weiter übrig, als klein beizugeben und zu versprechen, seinen

Arbeitgebern die Fundstelle in den Maravillas zu zeigen. Die Reagan-Leute glaubten, sich eine Quelle des Reichtums erschlossen zu haben, machten bereits Pläne für den nächsten Tag und gingen nach langer Debatte schlafen.

Am nächsten Morgen jedoch war Nigger-Bill verschwunden. Er hatte sich auf einem der besten Pferde Reagans beritten gemacht und das Weite gesucht. Wahrscheinlich hatten die Rancher ihren Wrangler Bill so unfreundlich behandelt, daß er fürchtete, sein Leben verwirkt zu haben, wenn er den Fundplatz des Goldes erst einmal preisgegeben hatte.

Bill war und blieb verschwunden, und die Reagans kamen zur Vernunft. Schließlich waren sie Rancher und keine Prospektoren, und an Arbeit war in ihrem Betrieb kein Mangel.

Jener Lock Campbell jedoch, der im Zuge der Southern Pacific von dem halbindianischen Neger Bill ebenfalls eine Probe des Golderzes geschenkt bekommen hatte, mochte den Traum von schneller Wohlhabenheit nicht ausgeträumt haben, schon gar nicht, nachdem Fisher die Gesteinsprobe hatte begutachten lassen, und es sich ergeben hatte, daß eine Tonne solchen Gesteins für 75.000 Dollar Gold enthalten würde.

Campbell und Fisher legten ihr Geld zusammen, heuerten erfahrene Prospektoren an und durchstöberten mit ihnen das entlegene Bergland im Osten des Big Bend am Maravillas-Canyon. Vor allem versuchten sie auch, den verschwundenen Halbblutneger Bill Kelley ausfindig zu machen. Aber weder Bill Kelley noch die »Verlorene Nigger Mine« waren wieder aufzufinden.

Es mutet merkwürdig an und ist ein Zeichen für die Leere und Weiträumigkeit des Big Bend-Gebiets, daß Lock Campbell erst fünf Jahre nach dem Verschwinden von Nigger-Bill auf die Reagans stieß, ihnen von seiner und Fishers Begegnung mit Nigger-Bill Kelley erzählte und auch nicht verhehlte, welchen Wert die Gesteinsprobe vermuten ließe.

Zum erstenmal nahmen die Reagans die ganze fantastische Geschichte ernst, denn nun wurde sie nicht mehr von einem dummen Nigger, der nicht lesen und schreiben konnte, vorgetragen, sondern von gestandenen weißen Männern, die ein amtliches Schätzpapier in der Tasche trugen.

Lee Reagan war fest davon überzeugt, daß er die Stelle, wo ihm Nigger-Bill bekannt hatte: »Mr. Lee, da drüben, ostwärts von hier habe ich Gold gefunden« ohne Schwierigkeiten wiederfinden würde. Die Reagans hatten ihre Ranch inzwischen verkauft. Doch rüsteten sie nun eine richtige kleine Expedition aus, verluden Pferde nach Dryden, heuerten einen kundigen Prospektor aus Kalifornien an und zweifelten nicht daran, daß sie die Goldmine, die Nigger-Bill gefunden haben wollte, wieder ausfindig machen würden.

Aber obgleich Lee Reagan tatsächlich den Platz wiederfand, an dem er fünf oder sechs Jahre zuvor mit Bill Kelley entflohene Pferde gesucht und damals mit seinem Helfer gelagert hatte, obwohl die Männer von da aus eine halbe Meile weit nach Osten und ringsum jeden Stein umdrehten, war von Golderz nichts zu entdecken. Ja, der kundige Prospektor aus Kalifornien mußte sogar bekennen, daß ihm die ganze Gegend überhaupt nicht nach Gold aussähe. Aber »Mista Lee«, wie der verschwundene Indianer-Neger Bill Kelley seinen Boss genannt hatte, war ein in der Wildnis des westlichen Texas groß gewordener Mann und wußte, daß er sich nicht irrte, daß er genau den Platz wieder erkannt hatte, an welchem ihn der »dumme Nigger« mit der Nachricht gelangweilt hatte, da drüben, bloß eine halbe Meile weit im Osten, Golderz gefunden zu haben.

Doch wie gründlich die Männer die trockenen Betten ehemaliger Flüsse und Bäche durchwühlten und durchwuschen, die Felsen abklopften und Gesteinsproben lossprengten, sie entdeckten nichts, was sich auch nur entfernt mit dem Felsbrocken vergleichen ließ, den der Assayer, der Münzwardein, der amtliche Schätzer in San Antonio, mit 75.000 Dollar pro Tonne bewertet hatte.

Gold war nicht zu finden, also mußte der abhanden geratene Bill Kelley gefunden werden. Aber Nigger-Bill blieb genauso verschwunden wie seine Goldmine. Er war zwar nur ein »dummer Nigger«, aber offensichtlich doch nicht dumm genug, um nicht zu wissen, daß einem Pferdedieb in Texas zu jener Zeit ohne viel Federlesens der Prozeß gemacht wurde, bei dem das Urteil vorweg schon feststand, nämlich Tod durch den Strang.

John, Lee und Frank Reagan, die drei Brüder, wurden zu armen Leu-

ten in dem Bemühen, die »verschwundene Nigger-Mine«, den verschwundenen Nigger-Bill und schließlich auch nur jemand zu finden, der über den Verbleib von Bill Kelley Auskunft geben konnte.

Und als den Reagans das Geld ausgegangen war, setzten andere Leute mit vielen guten Dollars, viel Scharfsinn und Zähigkeit die Suche fort, so zum Beispiel jener ehemalige Eisenbahn-Kondukteur der Southern Pacific, Lock Campbell, der bis zum Jahre 1926 unermüdlich weiterforschte. Dann rief der Tod ihn ab; vielleicht hat er im Himmel den vermißten Bill Kelley wiedergefunden und das Geheimnis der »verlorenen Mine« endlich lüften können.

Eine ganze Fülle von weiteren Geschichten rankt sich um die bis fast in unsere Gegenwart hinein spielenden Versuche, dem Golde auf die Spur zu kommen, das Bill Kelley ja nicht aus der blauen Luft des Big Bend über den Maravillas hervorgezaubert haben konnte, sondern irgendwo ganz echt und wahrhaftig aufgelesen haben mußte. Virginia Madison erzählt ein halbes Dutzend solcher Geschichten.

Als ich im späten Herbst des Jahres 1980 durch die leeren Giganten-Landschaften des Big Bend geisterte, sehr allein und auf eine beklommene Weise selig, meinte ich, die hundert oder tausend vergeblichen Träume zwischen den Nebelschwaden an den Chisos-Hängen, über den träge wandernden Fluten des Rio Grande, um die kantigen Felsentürme und Wände der Cuesta Carlota und des Chilicotal-Gebirges beinahe zum Greifen deutlich wallen und wogen zu spüren. Doch fühlte ich mich nicht versucht, den schon geträumten Träumen nun auch meinerseits einen weiteren hinterher zu senden.

Mir genügte die Bergeswüsten-Einsamkeit vollkommen. Kein lebendes Wesen schien außer mir hier noch zu atmen. Es kostete mich einige Mühe, mich daran zu erinnern, daß ich ja für den späteren Abend mit jenem Mr. Schuber verabredet war. Ich hatte eigentlich gar keine Zeit, mich ungewissen Stimmungen hinzugeben, trat nachdrücklicher aufs Gas und zog mich schärfer durch die unzähligen Kurven als bisher. Und während ich da rollte und rollte, fuhr und fuhr, wanderten mir all die Geschichten durch den Kopf, die sich im Big Bend in den letzten hundert Jahren abgespielt haben, die von den Vieh- und den Menschenschmugglern, die von den mörderischen und dann gemordeten

Indianern, von den amerikanischen, den mexikanischen Banditen und Wegelagerern, den tapferen Texas-Rangers, von Ranchern, Schafzüchtern, Prospektoren, Betrügern und harten Geldverdienern – und schließlich jenen vielen anderen braven Leuten, die auf nichts weiter aus sind, als auf anständige, fleißige Weise für sich und ihre Familie das tägliche Brot zu verdienen, wenn sie auch alle an dem großen amerikanischen Traum weiterweben, irgendwann einmal doch noch der »Großen Chance« zu begegnen und irgendeine »Lost Nigger Mine« zu entdecken.

20. Eine eilige Diagonale

Als der Big Bend und mit ihm der Rio Grande und seine gewaltigen Schluchten hinter mir lagen, wußte ich, daß meine Reise durch die leersten Gebiete Nordamerikas vom Yukon zum Rio Grande, der für die Mexikaner der »Tapfere Fluß des Nordens« ist, ihr Ende erreicht hatte. Ich hatte sie alle an einer langen Schnur aufgereiht, die wilden Wälder des Nordens, die nach Süden immer magerer werden und schließlich in Steppen, Halbwüsten und sogar vollendete Wüsten übergehen wie die Große Salzwüste in Utah, das Death Valley in California oder die White Sands in New Mexico. Meine lang gehegte Sehnsucht, die Große Amerikanische Wüste in ihrem ganzen riesigen Umfang als Einheit wenigstens in der Annäherung zu erleben, war einigermaßen gestillt. Und die ungeheuren Räume hatten sich mir offenbart mit ihrer sehnsüchtigen Weite, ihrem Glanz und ihrer Härte, ihrer unvergleichlichen ernsten Schönheit, ihrem herben, stolzen, ganz und gar in sich selber ruhenden Gleichmut.

Würde ich noch einmal wiederkehren?

Würde ich noch einmal das Steens-Gebirge wie den Rücken eines lang hingestreckten ruhenden Tieres über dem flachen Horizont der Salbei-Steppe aufsteigen sehen? Würde ich sie noch einmal wiedererkennen, die tiefe Scharte zwischen der Mesa de Anguila und der Sierra Ponce, den Santa Elena-Canyon mit den himmelhohen senkrechten Wänden? Würde mir noch einmal das dröhnende Schweigen über dem Badwater-Becken im Todestal, turmhoch unter dem Meeresspiegel, den Atem eng machen?

Ich wußte es nicht.

Ich hatte statt dessen spät im November noch einige tausend Kilometer zurückzulegen, in vielfach gebrochener Diagonale vom Südwesten

des Kontinents zum Nordosten nach Toronto am großen Ontario-See.

Doch wollte ich noch Verschiedenes in Oklahoma erledigen und in Nebraska, wollte auch bei alten, treuen Freunden in Wisconsin hineinschauen. Aber das gelang mir nur zum Teil.

In Nebraska holte mich der Winter ein, und ich mußte mich zum viertenmal auf dieser Reise durch einen heulenden Schneesturm und dann durch hohe Wehen, auch wiederum durch saugenden Schlamm kämpfen, denn irgendwo hängenzubleiben, durfte ich mir nicht erlauben.

Es blieb mir nichts weiter übrig, als ganz aus meiner Richtung nach Nordost stracks nach Süden abzudrehen, um aus der Kälte, dem Schnee und Sturm in freundlichere Gefilde zu entkommen. Das kostete mich einen Umweg von beinahe tausend Kilometern. Im südöstlichen Kansas endlich glitt ich aus dem verfrühten Winterwetter in noch herbstlich warme Gefilde und konnte wieder auf Ostkurs und allmählich wieder auf Nordost- und schließlich Nordkurs gehen. So durchfuhr ich noch den Abgesang des Indianersommers in Missouri, Indiana, Ohio, Pennsylvania und im Westen des Staates New York – an den Niagara-Fällen vorbei – und damit war ich schon so gut wie am Ziel, in Toronto – und der stille Spiegel des Ontario-Meers blitzte mir von rechts her zuweilen ins Autofenster, beinahe schon wie ein Vorzeichen der Heimat.

Aber wo ist Heimat?

Register